101 PREGUNTAS
para ser profe de ELE

Introducción a la lingüística aplicada para la enseñanza del español

María del Carmen Méndez Santos

Edinumen

ISBN: 978-84-91793-86-1
Depósito legal: M-25354-2021

Impreso en España
Printed in Spain
1221

Maquetación:
Sara Serrano y Juanjo López

Impresión:
Gráficas Muriel

Editorial Edinumen
José Celestino Mutis, 4. 28028 Madrid. España
Teléfono: (34) 91 308 51 42
Correo electrónico: edinumen@edinumen.es
www.edinumen.es

EXTENSIÓN DIGITAL en ELEteca

Un espacio en constante actualización

- Todos los **materiales extras** de este libro se encuentran disponibles y descargables en nuestra plataforma educativa.
- Para acceder a este espacio, entra en la **ELEteca** (https://eleteca.edinumen.es), activa el código que tienes a continuación y sigue las instrucciones.

CÓDIGO DE ACCESO

pyGvSWY2wc

Para más información, consultar los términos de uso de la ELEteca.

A Parrulo y a mi familia elegida

Una golondrina no hace primavera.
(Aristóteles)

We are what we repeatedly do. Excellence, then, is not an act, but a habit.
(Will Durant)

PREFACIO

Si hace algo más de veinte años, cuando empezaba mi andadura docente en las aulas de ELE (armada con gran ilusión, pero poca idea que no fuera teórica y casi nada de experiencia), este libro hubiera estado disponible, estoy segura de que habría aprovechado mucho más mi experiencia en el aula y habría llegado a mejores conclusiones pedagógicas antes y con menos obstáculos que sortear. No obstante, más vale tarde que nunca y las respuestas a preguntas que sigo teniendo me las da, con este libro, María del Carmen Méndez Santos: estimada lingüista, admirada colega de la enseñanza, querida amiga y todos estos roles juntos, cultivados a través de la presencia mutua en congresos, encuentros, jornadas…, así como del intercambio de interminables hilos y audios de WhatsApp sobre lo divino y lo humano de la profesión y otros temas innombrables.

Escribir este prefacio es un privilegio, porque una obra como esta hacía mucha falta en el ámbito de la formación de profesores de lenguas globales (también llamadas *segundas* o *extranjeras*; en las páginas de este libro se puede aprender la diferencia entre estos términos). Casi se podría decir que estamos ante un manual para la formación y el desarrollo profesional docente, un tratado que cubre todos los aspectos importantes del universo de quienes enseñamos lenguas: empezando por lo teórico y siguiendo por lo metalingüístico y lo didáctico (temas de los que yo habría querido saber más en mis orígenes profesionales y otros nuevos para mí que acabo de consultar). Con todo, el libro no se queda ahí, sino que también abarca aspectos económicos, culturales o sociales de la profesión.

Por fin tenemos en nuestras manos un compendio de preguntas y respuestas fácil de manejar, de tono didáctico (y, por tanto, accesible) y de imprescindible consulta en todos los niveles de especialización profesional y académica. Todos tenemos cabida: desde profesores noveles o estudiantes de posgrado que están aprendiendo a enseñar hasta instructores más veteranos que queramos refrescar algún concepto o consultar esas dudas pedagógicas que siempre nos surgen en el transcurso de nuestro día a día docente.

En sus páginas se trata la terminología necesaria para comprender la complejidad del aula de lenguas, la planificación docente y el diseño de cursos, pasando por la selección del mejor manual o la descripción del inabarcable perfil motivacional y afectivo de quienes aprenden una lengua diferente a la suya materna. No faltan las competencias de aprendizaje, tanto las relacionadas con los estudiantes como las que debemos tener los instructores en nuestra formación y haber pedagógico. Lo interesante, además, es la objetividad y, al mismo tiempo, la atención al detalle de cada una de las respuestas que se ofrecen a las 101 preguntas: se habla de lenguaje inclusivo y de estudiantes transgénero, de respeto cultural cuando se dan clases de ELE en países diferentes al propio; también se incluyen perfiles del estudiante de ELE diferentes del prototipo universitario o de academia y se habla de aprendientes en contextos de inmigración y refugiados.

Su contenido está seleccionado, pensado y escrito con la gran autoridad y experiencia de María, cuya evidente pasión por la profesión viene además avalada por una dilatada experiencia docente y una impresionante y prolífica carrera académica. Más allá de España, donde hoy ejerce, María ha sido docente de ELE en Armenia, Rumanía, Ucrania o Japón. Además, ha impartido cursos de formación en una larga lista de lugares: numerosos países europeos, Costa Rica, Estados Unidos, Corea del Sur, Irán, Hong Kong, Chile, Tailandia, Costa de Marfil o India. Como autora de manuales de español, entiende el aula de ELE y el mundo profesional desde la triple perspectiva docente, editorial y formativa. Como lingüista y morfóloga especializada, la investigación y las publicaciones de María versan sobre aspectos tan variados como interesantes, desde la lexicografía hasta la tecnología educativa, pasando por la motivación y los factores afectivos en el aprendizaje de lenguas. Ha contribuido en estos y otros muchos proyectos junto con colegas de los siete continentes y hemos visto su incansable labor de difusión académica y profesional en la TV de ProfeDeELE, en el *Boletín de ASELE* o en el *Atlas de ELE*, del que es coeditora.

¡Y qué decir de su presencia en la radio y la televisión españolas para la divulgación lingüística! Tenemos en María a una valedora de la versatilidad, la derivación morfológica y la variabilidad constante de las lenguas, además de a una defensora del uso real del lenguaje por encima de prescriptivismos normativos, entendiendo que la lengua está viva y pertenece a sus hablantes (y no solo a los tratados teóricos).

Por último, seguro que muchos lectores también la conocerán por su inimitable presencia en Twitter, donde desde el potente micrófono de @mariaparrula trabaja sin descanso en el activismo lingüístico, cultural y social, con una intensa denuncia de la precariedad y las condiciones indignas de trabajo de muchos colegas en la profesión, o bien en la defensa de la comunicación inclusiva o de la actividad académica de quienes trabajamos por el lenguaje y de nuestro valor y aporte a la sociedad en general.

En las páginas de este libro, tienen cabida todos estos temas que aquí menciono y más, siempre tratados con gran delicadeza y respeto, pero sin huir de la polémica que muchos entrañan. Estamos, al fin, ante una obra magistral y espero que, ahora que tú también tienes este libro en tus manos, disfrutes de su lectura y aprendas con su consulta.

Reyes Llopis-García
Profesora de ELE y lingüística. Formadora de profesores.
Nueva York, en agosto de 2021

INTRODUCCIÓN

La enseñanza del español como lengua extranjera (ELE, en adelante) no es una profesión novedosa, aunque sí lo sea su eclosión y expansión en el mundo. El Instituto Cervantes, buque insignia del Gobierno de España, nació en 1991, pero ya en 1917 se había fundado la American Association of Teachers of Spanish and Portuguese (AATSP) y en 1921 la Universidad Nacional Autónoma de México había inaugurado su Centro de Enseñanza para Extranjeros (CEPE).

En todo caso, no fue hasta finales del siglo XX cuando, gracias a la aparición de estudios de máster y cursos de formación varios, la profesión se consolidó y se institucionalizó de manera generalizada. Esta gran oferta surgió de la demanda por los idiomas derivada de la globalización, el auge de los programas de intercambio de estudiantes, las exigencias laborales y el crecimiento del turismo general y, en particular, del idiomático.

A pesar de esta situación favorable, no hay estudios de grado específicos, aunque ya apuntaba Susana Pastor Cesteros en 1998 que sería deseable que existiesen (Pastor Cesteros, 1998). El perfil formativo más frecuente de las personas que se dedican a la enseñanza del ELE es el de quienes estudian carreras de letras como Filología o Traducción, con especial prevalencia de la Filología Hispánica (denominada también Grado en Lengua Española y su Literatura o Grado en Español: Lengua y Literatura). Sin embargo, la formación es incompleta y requiere una especialización que se obtiene a través de másteres dedicados a la lingüística aplicada a la enseñanza de lenguas extranjeras. Si bien este itinerario es habitual, son muchas las personas que llegan a la profesión por casualidad o buscando una manera de reciclar su carrera.

El libro que tienes entre las manos ha sido concebido exactamente para atender, de diversos modos, todos estos perfiles. Para quienes estudian una filología, este manuscrito puede ofrecerles el primer acercamiento al tema con el fin, por ejemplo, de ayudarles a decidir si escoger una asignatura optativa en su carrera dedicada al ELE o a decantarse por un máster u otro. En el caso de las personas que han estudiado otras carreras de letras, este libro puede servirles para informarse sobre la disciplina, pensar si el tema les interesa y decidir así orientar su plan de formación complementaria hacia este ámbito. Otro perfil de estudiantes que podrían encontrar esta lectura significativa es el de quienes están en su último año de carrera y quieren solicitar becas para irse al extranjero a enseñar español. Las personas que han cursado estudios universitarios de pedagogía o didáctica, así como carreras de magisterio, pueden ampliar su formación con esta lectura. Para quienes buscan reciclarse, este trabajo les aportará una primera impresión de la profesión, lo suficientemente general y concreta a la vez, como para conocer sus particularidades. Para las personas que han llegado por casualidad a dedicarse a la enseñanza de ELE porque viven en el extranjero y han hecho de ello una forma de ganarse la vida, este libro puede resolver de manera inmediata sus dudas, pero también les puede aportar conocimiento sobre la profesión y sus características. Es más, aunque los ejemplos están dirigidos a la enseñanza-aprendizaje del español, este libro puede serle útil a cualquier docente de lenguas extranjeras, ya sea de inglés, chino o árabe. Por supuesto, también puede constituir una lectura de placer para quienes tienen interés por las lenguas, la cultura o las humanidades de modo general.

No son pocas las ocasiones en que personas con antecedentes tan diversos como los expuestos se me han acercado o me han escrito para mostrarme sus inquietudes y dudas sobre la profesión. Cada una de ellas, lógicamente, con preguntas muy concretas y personales. Este libro nace con el fin de ofrecer respuesta a todas ellas de manera organizada.

Por ello, y en consonancia con estas múltiples necesidades, la obra se organiza en bloques temáticos, de modo que la lectura puede hacerse de manera global y lineal o por focos de interés. En el primer bloque, «Panorámica general», se presenta la trayectoria de la profesión y de la disciplina teórica que la ampara, la lingüística. Seguidamente, se dispone el segundo bloque, llamado «Aspectos profesionales», que aborda temas como, por ejemplo, cómo conseguir trabajo, qué cursos de formación existen o cómo montar una academia de idiomas. El tercer bloque y el cuarto son los más extensos y detallados. El tercero, «Aspectos didácticos», trata los contenidos dedicados a la enseñanza de la lengua –qué métodos han existido y existen, cómo dar una clase, cómo evaluar, cómo diseñar materiales, cómo corregir, etc.– y también todo lo que ello entraña: modelos de contenidos, evolución y descripción del dominio de los idiomas, detalle de los niveles para su medición, explicación de las destrezas y sus características, etc. El último bloque, el cuarto, «Aspectos lingüísticos», gira en torno a conceptos propios de la investigación en lingüística aplicada a la enseñanza de lenguas –como *input, interlengua, competencia comunicativa* o *fosilización*– y a términos básicos relacionados con la estructura de los idiomas, para terminar de completar la formación esencial que se pretende ofrecer.

Además de plantearse la lectura de forma lineal o por bloques de interés, es posible una tercera opción: la lectura aleatoria de las preguntas que susciten más curiosidad o sean relevantes en un momento dado. Así, este libro se puede utilizar también como una obra de consulta cuando surgen dudas puntuales. A ello ayuda el hecho de que se incluye un glosario de términos definidos sucintamente, un índice de términos citados y remisiones internas que están marcadas mediante el símbolo de y cuya pista, si se sigue, ofrece una panorámica conectada, con sentido, donde el puzle del conocimiento se va construyendo pieza a pieza, pregunta a pregunta.

Otro público potencial de este libro son los docentes de cursos de formación y sus estudiantes, que pueden utilizarlo como lectura previa o como acompañamiento durante el estudio. Para estas personas están pensadas las burbujas con preguntas, aclaraciones y actividades que se intercalan a lo largo de las páginas, de modo que pueda usarse como manual complementario de clase. Asimismo, ya sea para la reflexión individual o para el debate en grupo, cada pregunta ofrece una cuestión inicial que invita al pensamiento crítico, la observación, la expresión de opiniones y experiencias personales, etc., que pueden enriquecer la construcción del proceso de enseñanza-aprendizaje.

En esta línea de facilitar el acceso a los temas y a la reflexión, y para ayudar a la consolidación de los conocimientos, se presenta también un apartado de ideas clave en cada pregunta en el que se resumen las ideas principales y, además, para cada una de ellas, se dispone un recurso digital en línea donde se listan lecturas recomendadas para ampliar el tema si se considera oportuno; o bien se enlazan páginas web de instituciones, organismos, becas, recursos, etc., que pueden resultar de interés para el profesorado.

Teniendo este fin formativo muy presente, se emplea un estilo de redacción accesible y cercano, se incluyen numerosos ejemplos y, en la medida de lo posible, se evita el uso de un lenguaje oscuro o demasiado técnico. Con las imágenes que ilustran las preguntas y acompañan los textos, también se busca facilitar la comprensión e interiorización de los contenidos.

En suma, este libro ha sido diseñado para atender una necesidad existente entre estudiantes, docentes y personas interesadas en el español, en general, y en su enseñanza, en particular, a través de un recurso de consulta rápida y esencial. De forma clara, concisa y con una sólida base teórica, se ofrece respuesta a las preguntas más frecuentes de quien se acerca por primera vez a la enseñanza de un idioma como lengua extranjera. Ha sido un largo camino desde que en 2014 –en el XXV Congreso de la Asociación para la Enseñanza del Español como Lengua Extranjera (ASELE), en Getafe– mis colegas, en una cena, me animaron a concretar esta idea. Así, espero que la obra que tienes entre las manos realmente te sea de ayuda y de interés.

No puedo, ni quiero, terminar esta introducción sin dar las gracias pública y explícitamente a mis colegas de profesión y amigas que me han acompañado y apoyado de algún modo durante la redacción de este libro. Estas personas son, entre otras, Concha Moreno, Matías Hidalgo Gallardo, Aarón Pérez Bernabeu, Lidia Sala Caja, Raquel Rodríguez Fernández, Jorge Durán Rodríguez, Álvaro Sesmilo, Tatiana Hunko, Esther Linares Bernabéu, Arancha Pastor Haro, Paula Lorente, Vanessa Ruiz, Ana Gómez Rudilla, Abel Pérez Abad, Cristina García Sánchez, Alejandro Dos Santos, Mar Galindo Merino, Nitzia Tudela, María Mejías, Reyes Llopis-García, Sabela Cebro Barreiro y María Estévez Funes.

Por último, a la editorial Edinumen por apoyar este proyecto, en el que creyó desde el comienzo con la misma ilusión que yo.

ÍNDICE

BLOQUE 1: PANORÁMICA GENERAL

BLOQUE 2: ASPECTOS PROFESIONALES

BLOQUE 3: ASPECTOS DIDÁCTICOS

BLOQUE 4: ASPECTOS LINGÜÍSTICOS

ÍNDICE DE ABREVIACIONES

AAH: Asociación Asiática de Hispanistas.

AATSP: American Association of Teachers of Spanish and Portuguese (Estados Unidos).

ABP: aprendizaje basado en proyectos.

ACLES: Asociación de Centros de Lenguas en la Enseñanza Superior (España).

ACTFL: American Council on the Teaching of Foreign Languages (Estados Unidos).

AECID: Agencia Española de Cooperación Internacional para el Desarrollo (España).

AELFE: Asociación Europea de Lenguas para Fines Específicos.

AEPE: Asociación Europea de Profesores de Español.

AGCID: Agencia Chilena para la Cooperación Internacional para el Desarrollo (Chile).

AICLE: aprendizaje integrado de contenidos y lenguas extranjeras.

ALTE: Association of Language Testers in Europe.

APES: Asociación de Profesores de Español en Serbia (Serbia).

ASALE: Asociación de Academias de la Lengua Española.

ASELE: Asociación para la Enseñanza del Español como Lengua Extranjera.

ASOVELE: Asociación Venezolana para la Enseñanza del Español como Lengua Extranjera (Venezuela).

CANELA: Confederación Académica Nipona, Española y Latinoamericana (Japón).

CCSE: prueba de conocimientos constitucionales y socioculturales de España (España).

CELA: Certificado de Español como Lengua Adicional (México).

CELPE: Certificado de Proficiência em Língua Portuguesa para Estrangeiros (Brasil).

CELU: Certificado de Español: Lengua y Uso (Argentina).

CEPE: Centro de Enseñanza para Extranjeros (México).

CIEFE: Congreso Internacional de Español para Fines Específicos.

CinELSE: Consejo Interuniversitario Nacional de Español Lengua Segunda y Extranjera (Argentina).

CLB: Canadian Language Benchmarks (Canadá).

CLIL: *content and language integrated learning.*

DADIC: Diploma de Acreditación Docente del Instituto Cervantes (España).

DELE: Diploma de Español como Lengua Extranjera (España).

DIE: Diploma Internacional de Español (España).

DLE: Diccionario de la lengua española.

DPD: Diccionario panhispánico de dudas.

EDE: *emergency distance education.*

EFA: español con fines académicos.

EFE: español con fines específicos.

EFP: español con fines profesionales.

ELE: español como lengua extranjera.

ELSE: español como lengua segunda o extranjera.

EMI: *English as a medium of instruction.*

ENE: español de los negocios.

EPG: European Profiling Grid.

FIAPE: Federación Internacional de Asociaciones de Profesores de Español.

FIR: farmacéutico interno residente (España).

FSI: Foreign Service Institute (Estados Unidos).

GIDE: Grupo de Investigación de la Didáctica del Español (Japón).

HH: hablante de herencia.

HSK: Hanyu Shuiping Kaoshi (examen de dominio de chino).

IC: Instituto Cervantes (España).

IELTS: International English Language Testing System.

LE: lengua extranjera.

LH: lengua de herencia.

LM: lengua materna o lengua meta.

L2: segunda lengua.

MCER: Marco común europeo de referencia para las lenguas.

Mir: médico interno residente (España).

NCLC: Niveaux de compétence linguistique canadiens (Canadá).

NOKEN: Nihongo nōryoku shiken.

OIT: Organización Internacional del Trabajo.

ONU: Organización de las Naciones Unidas.

PCIC: Plan curricular del Instituto Cervantes.

PIB: producto interior bruto.

PPP: presentación, práctica, producción.

RAE: Real Academia Española (España).

SICELE: Sistema Internacional de Certificación del Español como Lengua Extranjera.

SIELE: Servicio Internacional de Evaluación de la Lengua Española.

TFG: trabajo de fin de grado.

TFM: trabajo de fin de máster.

TOEFL: Test of English as a Foreign Language.

TOPIK: Test of Proficiency in Korean.

UE: Unión Europea.

UNAM: Universidad Nacional Autónoma de México (México).

BLOQUE I
PANORÁMICA GENERAL

001 ¿Qué disciplina científica reflexiona sobre el aprendizaje de lenguas extranjeras?

Rompiendo el hielo: ¿Qué es el lenguaje?

La fascinación por el lenguaje como capacidad humana y por las lenguas en sí aparece ya en la Antigüedad clásica europea, aunque también hay constancia de ello en otras regiones, como en la India. En esa época las reflexiones tenían un carácter filosófico y se planteaban preguntas como por qué existían las diferentes lenguas, cómo se estructuraban, etc. El modo de estudio era solamente especulativo, ya que no existía la concepción de la ciencia moderna. Posteriormente, durante la Edad Media y el Renacimiento, y dada la necesidad de aprender el latín clásico para leer las obras literarias de referencia, se empezó a reflexionar sobre la estructura de los idiomas del mundo. En ese entonces, por ejemplo, se estudiaba la etimología de las palabras del español para encontrar su origen latino o griego. Nacieron así los estudios clásicos de filología en las primeras universidades, las primeras gramáticas del español y otras lenguas, el interés por los estudios literarios, etc. No obstante, no fue hasta después de la Ilustración (siglos XVIII y XIX) cuando podemos hablar de la ciencia moderna.

> El lenguaje es la capacidad humana de comunicarse y las lenguas son el producto de desarrollar esa capacidad. Por su parte, el habla es cada acto comunicativo concreto durante el que usamos las lenguas. Por eso, aunque una lengua es abstractamente describible en una gramática, eso no quiere decir que todas las personas la hablen igual. Diferenciamos así entre lo abstracto y conceptual, y lo concreto e individual.

> El término *lingüística hispánica* es muy frecuente, pero normalmente en el ámbito universitario de España y otros muchos países se emplea la denominación *filología*, como recuerdo de la tradición clásica. Hay carreras centradas únicamente en lingüística, pero están menos extendidas. Dentro de la filología se estudian también los productos culturales de una lengua, como la literatura, pero en la lingüística, no. Esta es la principal diferencia entre ambos estudios.

En el caso de las lenguas, los primeros acercamientos que aplicaban métodos sistemáticos y científicos para buscar respuestas pretendían determinar qué relación hay entre todas ellas. De ese modo se fueron describiendo los parentescos entre el español y el francés y otras lenguas románicas, por un lado; las germánicas, por otro, etc. A tal punto llegaron estos estudios que se reconstruyó la familia hasta el protoindoeuropeo, que sería la madre de todas las lenguas del continente. De esa manera se empezó a conceptualizar la idea de la *distancia lingüística* (88), esto es, los parecidos y diferencias que hay en las estructuras gramaticales de los idiomas.

A raíz de esos estudios y publicaciones de los siglos XVIII y XIX, comienza a sembrarse el germen de la disciplina científica que hoy conocemos como *lingüística*. Si hay que marcar una fecha específica para certificar su nacimiento, esta es la publicación de los apuntes docentes del francés Ferdinand de Saussure en un volumen llamado *Curso de lingüística general* (1916). En él se explica la historia de la disciplina y, más importante aún, su objeto de estudio. Define qué es una lengua, el lenguaje y el habla.

El lenguaje es, pues, la capacidad humana para comunicarse que puede analizarse teniendo en cuenta diversos aspectos implicados. Si nos centramos en factores fisiológicos, es posible estudiar el cerebro y cómo se recibe y se produce el discurso hablado o signado (porque así se transmiten las lenguas de signos con las que se comunican las personas sordas). Quienes se ocupan de localizar las áreas cerebrales implicadas en dichos procesos, describirlas o ver cómo funcionan, se especializan en neurolingüística. Si alguien sufre un accidente cerebrovascular en una de esas zonas que presentan una fuerte especialización en el lenguaje, puede tener problemas para recuperar su

El lenguaje y las lenguas

capacidad de comunicarse. La ciencia que se ocupa de esta relación entre el lenguaje y las patologías médicas es la lingüística clínica. Quienes buscan explicar el origen del lenguaje desde el punto de vista evolutivo del ser humano se dedican a la antropología lingüística. La psicolingüística se centra en los procesos mentales y en cómo desarrollamos el lenguaje durante la infancia, en cómo memorizamos la información, etc. En esta disciplina también se plantea si la capacidad del lenguaje es innata al ser humano, que es un gran tema de discusión en la historia de la lingüística.

El lenguaje también puede estudiarse desde el punto de vista de sus productos: las lenguas, tanto orales como signadas. Si se describen como fenómeno social, nos encontramos con una disciplina denominada *sociolingüística*, que reflexiona sobre la convivencia de las lenguas, la gestión del bilingüismo o el multilingüismo en diferentes países, regiones, etc.; incluso, en el ámbito individual, analiza cómo afectan a nuestra forma de hablar algunos aspectos sociales como el nivel educativo, la clase social, la identidad de género, la edad, la profesión, la orientación sexual, la ideología, la religión, etc., ya que nos hacen hablar de una forma diferente. Si se estudian las lenguas de manera específica, se hace lingüística del español o del gallego, por ejemplo; en este caso se describe la historia de la lengua, su gramática, su fonología, etc.

La lingüística es, pues, la ciencia que se ocupa de estudiar el lenguaje como capacidad y las lenguas como su producto. Estos estudios pueden ser teóricos o aplicados. Cuando nos enfrentamos a la reflexión acerca de cómo se aprende una lengua extranjera, estamos aplicando todos los conocimientos teóricos que aporta la disciplina a una necesidad concreta de la sociedad; así pues, el campo científico que enmarca los trabajos sobre el español como lengua extranjera (ELE) es la lingüística aplicada a la enseñanza de lenguas extranjeras. No existen, de manera generalizada, carreras universitarias especializadas en este tema, así que el perfil formativo que es más frecuente entre el profesorado de ELE suele ser el de Filología Hispánica. En esa carrera se estudia tanto lingüística como literatura. Lo más habitual es especializarse posteriormente en ELE con un máster o un posgrado.

* Ideas clave:

Conocer qué es el lenguaje y cómo ocurre el aprendizaje de la lengua materna y de una lengua extranjera es fundamental para saber cómo enseñarlas. Además, es importante tener formación sobre la estructura fonológica, gramatical, léxica, pragmática, sociolingüística, etc., del idioma que queremos enseñar. Si a todo ello se le suma formación en cuestiones culturales como la literatura, se presentará un perfil muy completo para ser docente.

ELEteca **1.** ¿Qué disciplina científica reflexiona sobre el aprendizaje de lenguas extranjeras?

002 ¿Qué es una lengua extranjera, una segunda lengua y una lengua de herencia?

Rompiendo el hielo: ¿Cuál es tu lengua materna (o tus lenguas maternas) y qué lengua(s) extranjera(s) conoces?

Intuitivamente, cuando alguien nos pregunta cuál es nuestra lengua materna (o cuáles son), inferimos que nos preguntan cuál es la lengua que hemos aprendido en la infancia. No obstante, el debate técnico va más allá, aunque esa primera impresión es bastante acertada. El adjetivo *materna* asocia el primer idioma al que se está expuesto con una concepción social determinada de las familias o de las herencias culturales. Pensemos que este sentimiento es subjetivo: una persona que ha migrado puede sentir que su primera lengua (L1) es la lengua familiar, pero si quienes la han cuidado no le han hablado en ella y solo ha estado expuesta a la lengua de la comunidad de acogida, desde el punto de vista del dominio y del procesamiento de la información, su L1 no será la antigua lengua familiar, aunque la sienta como tal. Este caso puede ocurrir cuando las personas migrantes abandonan sus rasgos identitarios, entre ellos la lengua, para integrarse «mejor» en una comunidad nueva; y los hijos nacen ya en ese contexto.

También es subjetiva la percepción de algunos hablantes que identifican su lengua materna como aquella que dominan o usan más o mejor. Cuando se emplea el término *lengua nativa* o *lengua materna* se excluye conceptualmente a las personas que pueden aprenderla de otros modos y alcanzar igualmente un nivel de dominio alto, pero que nunca serán nativos. Esta cuestión puede parecer banal, pero no lo es. Gran parte del profesorado de lenguas extranjeras en el mundo no tiene la lengua que enseña como L1 y eso no quiere decir que no tenga una buena competencia para poder enseñarla. ¿Qué significa realmente la frase –normalmente expresada con admiración– *es que habla muy bien, habla como un nativo*? Estas etiquetas –materna o nativa– generan una discriminación por comparación de manera subconsciente.

> ¿Hablan todas las personas nativas de la misma manera? ¿Qué significa hablar bien una lengua? ¿Qué implicaciones sociales tienen estas ideas?

Estas connotaciones familiares y sociales se superan al emplear fórmulas como *L1*. Esta denominación es más neutra, porque solo hace referencia al orden cronológico en que se ha producido la exposición a los idiomas. Así, de manera subsiguiente, se hablaría de L2, L3, etc., para las lenguas adicionales.

Cuando nos referimos a la primera lengua a la que una persona está expuesta, la perspectiva es biológica y se centra en aspectos de procesamiento cerebral de la información. Aquí es donde entran los diferentes enfoques de los estudios científicos que pueden llevarse a cabo desde diversas perspectivas. Desde el punto de vista neurocognitivo, se considera L1 aquella a la que una persona está expuesta de manera natural (no mediante clases o no solo mediante ellas) antes de los 6 o 7 años, aproximadamente. Si hubiera exposición a dos lenguas, estaríamos hablando de *bilingüismo simultáneo*. En este caso no hay diferencia cronológica en la exposición, es decir, ocurre a la vez. Esta situación se suele dar en personas que viven en una región donde se hablan dos lenguas o cuando hay un movimiento migratorio (la lengua del seno familiar o de las personas cuidadoras y la lengua de la comunidad y la educación) (De Houwer, 2012). Si la lengua adicional (L2, L3 o lo que corresponda) se aprende más tarde, se denomina *bilingüismo sucesivo*.

Desde el punto de vista de la identidad, como comentábamos antes, puede darse la situación en que una persona considere su L1 una lengua propia de la comunidad étnica a la que pertenece, pero que no conoce o a la que no ha estado expuesta de manera habitual. La

perspectiva lingüística describe cuál es la lengua dominante en función del criterio de la competencia: cuál se aprende más rápido, en cuál se sabe más vocabulario o se producen enunciados más largos, etc. Si esto ocurre, si el dominio no es similar en los dos idiomas, se emplea el término *bilingüismo no equilibrado*.

Queda claro, pues, que la expresión *lengua materna* implica unas valoraciones sociales que conviene dejar atrás. La L1, en el caso del monolingüismo, es a la primera a la que se ha estado expuesto de forma natural. Las subsiguientes lenguas aprendidas serán, como hemos señalado, L2, L3, etc. Entonces, ¿qué es una lengua extranjera? Esta etiqueta es empleada de manera general para marcar un matiz más social que cognitivo. *Lengua extranjera* es como se denomina a los idiomas que se aprenden de manera formal (no de manera natural por exposición, como la L1) en las clases. Normalmente esto se asocia a lenguas que no son propias de la región donde se habita y, por lo tanto, se vinculan con los conceptos de *alienación, otredad* o *extranjería*. Por esta razón, en ciertos contextos se evita este término y se habla simplemente de *L2*. No obstante, algunos autores emplean *lengua extranjera* para referirse a la lengua que se aprende formalmente en un contexto de no inmersión para diferenciarlo de la *L2*, que se aprende en un contexto de inmersión. La etiqueta más extendida y con más tradición en la disciplina, así como en los cursos y demás productos como los manuales de enseñanza, es *lengua extranjera*.

El debate desde el punto de vista cognitivo –neurolingüístico y psicolingüístico– es determinar si para aprender las lenguas adicionales se activan los mismos mecanismos cerebrales que para la L1 (3). Podemos afirmar que todas las lenguas que se conocen están coactivadas, es decir, no se apaga la L1 cuando se habla o aprende una L2. Esto conlleva una perspectiva didáctica importante: evitar la L1 en el aula es una estrategia poco efectiva (45). Esta actitud suele adoptarse en contextos de no inmersión para intentar aumentar la exposición a la lengua meta, porque en estas situaciones no hay contacto frecuente con, en nuestro caso, hispanohablantes.

Queda, por último, acotar un término acuñado en los últimos años para hacer referencia a una serie de aprendientes que ya hemos descrito y cuyas características sociales y lingüísticas son muy particulares: aquellas personas que conocen una lengua de manera parcial porque han sido expuestas a ella de manera fragmentada, ya sea en el tiempo, en la cantidad o en el formato dentro del seno familiar. Estas personas se denominan *hablantes de herencia*. Un ejemplo de ello serían los descendientes de familias migrantes. En este caso, la lengua familiar se aprende, pero con muy poca exposición, así que el resultado puede ser que la competencia sea limitada y desequilibrada. Con frecuencia, suele desarrollarse más la expresión oral que la expresión escrita; y la gramática suele presentar una serie de inconsistencias que no son propias de quien tiene ese idioma como L1 y está en un contexto de inmersión. Estas personas no deberían insertarse sin más en grupos de aprendices con distinto perfil, porque en muchas ocasiones viven la experiencia con frustración, aburrimiento, desinterés, etc. En su caso, el español no sería una lengua extranjera, ya que no parten de cero, por lo que las técnicas didácticas serán diferentes (78).

✱ Ideas clave:

La lengua materna, nativa o L1 –término más neutro– es aquella a la que se tiene una exposición prolongada durante los primeros años de vida. Si una persona es bilingüe precoz por la situación social o familiar, entonces tiene una L1 y una L2 que pueden desarrollarse por igual o con diferencias. Los hablantes de herencia suelen presentar ciertos desequilibrios entre destrezas. En general sería más objetivo hablar de *L1*, *L2* o *L3*, pero en la práctica se sigue empleando el concepto de *lengua extranjera* para referirse a aquella en la que no se es nativo.

▶ ELEteca 2. ¿Qué es una lengua extranjera, una segunda lengua y una lengua de herencia?

003 ¿Qué tiene de particular enseñar una lengua que no es la materna?

Rompiendo el hielo: ¿Cómo aprendiste a hablar tu lengua materna?

Como ya adelantamos, la lingüística se ocupa de explicar cómo se desarrolla el lenguaje humano (1). Los modelos teóricos del siglo XX debatían principalmente si el lenguaje es una capacidad innata, es decir, si forma parte de nuestro código genético o si lo aprendemos en respuesta a los estímulos a los que estamos expuestos desde la niñez.

Chomsky fue fundador de una corriente de pensamiento, el generativismo, que defendía que todas las personas tienen un órgano mental, denominado *dispositivo de adquisición del lenguaje* (LAD, *language acquisition device*), que se activa de manera inconsciente al contacto con los idiomas maternos para desarrollarlos. Esta teoría se basaba fundamentalmente en dos aspectos: por un lado, la dificultad de creer que se puede desarrollar un sistema completo como la gramática de una lengua con la cantidad tan pobre de estímulos que reciben los bebés; por otro, la capacidad de estos últimos de producir frases que nunca han escuchado. Además, también se defendía la existencia de un único período crítico a partir del cual, si ya no se había aprendido una L1, ya no se podría aprender. Este modelo fue criticado por el cognitivismo, que sugiere que el lenguaje no tiene un único punto o dispositivo mental que lo haga funcionar, sino que depende de áreas cerebrales que son multitarea. Desde este punto de vista, además, se supera la centralidad que tenía la gramática como concepto abstracto en el generativismo y se busca una explicación en el uso del idioma: la gramática no existe sin la experiencia de las personas que la emplean. Al cognitivismo le interesa mucho el estudio del

Noam Chomsky: IV. andromeda / Shutterstock.com

significado, es decir, la semántica, por la que el generativismo se preocupaba menos, ya que solo se centraba en investigar la gramática sistémica y profunda (llamada *gramática universal*), que sería común a todas las lenguas, lo que demostraría que hay un componente innato en el lenguaje.

Como decíamos, la escuela cognitiva, por su parte, defiende que el cerebro y la mente funcionan más como un todo y que el lenguaje se desarrolla como otras habilidades humanas a través de la percepción, la atención o la memoria (71). Así, en la infancia no es que se empaste un conocimiento en la estructura cerebral que se activa (perspectiva generativista), sino que el lenguaje se desarrolla a la par que otras habilidades humanas (perspectiva cognitivista).

Estas teorías son fundamentales para entender también cómo aprendemos una lengua adicional, es decir, las teorías neurolingüísticas y psicolingüísticas buscan comprobar si las L2 se aprenden por los mismos caminos cerebrales que las L1 o si hay algunas diferencias. En términos generales, y desde un punto de vista cognitivo, la dificultad de aprender una L2 reside en que hay que reestructurar todos los marcos mentales que se han construido en la L1. Por ejemplo, en una lengua como el inglés es muy importante la acción verbal en desarrollo, lo que se refleja en un mayor uso del gerundio en comparación con el español; en castellano importa más el origen o el destino: *me voy* o *me voy a casa* en contraste con *I'm going* ('estoy yendo'). De esta manera, una de las mayores dificultades de aprender una LE es aprender a ver el mundo con otros ojos.

Desde el punto de vista semántico, esto se puede apreciar en el hecho de que en diversas lenguas tenemos etiquetas de palabras para objetos diferentes (*glass* en inglés puede ser *vaso* o *copa* en español) o incluso para realidades que no existen en otras culturas. En japonés, al final de la jornada se dice *otsukaresama* (お疲れ様) a los colegas de trabajo para darles las gracias por el esfuerzo del día y decirles que ya han trabajado suficiente y que pueden irse a casa (también se dice en coreano: *sugohaseyo* [수고하세요]). Aprender a usar esa expresión implica conceptualizar un nuevo momento o una nueva realidad, hay que reajustarse. Ese proceso de reanálisis de la realidad en función de la lengua provoca una reconfiguración de la mente. Nos fijaremos más, por ejemplo, en la acción del verbo en desarrollo si interiorizamos la forma de ver el mundo que implica el inglés.

> ¿Se te ocurren otros ejemplos de diferente conceptualización de la realidad entre los idiomas que conoces?

Desde el punto de vista cognitivo, la forma de procesar y conceptualizar la realidad sería la principal diferencia entre aprender una L1 y una L2: la L1 parte de un lienzo en blanco y la L2 debe buscar su encaje en la conceptualización que se ha hecho del mundo a través del lenguaje. Entender esto es fundamental en la didáctica de una lengua.

Así las cosas, suele emplearse el término *adquisición* para referirse a la interiorización de un idioma de manera natural y se reserva *aprendizaje* para hacer hincapié en que ese proceso no se produce de manera natural por exposición, como en el caso de una L1, sino que ocurre a través de la escolarización. Esta diferenciación se basa en la teoría formulada por Stephen Krashen (1982). Aunque muchos de sus supuestos se han visto en parte superados o, como mínimo, refinados, su dicotomía entre aprendizaje natural y aprendizaje formal sigue siendo un debate importante. No obstante, durante el aprendizaje no solo influyen los factores cognitivos, sino que también importan cuestiones como la motivación (72), los factores sociales (74), los aspectos culturales (75) y los emocionales (73).

En función del modelo o teoría que sigamos sobre el aprendizaje de una lengua primera y si es diferente del de una lengua adicional, elegiremos una forma de enseñar u otra (53, 54). Por ejemplo, quienes defienden el enfoque natural (55) encuentran acomodo práctico en enseñanzas como el método natural (54) o el aprendizaje basado en contenidos (58), es decir, aprender historia con el inglés como lengua vehicular de la clase. Esto está muy de moda, por ejemplo, en Europa desde edades muy tempranas, pero no solo es crucial allí, sino en otras muchas zonas geográficas; y en todas ellas la preocupación por encontrar el mejor modo de enseñar está presente en sus políticas lingüísticas y educativas (5).

✱ Ideas clave:

Desde un punto de vista cognitivo, lo que interesa saber es si una lengua adicional se interioriza del mismo modo que la L1. En función de la perspectiva teórica que se considere más adecuada, se elegirá un método de enseñanza u otro. La principal diferencia entre la L1 y la L2 es que esta última se construye sobre unas estructuras y una forma de ver el mundo ya formadas.

▶ ELEteca **3.** ¿Qué tiene de particular enseñar una lengua que no es la materna?

004 ¿Es necesario vivir en un país donde se hable la lengua para aprenderla?

Rompiendo el hielo: ¿Qué dificultades podemos afrontar cuando nos vamos a otro país a estudiar un idioma?

La eficacia de los programas de aprendizaje de lenguas en el extranjero puede juzgarse en función de diferentes criterios, pero sí que es verdad que social e históricamente se ha construido en el imaginario colectivo la idea de que se trata de una experiencia de desarrollo individual muy recomendable. Podríamos afirmar, de hecho, que lo es, aunque no todas las personas están preparadas para ello y no lo disfrutan con la misma intensidad. En consecuencia, para remediar en cierta medida esta falta de preparación ante la experiencia, son muchos los centros educativos que desarrollan cursos previos para ofrecerles una perspectiva más realista sobre lo que se van a encontrar y lo que van a sentir, les proporcionan consejos y trucos sobre la gestión de la vida, cuestiones básicas de la rutina y de su competencia intercultural (85), etc.

¿Qué beneficios crees que aporta una estancia de inmersión para el aprendizaje de un idioma?

Desde el punto de vista motivacional, las expectativas del alumnado con respecto a la experiencia de vivir en otro país hacen que parta de un fuerte interés y que suela mantenerlo por su relación de conexión con la cultura meta, las relaciones afectivas y de amistad que traba durante su estancia, el sentimiento de pertenencia a la comunidad y a la ciudad, las experiencias vitales que acumula y, además, el orgullo y la satisfacción de valerse por sí mismo. Con frecuencia los estudiantes refieren *a posteriori* una idealización de su intercambio y sienten que forma parte de su identidad actual (incluso pueden conservar el interés por elementos de ese país, como por ejemplo el equipo de fútbol de la ciudad donde estudiaron).

En ocasiones, las expectativas más concretas sobre el aprendizaje incluyen aspectos como la mejora del nivel de fluidez o la adecuación pragmática, es decir, sonar y comportarse de un modo más natural en el empleo de la lengua adicional. Esto puede conseguirse gracias al mayor uso y exposición al *input* que permite la experiencia; no obstante, como ocurre a veces, la persona puede acabar relacionándose con compatriotas o hablando inglés –cuando el objetivo de estudio es otra lengua– la mayor parte del tiempo porque necesita comunicarse y esta es la *lingua franca*.

Justamente por esta razón, algunos investigadores recomiendan visitar un país cuando ya se tiene un nivel intermedio o más alto, dado que los cursos breves de verano (de semanas o meses) con un nivel más bajo pueden tener efectos muy limitados sobre la competencia comunicativa (80). Estos suelen ser más efectivos, como decíamos, en los aspectos socioafectivos (73) y motivacionales (72). Cierto es que se ha demostrado, como parece lógico esperar, que cuanto más tiempo dura el intercambio, mejores resultados se obtienen (Blake y Zyzik, 2016). Se estima que la duración más efectiva es en torno a un año, ya que, cuando esto ocurre, los cambios son palpables. Por ejemplo, los estudiantes mejoran su actitud hacia la cultura meta y la comunidad de hablantes, y desarrollan más su sensibilidad intercultural; también valoran mejor la variedad dialectal a la que han estado expuestos.

En el plano lingüístico, una exposición prolongada y reiterada al *input* (64) favorece, como decíamos, un procesamiento similar al aprendizaje natural y la obtención de mejores resultados (Ife, Vives Boix y Meara, 2000; Lafford y Collentine, 2006). En cuanto al aprendizaje de vocabulario, en los estudios de investigación se percibe que este alumnado emplea más palabras poco frecuentes, una mayor habilidad para nombrar y categorizar realidades cotidianas y un dominio más amplio de palabras jergales o expresiones idiomáticas (Ife, Vives Boix y Meara, 2000; Lafford y Collentine, 2006). En el plano fonológico, una estancia de inmersión puede producir mejoras en la fluidez (37), entendida como la espontaneidad en el habla, un ritmo natural y la capacidad de evitar dificultades de expresión. También puede ayudar en la pronunciación y la comprensión de mensajes, aunque haya ruido ambiental. En cuanto a la gramática, como recogen Blake y Zyzik (2016), hay estudios que señalan que un intercambio prolongado mejora el uso del subjuntivo, del contraste entre *por* y *para*, y del orden de palabras. Se aprecia, asimismo, un gran progreso en las habilidades pragmáticas, dado que se es más capaz de adecuar el discurso al contexto, a los interlocutores y de escoger las palabras, las estructuras gramaticales, el tono, etc., para estructurar y transmitir el mensaje.

Estas ventajas, derivadas de una exposición constante al *input*, provocan en ciertos niveles cognitivos la reestructuración del procesamiento mental de la información similar al de un nativo. De hecho, la interiorización es tal que pueden usar las mismas regiones cerebrales para el procesamiento sintáctico que las personas nativas. Tanto es así que algunas investigaciones perciben mayor conectividad y mayores cambios en algunas áreas cerebrales (Casaponsa *et al.* [en prensa]). Esto desmonta por completo el mito de que solo se puede aprender bien y profundamente un idioma durante la infancia (76). Por supuesto, la reestructuración no se produce simplemente por el hecho de hacer un intercambio, como decíamos, sino por la exposición reiterada a un *input* de calidad. De hecho, en algunos estudios psicocognitivos no se perciben ciertas reestructuraciones hasta pasados dos años en inmersión (García Pentón y Fernández García, 2021). No obstante, hay que señalar que se puede producir una reestructuración similar a la de una exposición en inmersión cuando se consumen productos multimodales, por ejemplo, cuando se ve la televisión en versión original.

En suma, una experiencia de inmersión tendrá mejores efectos cuanto más prolongada y cuanto más intensa sea la exposición al *input* (64). No por esperable es menos importante señalar esta realidad, sobre todo porque no son pocas las personas que se van a otro país con la esperanza de mejorar el idioma, pero acaban agrupándose con compatriotas para sobrellevar la vida diaria o con otros expatriados, con quienes hablan inglés como *lingua franca*, a pesar de que la lengua que pretendan aprender sea, por ejemplo, el búlgaro. Es también importante subrayar el hecho de que, aunque el aprendizaje natural conlleva claros éxitos, mediante la exposición a la información de forma multimodal también se pueden conseguir mejoras. Esto es fundamental, porque no todas las personas pueden permitirse las estancias de inmersión.

Así pues, desde un punto de vista didáctico, conviene recordar que lo fundamental es garantizar la exposición a un *input* de calidad de manera reiterada y que, aunque no se esté en un contexto de inmersión, se pueden emplear productos audiovisuales para paliar su falta, así como favorecer programas como los tándems de conversación. Además, es importantísimo resaltar que la reconfiguración de las lenguas en la mente también puede producirse durante la adultez y que, por lo tanto, el mito de que solo podemos aprender un idioma durante la infancia es solo eso, un mito.

* Ideas clave:

Una estancia de inmersión puede tener beneficios en los ámbitos socioafectivo, intercultural, emocional, cognitivo y lingüístico. Estos se maximizan cuanto más tiempo dura la experiencia, cuanta más exposición hay al *input* y cuanta más interacción se produce con hablantes de la lengua meta. Si no se puede optar a estos programas, el consumo de productos audiovisuales es muy recomendable.

ELEteca 4. ¿Es necesario vivir en un país donde se hable la lengua para aprenderla?

005 ¿Por qué se estudian lenguas extranjeras en los sistemas educativos?

Rompiendo el hielo: ¿Qué lenguas estudiaste durante tu escolarización?

Aprender idiomas por motivos diplomáticos y comerciales es algo que se produce desde la antigüedad y que se constata en todas las áreas geográficas. Las expediciones y las personas en búsqueda de aventura, así como quienes querían leer los clásicos en su lengua original, fueron también grandes demandantes del estudio de lenguas. A estos motivos más tradicionales se les sumaban los religiosos y de espíritu evangelizador. En concreto, en cada época, la lengua que dominaba cada región y que despertaba mayor interés iba cambiando en función de los acontecimientos sociohistóricos.

La lengua que se considera útil para los intercambios entre comunidades que no comparten código se denomina *lingua franca*. El griego lo fue, también el latín y, en su momento, el italiano o el francés. No obstante, si hay una lengua en la actualidad que ejerce ese poder a nivel global es el inglés (Marsh, 2006; Graddol, 2006). Por supuesto, el árabe juega un papel crucial en el Magreb, Oriente Próximo y Oriente Medio, así como el chino como elemento unificador de la identidad nacional de ese país, pero el idioma extranjero más estudiado en el mundo a comienzos del siglo XXI es inequívocamente el inglés.

Esta situación se deriva de la coyuntura histórica del siglo XX. Estados Unidos, como parte de las potencias aliadas, ganó la Segunda Guerra Mundial y se convirtió en modelo de vida a través de sus productos culturales –con la influencia que eso supone para otros países– y el capitalismo se instauró como el sistema de organización económica más exitoso en el imaginario colectivo. Además, sus logros en los ámbitos científico y tecnológico causaron un fuerte impacto, ya que para poder estar a la última del conocimiento técnico había que dominar el inglés. De hecho, hoy, muchas investigaciones científicas llevadas a cabo por académicos chinos o mexicanos, por ejemplo, se publican en inglés para tener mayor relevancia en su campo; esta es una forma de garantizar que las van a leer más personas.

Dado este devenir histórico, los países que han generalizado los sistemas educativos abiertos y para toda la población durante el siglo XX han incorporado el aprendizaje de lenguas extranjeras en su currículum. Esta decisión forma parte de su política lingüística. La subdisciplina lingüística que se ocupa de estudiar este fenómeno es la glotopolítica. En la mayoría de los casos, como ya hemos mencionado, el inglés es la lengua elegida para la enseñanza

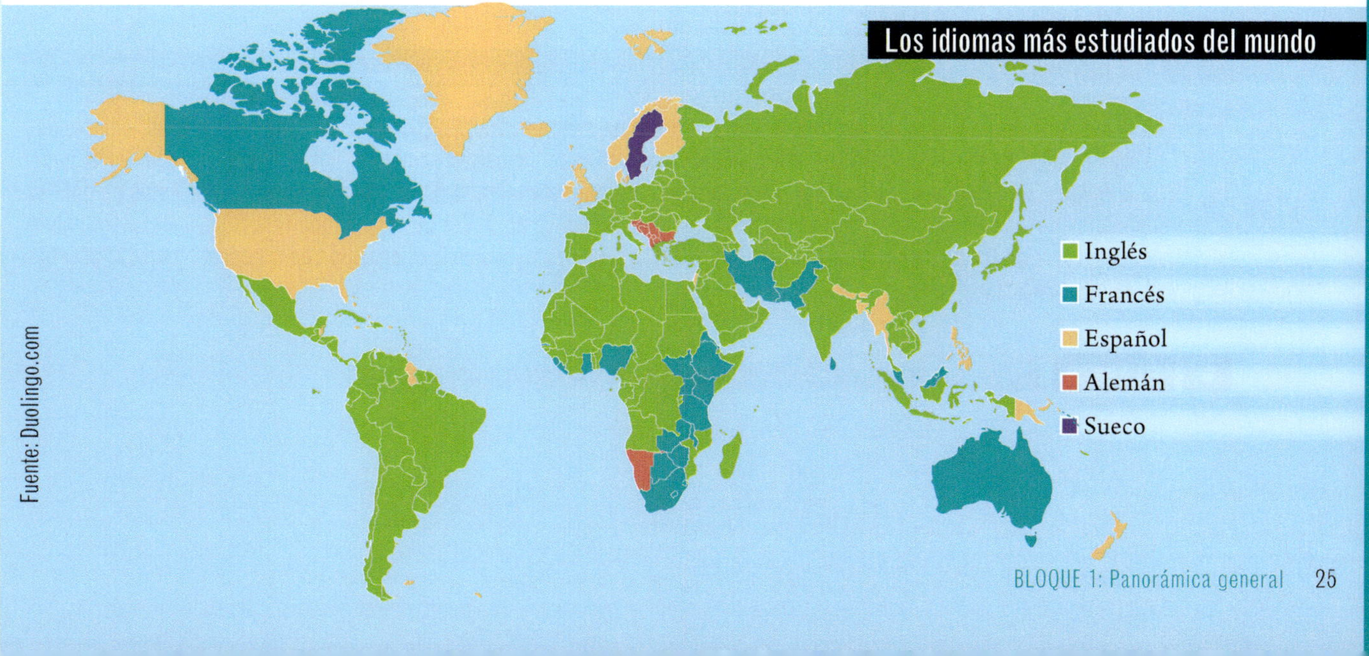

reglada en primaria, secundaria e incluso en las universidades. En esta misma línea, la Unión Europea (UE) promueve el bilingüismo o multilingüismo desde edades tempranas y su objetivo estriba en lograr que la ciudadanía domine dos idiomas además del materno. La metodología más novedosa en los estudios reglados es la enseñanza basada en contenidos (58), que, como ya explicamos, consiste en enseñar el contenido de las materias de Ciencias Naturales o Música, por ejemplo, en inglés. En la universidad la etiqueta empleada para esta realidad es *EMI (English as a medium of instruction)* (Dearden, 2014).

> ¿Qué desventajas o dificultades puede implicar el aprendizaje de un contenido de Historia o Ciencias Naturales, por ejemplo, en una lengua extranjera?

Las metas del multilingüismo promovido por los Gobiernos pueden ser variadas, pero en general oscilan entre argumentos de interés cultural, económico y de cercanía geográfica. En Europa hay estudios que demuestran que el conocimiento de idiomas mejora la empleabilidad de las personas (Araújo *et al.*, 2015; Comisión Europea, 2015). Eso, además, estimula el movimiento de trabajadores dentro de sus fronteras y lo naturaliza, hecho que redunda en la construcción de la identidad europea, como también lo hace el programa de intercambio académico Erasmus.

Las ventajas de aprender idiomas de manera temprana son claras: el bilingüismo se alcanza de manera más natural y con menos esfuerzo consciente del que se produce cuando se aprende un idioma de adulto. No obstante, este proceso de enseñanza de idiomas en las escuelas presenta también aspectos muy negativos. No son pocos los estudiantes que sufren una gran desmotivación debido a la metodología que se emplea, ya que en muchas ocasiones las asignaturas se centran en transmitir un conocimiento pasivo de la gramática y se diseñan de manera que el alumnado apruebe un examen de evaluación final que le permita acceder a los siguientes estudios (reválida, *Matura, maturità*, etc.). Además, en muchas ocasiones estos planes también fracasan por la falta de formación del profesorado o por la inversión insuficiente en recursos y materiales; pero, sobre todo, podríamos apuntar dos causas claves de este fracaso: la falta de realismo sobre los objetivos de aprendizaje que se formulan y el poco tiempo que se les dedica a los idiomas. Compensar esta falta de exposición al idioma es uno de los puntos fuertes de las metodologías orientadas al aprendizaje basado en contenidos.

Desde el punto de vista del alumnado que cursa la educación obligatoria, un problema muy recurrente es la falta de interés por la asignatura que se le impone –y que no elige–, porque, además, no comprende la relevancia que tiene para su vida aprender un idioma. Una tarea pendiente de la sociedad y de los docentes es transmitir el valor no tanto económico o de empleabilidad, que también puede ser un argumento motivador para algunos, sino más bien sociocultural, del que se pueda arrancar la pasión por el aprendizaje. Es cierto que esto es difícil por la ya mencionada rigidez del sistema, que configura los estudios en torno a un examen sin que ello constituya, *de facto*, una prueba de haber aprendido realmente a usar el idioma.

* Ideas clave:

La enseñanza de idiomas en la formación reglada presenta ciertas características, como la obligatoriedad, que pueden causar desinterés por el aprendizaje. Para poder trazar un plan educativo completo, hay que analizar cuál es el papel de la lengua, en este caso del español, en la zona geográfica determinada. En la mayoría de los documentos de política lingüística de los países e instituciones, se justifica la necesidad de aprender LE por su importancia para los intercambios económicos, comerciales y culturales. El empleo de otros argumentos, como la integración de las comunidades migrantes, no es nada habitual.

ELEteca 5. ¿Por qué se estudian lenguas extranjeras en los sistemas educativos?

006 ¿Se estudia el español como lengua extranjera en el mundo?

Rompiendo el hielo: ¿Qué tipo de persona se te viene a la cabeza cuando piensas en alguien que estudia español como lengua extranjera?

Aprender idiomas forma parte de la política educativa de muchos Gobiernos (👁 5), aunque, por supuesto, hay muchas personas que estudian idiomas fuera del sistema por sus intereses propios. La diversidad del perfil de los aprendientes es tal que es imposible abarcarla en pocas palabras, pero sí que es posible apuntar algunas tendencias.

El español es la segunda lengua materna del mundo por número de hablantes tras el chino (Instituto Cervantes, 2020) y la tercera en el cómputo global, porque la segunda es el inglés. Como se puede deducir de este primer dato, la importancia del español no se debe tanto al hecho de ser una *lingua franca*, sino a que, como el chino, se trata de un idioma con muchos hablantes nativos. Esta circunstancia, que puede parecer anodina, no lo es. El inglés se percibe internacionalmente como una lengua útil para el turismo, el ocio o el ámbito laboral. En el caso del español, esta percepción varía de manera significativa en función de cada área geográfica.

> ¿Qué creencias y actitudes piensas que hay hacia el español en otros países?

En el caso de Estados Unidos, el papel del español está estrechamente relacionado con la migración de naciones hispanohablantes hacia este país. En muchas ocasiones este idioma se considera útil, en este contexto, para integrar a la población migrante y para dedicarse a la docencia, pero no tanto, por ejemplo, para hacer negocios. Obviamente la población hispana sigue creciendo y cada vez tiene más peso en Estados Unidos, pero su relevancia en la jerarquía social continúa siendo limitada, aunque esto también depende de cada región dentro del país. En este caso, el español no se percibe necesariamente como una lengua de prestigio (Leeman, 2007; Bruzos Moro, 2016).

La enseñanza del español en China no se oficializó hasta 1952, así que no goza de una trayectoria tan dilatada como la de otros idiomas. No obstante, los estudios sobre su situación allí apuntan a una buena salud. Las razones por las que se aprende español, en muchas ocasiones como tercera lengua después del inglés, tienen origen en el interés cultural, aunque cada vez más también en las relaciones comerciales que mantiene este país con Hispanoamérica (Hidalgo Gallardo y Yang [en prensa]). Esto es fundamental para entender por

qué los estudiantes eligen estudiar este idioma, ya que, dado este contexto, sería más acertado hacer un acercamiento docente basado en aspectos socioculturales.

Esta situación también se produce en Japón, donde se estudia español para comunicarse con hispanohablantes y por razones culturales (Grupo de Investigación de la Didáctica del Español [GIDE], 2016). Bunyamethi (2018) halló que entre los estudiantes tailandeses un factor desmotivador para aprender español es que no sienten que estudiarlo les ofrezca salidas profesionales. En Nueva Zelanda (López Fernández, 2020), la enseñanza del castellano es reciente y se asocia principalmente al deseo de viajar a países hispanohablantes y pasar allí unos meses de intercambio, pero tampoco hay una instrumentalización utilitaria en cuanto al ámbito laboral. Esta percepción es contraria a la que se da en Hong Kong, quizá por su fuerte perfil de ciudad internacional y su ambiente competitivo, donde se aprecia un gran interés por el español, junto con el japonés, el coreano y el francés (Blasco García y Acosta Corte, 2020). En Costa de Marfil (Bangoura, 2019), el español goza de «una salud rebosante», con casi medio millón de estudiantes. Esta cifra cobra más relevancia si la comparamos con los 55 800 aprendices de China, mercado al que reiteradamente las instituciones públicas califican de estratégico; en efecto, lo es por la potencia económica mundial que representa la República Popular. En Brasil, por su situación geográfica y por su posición económica en el Mercosur, el aprendizaje del español se ha considerado y se suele considerar una decisión estratégica. De hecho, se calcula que lo estudian unas 6 120 000 personas (Instituto Cervantes, 2019). En este caso hubo un gran antes y un después por la Ley 11.161, conocida como la *lei do espanhol* (2005), aunque a pesar de su éxito se derogó por razones políticas (Lima Moreira, 2018).

En el Viejo Continente el español presenta una situación estable e importante. En Italia es un idioma de fuerte tradición de estudio por la cercanía geográfica y cultural. En Reino Unido se aprecia un gran interés y un posible crecimiento de aprendientes, porque es el idioma que más necesario se considera en el país en un escenario pos-Brexit (Ministerio de Educación y Formación Profesional, 2018). En Islandia parece que el español se consolida como lengua extranjera preferida después del inglés y por delante del alemán, que había ostentado esa posición tradicionalmente en la educación reglada (Concheiro Coello, 2017*a*). En Polonia hay una fuerte demanda, con casi 92 352 estudiantes (Instituto Cervantes, 2019), dada la positiva percepción que se tiene del idioma y el aprecio generalizado hacia la imagen cultural de los países de habla hispana (Tudela Capdevila *et al.*, 2017). Aunque, si destaca un país por encima de los demás en Europa, este es Francia, con casi 2 711 628 estudiantes de español (Instituto Cervantes, 2019).

Todos estos datos ofrecen una panorámica crítica y realista, pero alentadora. Cerca de 22 millones de personas estudian español (Instituto Cervantes, 2020) y este idioma tiene un fuerte posicionamiento internacional en instituciones supranacionales como la ONU y una gran relevancia comercial. Es positivo también que cuente con una fuerte presencia digital, hecho que garantiza su vitalidad. No obstante, aunque en el ámbito científico sea relevante por la cantidad de artículos publicados, todavía hay un mayor prestigio asociado a la publicación en inglés, como ya hemos explicado, por su impacto en la comunidad internacional.

Dada esta situación, desde una perspectiva didáctica se deben tener muy claras las necesidades, los perfiles y los intereses del alumnado que se sienta en el aula para aprender español, ya sea de manera obligatoria o voluntaria. No son pocos los países que refieren que la inclinación por este idioma emana del atractivo de productos culturales como la música, el deporte, el cine, etc. Ignorar este hecho solo redundará en una desmotivación por el aprendizaje (Méndez Santos, 2020*b*). El estudiantado que busca aprender el idioma para comunicarse no encaja en muchos programas educativos que enseñan las lenguas de manera casi filológica y sin prestar atención a la producción oral. Sus creencias sobre cómo se debe aprender bien un idioma determinan en gran medida su compromiso con el aprendizaje. Pasar por alto esto desemboca, en muchas ocasiones, en el fracaso de los proyectos gubernamentales y en el abandono y desinterés del alumnado. Los programas deberían revisarse y mapearse para localizar fortalezas y debilidades a fin de implementar mejoras (Gironzetti *et al.*, 2020).

✱ Ideas clave:

La lengua extranjera más estudiada en el mundo es el inglés, seguida de cerca por el chino, el francés, el español o el árabe, dependiendo del contexto geográfico. Es cierto que el español es un idioma prestigioso en general, pero hay que evitar triunfalismos. La gran fortaleza de este idioma es que, en general, suele elegirse –y no imponerse–, por lo que el alumnado suele presentar una fuerte motivación.

ELEteca **6.** ¿Se estudia el español como lengua extranjera en el mundo?

007 ¿Cuánto tiempo se necesita para aprender español?

Rompiendo el hielo: ¿Se puede aprender un idioma en tres meses?

La necesidad acuciante que empuja a algunas personas a aprender un idioma rápidamente por cuestiones laborales o académicas las lleva a creerse a pies juntillas ciertos anuncios de publicidad engañosa. De hecho, no son pocos los estudiantes que el primer día llegan a clase y preguntan *¿cuánto tiempo necesito para aprender español?* La respuesta más acertada en estos casos será *depende*.

> ¿Qué aspectos suelen destacarse en la publicidad de los cursos de idiomas?

Para empezar, es necesario concretar qué significa *aprender un idioma*. ¿A qué nos estamos refiriendo? Es importante entender que aprender e interiorizar una lengua lleva un tiempo, años, porque construir la huella en la memoria (👁 71) necesita de exposiciones reiteradas y prolongadas en el tiempo y eso no se logra en tres semanas. Conviene, pues, matizar las afirmaciones engañosas, ya que a lo que probablemente se refieren es a alcanzar un nivel básico. Podríamos poner como ejemplo los descriptores globales del *Marco común europeo*

de referencia para las lenguas (MCER) (24) para el nivel inicial, denominado *A1*:

> Es capaz de comprender y utilizar expresiones cotidianas de uso muy frecuente, así como frases sencillas destinadas a satisfacer necesidades de tipo inmediato. Puede presentarse a sí mismo y a otros, pedir y dar información personal básica sobre su domicilio, sus pertenencias y las personas que conoce. Puede relacionarse de forma elemental siempre que su interlocutor hable despacio y con claridad y esté dispuesto a cooperar. (Consejo de Europa, 2002, p. 26)

Es factible, pues, lograr estos objetivos en un período breve de tiempo, pero fomentar la falsa sensación de que se puede alcanzar un dominio alto en tres meses fácilmente puede provocar, como mínimo, desconfianza. Es necesario tener en mente, asimismo, que el aprendizaje es individual y que puede estar condicionado por otras muchas cuestiones. Por ejemplo, si se tiene una necesidad educativa especial, como pérdida de audición, dislexia o algún otro trastorno, el tiempo necesario puede aumentar (79). Además, es importante saber cuánto tiempo al día puede dedicarle esa persona al estudio del español, si ve mucho la tele en ese idioma, si está en contacto con hispanohablantes habitualmente, si está en un contexto de inmersión, etc.

Todos estos factores van a modificar su ritmo de aprendizaje, ya que este se puede producir de forma explícita en clase, pero también de forma implícita por exposición al *input* (64) fuera del aula. Las evaluaciones periódicas ayudan a comprobar el progreso y, con ello, se pueden adaptar constantemente el programa de estudios y los materiales (46). Esto es harto complicado en grupos de clase numerosos y con idiomas maternos diferentes, ya que al final la individualización recae en un trabajo extra para el profesorado normalmente no reconocido ni remunerado.

La instrucción formal –mediante cursos– y explícita (66, 91) puede modificar el ritmo o velocidad del aprendizaje, o la corrección de los resultados, pero algunos estudios e investigadores indican que lo que no es capaz de alterar es el orden de aprendizaje. Es decir, es necesario contemplar que este se desarrolla durante un período de tiempo que necesariamente se estructura, en ciertos aspectos, en etapas que son sucesivas. De hecho, en algunos estudios se constatan dificultades o errores provocados por una mala instrucción, esto es, por explicaciones parciales, inexactas, etc.

Además de las cuestiones académicas, personales y sociales, es necesario tener en cuenta aspectos lingüísticos como la distancia entre las lenguas (88) que se dominan y se pretenden dominar. Como ya explicamos (1), las familias de lenguas son esquemas genealógicos en los que se relacionan los idiomas en función de su parentesco, es decir, aquellas cuyo origen es más próximo tienden a tener estructuras similares. Por poner un ejemplo, el gallego y el español, lenguas románicas, se parecen más que el español y el finés, porque este último pertenece a una familia lingüística diferente (de hecho, la filiación de esta lengua genera debate). Si a este factor le sumamos que los idiomas incluso pueden tener otros sistemas de escritura, la dificultad se incrementa: un hablante de chino necesitará más tiempo que uno de turco para familiarizarse con los caracteres latinos y desarrollar la comprensión lectora (33) y la expresión escrita (35). Cierto es que, como ya explicamos, el español suele estudiarse como lengua extranjera después de ya conocer el inglés, con lo que la familiarización con el alfabeto suele ser más sencilla que cuando se alfabetiza a una persona que desconoce el sistema de escritura o que no sabe leer ni escribir en su propia lengua materna.

Según un estudio que hizo el Foreign Service Institute (FSI) de Estados Unidos, para un hablante de inglés se necesitan de media unas 24 semanas de estudio para alcanzar un nivel alto de competencia en español. Eso se concreta en torno a unas 600 horas de estudio. Para aprender coreano se necesitan unas 88 semanas y unas 2200 horas de estudio.

Alcanzado este punto, en el que hemos reflexionado críticamente sobre los factores que pueden condicionar el tiempo necesario para aprender un idioma, sí que es posible apuntar a una tendencia relativa al número de horas de estudio necesarias para alcanzar los distintos niveles de dominio. Normalmente los cursos que siguen el *MCER* (24) pautan unas 60 horas para un A1, 120 para un A2 y, finalmente, 180 para un B1, para un B2 y para un C1.

✱ Ideas clave:

El aprendizaje de un idioma es un proceso personal, por lo que las afirmaciones sobre el tiempo preciso para aprenderlo son necesariamente generalizaciones. Cuanto mayor sea la distancia entre la lengua materna y la lengua meta, más incrementará la dificultad. En general, y siguiendo el *MCER*, para alcanzar un nivel inicial de acercamiento al español (A1 + A2), se requieren en torno a 180 horas de estudio.

ELEteca 7. ¿Cuánto tiempo se necesita para aprender español?

008 ¿Puedo enseñar español si no es mi lengua materna?

Rompiendo el hielo: ¿Cuántos de los docentes de idiomas que has tenido eran nativos?

El mito del nativismo (2) emana de la idea de que solamente una persona que tiene la lengua meta (LM) como idioma materno sabe lo suficiente como para enseñarla (Medgyes, 1992; Selvi, 2011; Zhang, 2016). Esta es la primera de las falacias, que, por cierto, se emplea habitualmente para promocionar de manera engañosa la gran demanda de profesorado de ELE en la que se promete facilidad para conseguir empleo por el mero hecho de hablar la lengua (Bruzos Moro, 2017).

De hecho, no es tan importante ser nativo o no como, además de conocer el idioma, tener la formación lingüística y didáctica apropiadas. Así, para enseñar un idioma no basta con saberlo de manera intuitiva, sino que también hay que conocerlo de manera declarativa, es decir, se debe poder explicar por qué se usa el subjuntivo o no, o por qué se reduplica el pronombre de objeto indirecto *le* en oraciones como *ya le dije a María que no iba*. Así, además de tener competencia lingüística (81), hay que tener conciencia (92) sobre ella. En

otras palabras, se debe conocer la lengua y saber por qué funciona como lo hace.

> ¿Se suele pagar más a personas nativas por dar las clases? ¿Por qué?

A ello se le suma que es necesario también saber cómo explicar y enseñar. Esta competencia docente es fundamental: hay que saber organizar actividades y diseñarlas teniendo en cuenta los niveles (22) y la forma en que aprendemos (63). No por explicar una palabra un día, esta se va a aprender (94, 95). Incluso una persona no nativa puede ser de más ayuda a los estudiantes porque, al conocer su lengua materna (LM) y al «haber pasado por ahí», puede predecir mejor las dudas que les pueden surgir. En otras palabras, la conciencia del proceso de aprendizaje con sus dificultades y atajos es mayor. De hecho, la falta de conocimientos lingüísticos en muchas ocasiones lleva a los docentes nativos a corregir enunciados que están bien formulados. Esto ocurre cuando profesores hispanohablantes consideran que su variedad es la norma y el modelo de corrección, con lo que enmiendan falsos errores. Por ejemplo, una persona española puede considerar que la forma *¿cuál bocadillo quieres?* no está bien formulada. No obstante, esta variante sí es común en ciertas variedades meridionales del español y no debe corregirse. Como mucho, se podría hacer un comentario sobre las diferencias dialectales (9) y advertir sobre que en algunas zonas ese uso puede resultar chocante para los interlocutores, lo cual sería muy interesante.

Socialmente existen otros prejuicios, sobre todo en torno a la pronunciación o el conocimiento de léxico o expresiones idiomáticas como los refranes. Se duda de que una persona no nativa tenga un conocimiento tan profundo como para poder encontrar la unidad léxica adecuada en cada contexto. Esta circunstancia puede darse, pero también puede ocurrirle a una persona nativa con un vocabulario pobre. En cuanto a la pronunciación, cabe señalar que existe la creencia de que una persona no nativa no la tiene tan pulida y natural o que no tiene un ritmo o una fluidez tan espontáneos como un nativo. En estos pensamientos subyace la idea de que un nativo usa un modelo de lengua más correcto, puro, natural.

Laboralmente se dan casos, especialmente en el sector privado, en los que se desechan directamente los currículos de personas no nativas. Esto suele ocurrir en zonas hispanohablantes donde se considera que, aunque estas personas tengan formación didáctica con másteres o un doctorado, no son tan adecuadas para el puesto como una nativa. También se esconde en ciertas ocasiones que se prefiere a personas jóvenes y con poca experiencia para pagarles menos y que encajen más con el perfil del turismo idiomático (11) que busca aprender un idioma, pero, sobre todo, vivir una experiencia de inmersión que incluye visitas, fiestas, etc.; en este caso, la calidad de la enseñanza importa menos.

En suma, si se pudiera elegir, lo ideal sería contar con profesorado nativo y no nativo que trabajen conjuntamente en una misma aula, especialmente en grupos monolingües con los que se pueda emplear la lengua materna como estrategia didáctica; asimismo, con dos docentes la enseñanza se puede personalizar mucho más de lo habitual, dado que los grupos suelen ser, sobre todo en la enseñanza pública, bastante grandes.

✱ Ideas clave:

Para ser docente de un idioma es importante tener competencia lingüística, pero también formación didáctica. Aunque socialmente haya ciertos prejuicios hacia el profesorado no nativo, esto no se sostiene desde un punto de vista conceptual. Ambos perfiles presentan puntos fuertes y débiles que se pueden superar mediante la combinación simultánea o sucesiva de docentes durante un curso.

ELEteca 8. ¿Puedo enseñar español si no es mi lengua materna?

009 ¿Qué español debo enseñar?

Rompiendo el hielo: ¿Hay algo en tu forma de hablar que identifica tu origen geográfico?

El concepto de *lengua* es algo abstracto y se establece por la descripción de unas normas gramaticales que una comunidad lingüística identifica como su código de comunicación. Así, es necesario entender que esas normas forman la estructura de la lengua y que, cuando nos las saltamos, el mensaje es *agramatical*, es decir, no se puede entender (**la pescados fue por el horno*). Incluso así intentamos entender qué podría significar porque las lenguas son, por encima de todo, herramientas de comunicación. Estas normas que se refieren a la estructura profunda de la lengua son inherentes a ella e inalienables.

No obstante, las gramáticas, como productos culturales, las escriben personas en unas coordenadas espaciotemporales determinadas y con una ideología y perspectiva sobre la lengua dada. Cuando en una gramática se prescribe el buen uso de la lengua, esto es, se explica qué es lo correcto o lo incorrecto, se toma como rasero del buen hablar un modelo concreto de habla. Esta descripción de las normas es subjetiva y se centra en unos aspectos y desdeña otros, es decir, una gramática puede describir un fenómeno o ignorarlo porque lo considera incorrecto. La cuestión crucial en este punto es decidir qué modelo de habla se considera correcto. Normalmente se utiliza como referencia el habla culta de un nivel alto de la sociedad y una serie de rasgos considerados de prestigio como la lengua literaria. Así se conforma el estándar culto (Amorós Negre, 2014).

Con todo, esta decisión tiene como contrapartida algunos aspectos negativos, entre ellos, que se estigmatiza por exclusión el resto de las variantes que, aun siendo gramaticales, no se consideran de prestigio. Esto conlleva que, por ejemplo, en el español de España se valore como más culto distinguir el fonema interdental sordo (/θ/, escrito como *-z-* o *-c-*: *ceniza*) que sesear, aunque en el estándar del español de Andalucía el seseo sea culto. De hecho, no son pocos los docentes que tienen creencias erróneas al respecto y dicen suspender a su alumnado si no puede pronunciar la z, porque obviamente tiene que hablar «bien». Esta reflexión es importante para entender que nadie habla español estándar –es una variedad artificial– y que nadie habla español «perfecto»; o, si se quiere, para comprender que todas las personas hablan un buen español, sea cual sea su variedad. Tema aparte es el hecho de que seguir las normas del estándar culto para hacer exámenes académicos es lo habitual o que respetarlas implica tener una valoración social prestigiosa.

PAÍSES CON EL ESPAÑOL COMO LENGUA OFICIAL

Estas diferentes realizaciones de una lengua aparecen porque las personas pertenecen a una zona geográfica concreta, tienen una experiencia de vida diversa y presentan diferentes rasgos que pueden caracterizar su forma de hablar (nivel educativo, identidad de género, ideología, edad, profesión, etc.). Para denominar las variaciones que se dan en el uso de la lengua a causa de razones geográficas, se emplea el término *dialecto* o *geolecto*. Por otra parte, si se analizan las diferencias que existen en el modo de hablar en función de factores sociales se utiliza el término *sociolecto*.

La enseñanza de este tipo de variaciones en el aula es fundamental. Socialmente en cada país hay una variedad de prestigio que, con frecuencia, se identifica con los núcleos de poder históricos, la capital o zonas ricas económicamente. Por ello, se relaciona esa forma de hablar con un estatus social más elevado. En el contexto laboral, juzgar a una persona por su forma de hablar es un modo de discriminación que la Organización Internacional del Trabajo (OIT) clasifica como tal (8). Así, en el aula de ELE un docente puede tomar como referencia su propia variedad (Sánchez Rufat y Jiménez Calderón, 2013) y no hay argumento académico que justifique que un jefe de estudios le pida a una persona que suavice su acento. En los trabajos de investigación realizados al respecto (Méndez Santos e Hidalgo Gallardo, 2020; Méndez Santos, Hidalgo Gallardo y Pano Alamán, 2020), se han expuesto episodios discriminatorios con respecto a los acentos andaluz y canario, especialmente. Esto es un claro caso de discriminación laboral.

> ¿Cuáles crees que son las variedades del español con mayor y menor prestigio?

> ¿Alguna vez has presenciado un caso de discriminación lingüística por el acento? ¿Qué ocurrió?

Por todo ello, es esencial comprender que ninguna variedad del español es mejor que otra, aunque haya docentes de ELE que no lo tengan claro todavía (Fairweather, 2013; Ortiz Jiménez, 2019). Siguiendo con el caso del seseo, por ignorancia muchos hablantes peninsulares creen que su forma de hablar es mejor y, sin embargo, pierden la perspectiva: las personas que diferencian *s/z* al pronunciar son una minoría dentro de la comunidad de los aproximadamente 470 millones de hablantes del español. Pensar que es imprescindible hacer la distinción al hablar para comunicarse es un signo de etnocentrismo lingüístico (87).

Se debe, pues, partir de la base de que el alumnado debe ser consciente de que el español presenta variaciones geográficas a nivel nacional, regional e incluso local. Es lícito interesarse por una de ellas, una variedad preferente, si se va a vivir o a viajar allí. Como la intención comunicativa es clara, se busca una familiarización con esa variedad, pero pensar que no se necesita conocer el resto es una falacia. Es como pensar que nunca se va a encontrar a una persona de Andalucía en Venezuela o a escuchar un reportaje en la televisión que tenga un acento diferente. Es cierto que es imposible dominar y conocer todas las variedades, pero no pasa nada, dado que tampoco lo hacen las personas nativas.

En líneas generales y en el marco de la didáctica, un docente debe mantener su acento y variedad en el aula, y explicar al alumnado que presenta unos rasgos característicos; debe aprovechar esa oportunidad para introducir el tema de la variación. Dado que es imposible presentar todas las variedades léxicas y gramaticales, así como pragmáticas, en las clases, se recomienda buscar la variedad preferente de interés del alumnado en el inicio del curso para así adecuar la docencia. Esto debe completarse con una búsqueda activa de materiales audiovisuales y de lectura procedentes de diversos orígenes geográficos y hacer una reflexión explícita sobre ello. Es recomendable evitar afirmaciones tales como *en España se dice así y en América de este otro modo*, porque estas generalizaciones presentan una versión reducida de la realidad y, por consiguiente, crean expectativas falsas. El discurso debería asemejarse más a *en general, esta es la palabra más usada en Argentina, aunque en algunas regiones y en otros países se utiliza…*

✱ Ideas clave:

No hay ninguna variedad del español que sea mejor que otra, aunque en un contexto dado una de ellas tenga más prestigio social. Este fenómeno suele ocurrir con el español de España, que en muchos países todavía se considera más correcto o de mayor interés por ser la cuna del idioma. Esta perspectiva es limitada y falaz.

ELEteca **9.** ¿Qué español debo enseñar?

010 ¿Qué es el Instituto Cervantes y cuál es su función?

Rompiendo el hielo: ¿Qué institutos de idiomas oficiales conoces?

Los países y Gobiernos tienen entre sus políticas diferentes estrategias en cuanto a la gestión de los idiomas (5) de sus territorios. En algunos de ellos no existen instituciones oficiales que determinen el buen uso o la norma ni que se ocupen de su enseñanza. En el caso del alemán, por ejemplo, son los diccionarios y obras publicadas por una editorial las que marcan qué es lo correcto y qué no. Del mismo modo, en inglés son referencia ineludible el *Oxford English Dictionary* o *The Merriam-Webster Dictionary*.

No obstante, esto no ocurre con todas las lenguas. En el caso del español, la política lingüística de España pasa por promocionar su uso como lengua de cultura y del Estado, y para ello se han creado diferentes instituciones (Del Valle, 2007). En concreto, en 1713 se fundó la Real Academia Española (RAE) para regularizar los usos lingüísticos con el lema «Limpia, fija y da esplendor». Además, en 1991 se fundó el Instituto Cervantes (IC) con el objetivo de «promover universalmente la enseñanza, el estudio y el uso del español y contribuir a la difusión de las culturas hispánicas en el exterior» (Instituto Cervantes, s. f.). Entre sus funciones destacan organizar cursos, expedir certificados oficiales de idioma (47), apoyar el hispanismo en otros países, difundir la lengua y la cultura, gestionar las bibliotecas y apoyar al profesorado. Esta labor se concreta a

través de una red de centros en todos los continentes, aunque es cierto que el África subsahariana está muy desatendida, si bien recientemente se ha abierto un Aula Cervantes en Dakar (Senegal).

> ¿Por qué los Gobiernos tienen interés en promover sus idiomas más allá de sus fronteras?

Europa es su gran mercado por cercanía y tradición; sin embargo, poco a poco se van abriendo nuevas sedes y se anuncian otras con cierta periodicidad en la prensa, si bien ello depende de los presupuestos del Estado español y estos oscilan de manera significativa en función de la coyuntura económica. De hecho, no son pocas las noticias de los últimos años sobre la escasa financiación que recibe el Instituto y el hecho de que esto ha desembocado en una precarización de la plantilla y del profesorado. También hay quejas del abuso de la figura de profesor colaborador, que suelen ser docentes que ya residen en el país, por lo que no hay que patrocinar los visados, y que tienen (o pueden tener) otra fuente de ingresos; así, aunque su carga de trabajo varíe, suelen responder a sus necesidades puntuales de trabajo.

Uno de los puntos fuertes del Instituto Cervantes, además de los cursos propiamente dichos, es su papel como entidad de certificación y el gran programa cultural que lleva a cabo, ya que lo convierte en referencia del hispanismo en muchas áreas geográficas. Además, es importante destacar que, dada la ausencia generalizada de estudios de grado para la enseñanza de ELE (12), sus cursos suelen estar muy valorados para encontrar un trabajo como docente. Los organizan a través del Centro de Formación de Profesores y, a veces, también en colaboración con otras instituciones. Estos se clasifican en función de la experiencia laboral y formación; así, hay cursos de iniciación (nivel A), de consolidación (nivel B, profesorado con experiencia docente de un año y con formación especializada de unas 60 horas) y cursos de perfeccionamiento (nivel C, más de tres años de experiencia y más de 180 horas de cursos de formación didáctica).

Conviene destacar la gran cantidad de recursos en línea que el Instituto pone a disposición de los docentes. Cabe mencionar muy especialmente la Biblioteca del profesor, donde se encuentran abiertos a la consulta documentos clave (13) como el *MCER* (24), el *PCIC* (25), el *Diccionario de términos clave de ELE, Las competencias clave del profesorado de lenguas segundas y extranjeras* y las publicaciones científicas de congresos tan importantes para el campo como los de ASELE o FIAPE (16).

Por último, es importante señalar y entender que el español como lengua extranjera no es un patrimonio cultural ni económico exclusivo de España. De hecho, son numerosos los programas e instituciones nacidos en países hispanoamericanos que también promueven la enseñanza de este idioma en el mundo. Cierto es que el formato del Instituto Cervantes ha triunfado y la política llevada a cabo por el Gobierno español, siguiendo el ejemplo de otros centros precursores como la Alianza Francesa (1883) o el Instituto Goethe (1951), ha tenido importantes resultados. No obstante, existen otras instituciones destacables, como el Instituto Caro y Cuervo, referencia en Colombia, que fue fundado en 1942 mediante la Ley 5 del 25 de agosto. Como recogen en su página web, son

> “un establecimiento público del orden nacional de investigación científica y de carácter docente, cuyos objetivos son cultivar la investigación científica en los campos de la lingüística, la filología, la literatura, las humanidades y la historia de la cultura colombiana, y fomentar estos estudios mediante la difusión de los mismos [sic] y la enseñanza superior para la formación de profesores y especialistas en las mencionadas disciplinas. (Instituto Caro y Cuervo, s. f.)

Entre sus proyectos destaca especialmente el *Diccionario de colombianismos*, aunque también su gran papel desde 2010 en la enseñanza de ELE por encargo del Gobierno nacional.

En México, el Centro de Enseñanza para Extranjeros (CEPE) se fundó en 1921 con el objetivo de «universalizar el conocimiento sobre la lengua española y la cultura mexicana» (Centro de Enseñanza para Extranjeros, s. f.). Su misión es enseñar con calidad y eficacia la lengua española y la cultura mexicana a no hispanohablantes; certificar el dominio del español como lengua extranjera y formar docentes para su enseñanza; enseñar y difundir la historia, el arte y la literatura de México, así como contribuir a la internacionalización de la UNAM.

Por mencionar las instituciones de otros países hispanohablantes, Ferreira (2016) señala que en Chile se han creado programas en las universidades y que, mediante la Agencia Chilena de Cooperación Internacional para el Desarrollo (AGCID), se trabaja en la enseñanza del español en el Caribe anglófono. En Argentina destaca el consorcio de ELSE (español como lengua segunda o extranjera, conocido por sus siglas CinELSE), que depende del Gobierno y que agrupa diversas universidades. De hecho, en este país se crearon los exámenes CELU en 2004 (👁 47). También cabe nombrar, por su labor y tradición, el Laboratorio de Idiomas de la Universidad de Buenos Aires, que enseña español desde 1996. En Venezuela se fundó la Asociación Venezolana para la Enseñanza del Español como Lengua Extranjera (ASOVELE) en 1990 con el objetivo central de contribuir con los programas de enseñanza del español como lengua extranjera que Venezuela mantiene en el Caribe no hispánico. Finalmente, en la Pontificia Universidad Católica del Perú se celebró en 2019 el I Encuentro de Enseñanza del Español como Lengua Extranjera, para hacer un balance de los logros obtenidos y trazar un panorama de posibilidades en el país.

✱ Ideas clave:

La enseñanza del español como lengua extranjera no es patrimonio exclusivo de un país o instituto. Este tipo de organismos buscan promover la lengua y la cultura mediante diferentes programas, exámenes y proyectos. Los certificados de formación docente de estas instituciones suelen tener mayor reconocimiento en el ámbito laboral por su prestigio internacional.

ELEteca **10.** ¿Qué es el Instituto Cervantes y cuál es su función?

011 ¿Qué es la industria del idioma español?

Rompiendo el hielo: ¿El aprendizaje de un idioma es un fenómeno educativo y cultural, o económico?

El concepto *industria del español* (Santos Redondo y Montás Betances, 2010) hace referencia a todos los aspectos relacionados con el idioma que pueden considerarse servicios o productos comercializables; así, la perspectiva de trabajo no es cultural o antropológica, sino económica y empresarial. Dentro de esta etiqueta se encuentran recogidos los bienes o productos culturales, que se corresponden con las traducciones de películas o libros, la publicación de diccionarios o manuales para aprender el idioma, la música, etc. También es parte de las cuentas económicas del español el negocio que se establece en torno a su enseñanza como lengua extranjera.

Un claro ejemplo de la importancia de los aspectos económicos se ve en cómo se gestionan muchos centros de enseñanza, donde, por ejemplo, los grupos deben tener un número mínimo de alumnado para abrirlos porque tienen que ser rentables. Esto, que podría parecer normal, a veces lleva aparejadas consecuencias negativas, como la mezcla de aprendices de diversos niveles, edades, etc., para alcanzar esa cuota mínima de estudiantes; y esto pedagógicamente no es sostenible. Por otra parte, además, a veces se abaratan los costes y eso repercute en la calidad del empleo del profesorado. La precariedad y la inestabilidad de los docentes de ELE en el sector privado –principalmente, aunque no solo– es preocupante y acuciante. Habitualmente se hacen contratos a tiempo parcial, pero lo peor es que en muchas ocasiones estos se encadenan durante años.

Como constataron Bombarelli y Gómez Asencio ya en 2010, se suele contratar a profesorado joven sin experiencia porque es más flexible, reivindica menos sus derechos y está dispuesto a hacer horas extras y salir a hacer convivencia con sus estudiantes sin quejarse. Esto es una consecuencia de la mercantilización del aprendizaje de lenguas convertido en un subproducto turístico en forma de paquetes semanales. En los anuncios de estos cursos suelen omitirse las referencias a la formación del profesorado o a la calidad de la enseñanza, ya que lo que prima es *vivir la experiencia de inmersión*. Esta actividad económica que tanto ha crecido en España y en otros países hispanoamericanos encuentra su marco organizativo en el denominado *turismo idiomático*. He aquí la primera consecuencia perversa de mercantilizar la enseñanza: vender la educación como si fuera un producto. Esta búsqueda de rentabilidad tiene consecuencias como las que ya se han comentado: falta de interés por la calidad de la enseñanza y precariedad laboral de los docentes.

No obstante, la etiqueta *industria del español* no solo hace referencia a los cursos en sí mismos, sino que también alcanza sectores como las editoriales que venden manuales para estudiarlo y los productos culturales como el cine, la música, las traducciones, etc. Se estima que el 3 % del PIB de los países hispanohablantes depende del idioma (García Delgado, 2019). Esta importancia queda reflejada en los discursos oficiales cuando se refieren a él como parte de la riqueza del país. De hecho, no son pocos los proyectos del Gobierno de España y otras instituciones para promover la valoración del español como bien económico a nivel internacional. Destacamos aquí el iniciado por la Fundación Telefónica, que ha publicado dieciséis libros sobre el valor económico del español. Entre ellos podemos destacar los dedicados al español como lengua de comunicación científica (García Delgado *et al.*, 2013) o a la economía de las industrias culturales del español (Santos Redondo, 2011).

Otro aspecto crucial para la industria es transmitir públicamente el discurso de ese valor del español como lengua de ciencia, de comunicación y de cultura, unida y comprensible a pesar de las variaciones dialectales. De este objetivo se derivan las campañas para visualizar el español como una lengua importante, que lo es, de hecho, por su peso demográfico, pero no tanto por aspectos como su repercusión científica. De hecho, el Instituto Cervantes publica el anuario *El español: una lengua viva*, en el que se dedican varios apartados a la importancia de este idioma. Esta se mide por diversos factores como, por ejemplo, el número de hablantes que tiene, los países donde se habla y donde es oficial, la importancia geoestratégica internacional y económica de esas regiones, el índice de desarrollo humano de sus hablantes, la tradición literaria o científica, etc.

Todos estos criterios se combinan para determinar el alcance de una lengua, porque existen idiomas con un enorme número de hablantes, pero que solo se hablan en un país y, por lo tanto, su peso internacional es menor. Así, el bengalí o el indonesio los hablan millones de personas, pero fuera de sus países no gozan de tanto reconocimiento internacional. Transmitir la relevancia y el peso del español a nivel global es el objetivo, pues, de las campañas institucionales para promover la industria de la lengua, su peso diplomático y la relevancia del tamaño de la comunidad lingüística. Este último aspecto se valora especialmente desde el punto de vista de la capacidad adquisitiva que genera ese grupo de personas, ya que puede llevar a una empresa a publicitarse en español, por ejemplo. Es decir, la lengua se convierte en una materia prima de negocio.

Además de estos proyectos, los Gobiernos también establecen programas especiales como las Secciones Bilingües, los Lectorados o los Auxiliares de Conversación, que son convenios bilaterales con países que se consideran estratégicos para fomentar la enseñanza del idioma a fin de seguir reforzando su importancia. Aunque lícito, este objetivo es discutible, porque, por ejemplo, los Lectorados del Gobierno español, que dependen de la Agencia Española de Cooperación Internacional para el Desarrollo (AECID), ofrecen un gran número de plazas en países con sobrada solvencia económica en sus instituciones para contratar profesorado nativo en el extranjero y no tantas en aquellos países que por sus limitaciones lo necesitan más.

> ¿Qué necesidades sociales se derivan de la existencia de un gran grupo de personas que hablan el mismo idioma en una zona?

En suma, el español como lengua extranjera es una actividad cultural y educativa que también puede considerarse parte de la industria del idioma. Sin negar que el español es una lengua internacional y que despierta interés, es importante tener en mente precauciones sobre su papel y dimensión real para no caer en triunfalismos y toques de imperialismo cultural. Como el propio Instituto Cervantes (2020) recoge, la enseñanza está muy localizada en ciertas regiones como Estados Unidos, Brasil, Europa o algunos países de África, pero su importancia en el resto de los países no llega a rebasar el umbral de los 100 000 alumnos y en muchos de ellos su presencia es apenas testimonial. Por último, es importante destacar que la enseñanza debe guiarse por criterios culturales y de calidad, y no por su rentabilidad económica –o no solo por ella–, ya que, como hemos visto, eso puede repercutir negativamente en la enseñanza y en las condiciones laborales del profesorado.

✱ Ideas clave:

Aunque la enseñanza del español puede ser objeto de negocio, no debe ser motivo para mercantilizar el proceso y que esto derive en peores condiciones laborales, peor calidad de la enseñanza y una pobreza en el diseño curricular.

ELEteca **11.** ¿Qué es la industria del idioma español?

BLOQUE II
ASPECTOS PROFESIONALES

012 ¿Qué formación necesito para enseñar español como lengua extranjera?

Rompiendo el hielo: ¿Qué hay que estudiar para ser docente?

Los estudios necesarios para ejercer como profesor varían entre países, pero los grados universitarios centrados en la capacitación docente están mundialmente extendidos. En los programas de estas carreras universitarias existen asignaturas especializadas en la enseñanza del idioma a nativos y también, en ocasiones, a no nativos. No obstante, estas formaciones no suelen ser exhaustivas y acostumbran a orientarse a las clases de primaria y secundaria.

Otro camino que se recorre para enseñar un idioma es el de estudiar una filología o grado de lenguas modernas con especialización en la lengua meta. En estos casos los contenidos se alejan de la pedagogía y la didáctica, por lo que suele ser necesario completarlos con un máster de especialización didáctica y también de lingüística aplicada.

Así, dada esta falta de estudios reglados cuyo objetivo exclusivo sea la enseñanza de ELE específicamente, salvando algunos títulos ofrecidos por la UNAM y alguna otra universidad de manera aislada, la especialización en la mayoría de los casos deviene de combinar varios tipos de formación. No hay ningún camino mejor que otro, pero conviene entender que se deben desarrollar una serie de competencias para poder enseñar un idioma.

> ¿Qué asignaturas deberían estudiarse en un hipotético grado de estudios en la enseñanza del español como lengua extranjera?

Para los no nativos, la competencia lingüística (81) se puede obtener mediante estudios de español, pero, como a los nativos, también les hace falta formarse metalingüísticamente. Una persona, por hablar una lengua, no sabe automáticamente cómo funciona ni cómo explicar sus fenómenos. Además, como decíamos, para ejercer es necesario, y en algunos países imprescindible, tener formación didáctica y pedagógica. Cuando se quiere enseñar en niveles reglados, en la mayoría de los países se exige poseer un máster de didáctica para trabajar en el sector público. Asimismo, también se suele requerir una especialización en lingüística aplicada a la enseñanza para extranjeros mediante másteres, títulos de experto universitario, etc.

Todos estos requisitos suelen ser frecuentes en entidades educativas públicas y de nivel terciario como los centros de idiomas de las universidades, pero si nos referimos al ámbito privado, estos pueden variar. Cuanto más escasean los docentes nativos en una zona geográfica, más posible es que se pidan menos méritos y formación. Esto ocurre porque en muchas ocasiones las trabas burocráticas para vivir en un país son considerables y las instituciones educativas no quieren o no pueden promover la contratación desde fuera de sus fronteras, por lo que recurren a personas que ya están allí.

No obstante, estas afirmaciones no dejan de ser por sí mismas generalidades, ya que, por ejemplo, en algunos países las contrataciones del personal docente no dependen del Estado, sino de los propios centros educativos, con lo que no hay que pasar un examen (o varios o concursos de oposición) para conseguir un trabajo. Las escuelas privadas internacionales también tienen sus propios medios de contratación y suelen ser un buen lugar donde buscar empleo si se tiene formación y experiencia en colegios. En líneas generales es posible afirmar que en las universidades suele requerirse un doctorado o un máster como mínimo para ser docente, aunque, de nuevo, la escasez de profesorado puede alterar este mérito universalmente solicitado.

En suma, para ser docente de español no solo hay un camino válido. El grado de Filología Hispánica o el grado de Español son los preferidos, ya que ser docente de este idioma

es una de las salidas laborales clásicas. No obstante, esa formación no es suficiente, porque puede cojear en cuestiones de didáctica y de lingüística aplicada, conocimientos que suelen alcanzarse con el estudio de másteres especializados. Este camino también lo pueden recorrer personas que han estudiado Traducción u otros estudios centrados en el idioma. Si, por el contrario, el primer paso de especialización es la pedagogía o la didáctica, lo que se debe buscar complementar es el conocimiento lingüístico y metalingüístico de la lengua.

Si una persona no tiene estudios ni lingüísticos ni didácticos –por ejemplo, alguien que haya estudiado Economía– y quiere reciclarse por la razón que sea, debe formarse en esos aspectos mediante cursos como los que ofrece el Instituto Cervantes, algunos másteres, etc. En su caso tendrá un perfil muy adecuado para dar clases de español especializado en economía. No son pocas las universidades en el extranjero que ofrecen asignaturas de español con fines específicos (👁 61) como español de los negocios (ENE) (para fomentar la internacionalización de las empresas y los intercambios comerciales), español de la salud (pensado para personas con formación médica que puedan toparse con pacientes hispanohablantes, como por ejemplo en Estados Unidos, donde hay una comunidad muy extensa), español del turismo, español para diplomáticos, español para el ejército, etc.

Es imposible recomendar un único máster de ELE, porque son muchísimos los que se ofrecen y cada uno de ellos goza de diferentes fortalezas. Además, hay otros criterios importantes para seleccionar los estudios, como suelen ser la capacidad económica y la modalidad –presencial o a distancia–. En todo caso, aprender se aprende en todos ellos y, si se puede elegir, se recomienda revisar el plantel de profesorado para ver su grado de especialización en la disciplina. Suele ser preferible que sean másteres oficiales y dependientes de organismos estatales, ya que su título tiene un aval nacional, que es más valorado por los centros contratadores que aquellos expedidos por academias o centros privados, por poner un ejemplo.

En todo caso, como comentamos, el perfil más demandado incluye un máster en ELE, además de una posible titulación en Filología Hispánica o cualquier grado afín (Plaza Velasco *et al.*, 2017). López García y Contreras Izquierdo (2020) señalan que el porcentaje de inserción laboral de las personas con un máster es alto (66 %). Sin embargo, esta elevada cifra no siempre va de la mano de buenas condiciones laborales y, una vez más, es importante resaltar este aspecto para evitar posibles fraudes o desilusiones.

Una vez alcanzados estos conocimientos esenciales, conviene seguir formándose en aspectos más específicos que no se hayan podido atender o no se hayan tratado con la profundidad necesaria para el correcto desempeño de la carrera profesional. Por lo general, temas más novedosos como las necesidades educativas especiales (79) y el aprendizaje de idiomas o los hablantes de herencia (78); o más específicos como la gestión de un centro (20), la alfabetización de adultos, la enseñanza a personas migrantes y refugiadas (77) o la preparación de exámenes pueden requerir nuestra atención posterior.

En suma, la docencia de español como lengua extranjera es una profesión que, aunque no cuente con un título universitario oficial propio, necesita preparación y formación para ser ejercida con calidad. Sea cual sea el camino que se siga, los estudios deben asentarse en tres pilares: conocimiento lingüístico, conocimiento metalingüístico y conocimiento didáctico.

✱ Ideas clave:

No existen estudios reglados universitarios centrados en el español como lengua extranjera, así que la formación necesaria se alcanza mediante la combinación de diversos másteres, cursos, grados, etc. Son especialmente valorados los perfiles que tienen como base la carrera de Filología Hispánica, un máster en didáctica y otro especializado en la enseñanza de ELE.

ELEteca 12. ¿Qué formación necesito para enseñar español como lengua extranjera?

013 ¿Qué documentos de referencia se deben conocer y leer?

Rompiendo el hielo: ¿Qué debe saber un docente de ELE?

Dependiendo de cada país u organización donde se trabaje, los documentos de referencia pueden variar. Si el desempeño laboral se realiza en la Unión Europea conviene tener en cuenta los documentos sobre competencias generales del profesorado que señala Caena (2011), como son el conocimiento de la materia, diversas habilidades didácticas, saber crear un espacio seguro de aprendizaje, el uso de la tecnología o el desarrollo de actitudes de colaboración, reflexión, investigación e innovación, entre otras. Es preciso, además, consultar los documentos que cada Ministerio de Educación haya elaborado.

Concretando más, Kelly *et al.* (2004) redactaron el *European Profile for Language Teacher Education*, que se refiere específicamente a la enseñanza de idiomas. En él se determina el conocimiento que los docentes deben poseer sobre aspectos tales como la estructura del sistema educativo, el proceso de enseñanza, el desarrollo de estrategias y habilidades didácticas, y la transmisión de unos valores sociales. Dentro de estos últimos, por ejemplo, un docente de idiomas debe comunicar la importancia del aprendizaje de lenguas y el interés por otras culturas, así como la relevancia de ser parte de la ciudadanía europea. En cuanto a las estrategias y habilidades, este informe subraya la importancia de ser capaces de adaptar la enseñanza al contexto educativo concreto y a las necesidades individuales del alumnado, analizar críticamente los materiales y recursos para la enseñanza, conocer los diversos métodos de enseñanza de idiomas, dominar distintas estrategias de aprendizaje y transmitirlas, llevar a cabo una autoevaluación reflexiva del ejercicio docente, buscar la manera de mantener actualizada la competencia lingüística, desarrollar

investigación en acción dentro del aula y aplicar los avances en investigación al aprendizaje de lenguas, entre otros.

Si seguimos concretando lecturas de referencia, descendemos al nivel del español como lengua extranjera. En este caso, el organismo de referencia es el Instituto Cervantes con su informe *Las competencias clave del profesorado de lenguas segundas y extranjeras* (2012). En él se puede encontrar un rosco a modo de resumen donde se presentan tres habilidades centrales propias del profesorado de ELE y otras cinco que son comunes a otras profesiones. Sorprende comprobar que entre las tres centrales no se incluye, como en el *European Profile for Language Teacher Education*, el conocimiento lingüístico y el interés por desarrollarlo y actualizarlo. Sí se describe la necesidad de organizar situaciones de aprendizaje (gestionar el aula, planificar secuencias didácticas y diagnosticar las necesidades del alumnado) (👁 26), saber evaluar el dominio y el nivel de los estudiantes a través de diferentes herramientas (👁 46) e implicar a los alumnos en el aprendizaje (autonomía, motivación, gestión del tiempo y recursos, etc.). Complementariamente un buen docente debe, además, gestionar sus sentimientos y los del alumnado con el fin de crear una atmósfera positiva para el aprendizaje, facilitar la comunicación intercultural (👁 85), usar la tecnología para mejorar la enseñanza (👁 48) y, en cuanto a la organización, participar activamente en su institución. El apartado de desarrollo profesional implica trazar un plan de formación continua.

Conviene leer este documento con atención y señalar las competencias que ya se tienen y apuntar aquellas en las que se necesita trabajar más, ya que, de este modo, se puede planificar mejor un plan de estudios y lecturas. Sobre estas lecturas profesionales, es posible consultar la Biblioteca del profesor del IC, donde se puede acceder a documentos sobre metodología, las particularidades de la enseñanza a inmigrantes (👁 77) o de la gramática (👁 90), por poner algún ejemplo. Asimismo, se pueden consultar las actas de congresos especializados del campo, con lo que se pueden seleccionar artículos relacionados con los temas que más interesen. Adicionalmente se recomienda familiarizarse con las colecciones técnicas dedicadas a la enseñanza de ELE en diferentes editoriales especializadas.

En cuanto a los aspectos curriculares con los que debe familiarizarse un docente, conviene conocer que en cada país o centro se pueden seguir diferentes programaciones y contenidos que se deben enseñar en el aula (👁 23, 24, 25).

Para poder conocer también la opinión del alumnado sobre qué implica ser un buen docente, se puede consultar el informe que el propio Instituto Cervantes publicó en 2011: *¿Qué es ser un buen profesor o una buena profesora de ELE? Análisis de las creencias del alumnado, profesorado y personal técnico y directivo de la institución*. Puede ser una lectura que desencadene una reflexión interesante para autoanalizarse como docente, no solo sobre los aspectos competenciales ya mencionados, sino también sobre la competencia existencial (valores, creencias, actitudes, motivaciones, personalidad y sentimientos); en suma, cuestiones fundamentales para ejercer la profesión.

✳ Ideas clave:

Para desarrollar una docencia de calidad y adecuada al contexto, es importante conocer los documentos que marcan cómo desempeñar la profesión. Estos se diseñan a nivel gubernamental y ministerial, pero también hay otros específicos sobre ELE realizados por el IC que deben leerse con atención, como el documento *Las competencias clave para el profesorado de lenguas segundas y extranjeras.*

ELEteca **13.** ¿Qué documentos de referencia se deben conocer y leer?

014 ¿Qué es el Diploma de Acreditación Docente del Instituto Cervantes (DADIC)?

Rompiendo el hielo: ¿Por qué son importantes las titulaciones para acreditar conocimientos y habilidades?

Pastor Cesteros ya apuntaba en 1998 la necesidad de contar con una formación reglada que dotase a la profesión de un carácter más oficial (Pastor Cesteros, 1998). La ausencia de este tipo de formación resta visibilidad de cara a la sociedad, que en muchas ocasiones acoge ideas como que cualquier persona que hable un idioma puede enseñarlo o que ser nativo es lo más importante. Es fácil suponer que, de existir, estos títulos se convertirían en un requisito laboral, con lo que probablemente a largo plazo se restringiría el intrusismo y se reduciría la precariedad.

No obstante, esto todavía no es una realidad. La formación oficial más extendida es la de los másteres de especialización después de cursar una carrera universitaria; si bien en ciertos países cuentan con alguna diplomatura en enseñanza de ELE, estas son más bien escasas. Así, como decíamos, el panorama general es que quien llega a la profesión por el camino académico suele formarse mediante un máster.

Sin embargo, no todas las personas pueden cursarlos por razones de diversa índole: académicas, económicas, personales o administrativas. De hecho, su elección es un gran reto, porque hay mucha oferta y la calidad es desigual. Siendo realistas, es importante aceptar que es imposible que la formación sea totalmente exhaustiva, con lo que el aprendizaje a lo largo de la vida y la especialización posterior son imprescindibles.

Cuando este camino universitario no es posible –o cuando se desea complementar la formación–, se suelen buscar cursos iniciales, muchas veces incluso para acercarse al campo y decidir si «esto es lo suyo». Es en este marco en el que se gestan numerosos seminarios, jornadas y cursos organizados por universidades, centros privados, academias, etc. La parte positiva es que la oferta formativa es muy amplia y se lleva a cabo en distintos formatos, pero también hay una parte negativa: no todos los certificados de formación expedidos son reconocidos como documentos acreditativos de los conocimientos por las partes receptoras, que pueden ser desde empresas privadas hasta instituciones públicas de otros países. La relevancia de ello es crucial: el contenido y la calidad del curso pueden ser muy buenos, pero los futuros empleadores pueden no considerarlo adecuado. Esto ocurre con frecuencia con la formación en centros privados, ya que suele considerarse menos fiable que aquella que pasa por filtros de calidad oficiales.

Dado todo este contexto, cabe destacar la creación del Diploma de Acreditación Docente del Instituto Cervantes (DADIC), una iniciativa promovida por la misma institución (10), que claramente ha detectado este nicho y ha cubierto con su reputación una necesidad formativa y acreditativa. En este caso, se están recabando apoyos españoles e internacionales para su reconocimiento, con el fin de evitar las reticencias que sufren otros diplomas o títulos.

El sistema DADIC acredita la capacidad profesional del profesorado de ELE mediante dos pruebas de examen. A estas pueden concursar todas las personas mayores de 18 años que abonen los derechos de inscripción y que acrediten un nivel de español de B2 como mínimo (DELE o SIELE) (47). No obstante, desde el Instituto se recomienda a los candidatos contar con formación específica previa y una experiencia mínima, dado que, por ejemplo, una de las pruebas consiste en dar una clase.

Entre las competencias que el docente acreditado debe demostrar, se pueden destacar las siguientes: dirigir un grupo sin supervisión, ser autónomo en la toma de decisiones relacionadas con la enseñanza y la evaluación, conocer técnicas y modelos de docencia, disponer de criterios y formación para adaptarse a las necesidades del alumnado en diferentes contextos y, finalmente, reflexionar sobre su ejecución para mejorarla.

DAD Diplomas de Acreditación Docente Instituto Cervantes

Como explicábamos, esta certificación se basa en un examen que consta de dos pruebas: la impartición de una sesión de clase durante un máximo de 60 minutos y una entrevista con examinadores que valoran la capacidad crítica y de reflexión sobre la docencia. Los contenidos que se tienen en cuenta para la calificación están relacionados con los documentos de referencia para la enseñanza de idiomas en Europa, como *Las competencias clave del profesorado de lenguas segundas y extranjeras* (👁 13) o los ítems del proyecto EPG (👁 18), entre otros.

Estas pruebas pueden prepararse de forma autónoma o cursando la formación que ofrece el propio Instituto Cervantes. Las convocatorias varían entre los centros acreditados, aunque en sus primeras ediciones ha habido dos al año. El precio depende de cada centro, pero se pueden consultar en sus páginas web, incluido el de la central en Madrid.

¿Qué características tiene un buen docente de ELE?

En suma, existe una necesidad formativa reglada y oficial que atienda al muy diverso perfil del profesorado que se dedica a la enseñanza del español. Esto se debe a que los diplomas pueden gozar de diferente reconocimiento entre los centros empleadores. El Instituto Cervantes, consciente de esta necesidad, ha formulado una propuesta propia: el DADIC.

✱ Ideas clave:

Dado que no hay un único camino formativo para llegar a la docencia de ELE —a veces, de hecho, muchas personas lo enseñan sin siquiera tener estudios especializados—, han surgido a lo largo de los años numerosas propuestas educativas ofrecidas por instituciones públicas y privadas. Su calidad varía de manera considerable y su reconocimiento posterior es totalmente potestativo del centro empleador.

ELEteca **14.** ¿Qué es el Diploma de Acreditación Docente del Instituto Cervantes (DADIC)?

015 ¿Cómo puedo conseguir trabajo enseñando español como lengua extranjera?

Rompiendo el hielo: ¿Qué plataformas conoces para buscar ofertas de empleo?

Los méritos y formación requeridos para acceder a los diferentes concursos, oposiciones o procesos de selección varían considerablemente (👁 12), aunque es posible dar pistas sobre las cuestiones más frecuentes.

En muchas ocasiones las primeras oportunidades que se suelen tener para dar clases son a través de becas. El Gobierno de España, por ejemplo, convoca diversos programas como los Auxiliares de Conversación, las Secciones Bilingües o los Lectorados. El primero de ellos está destinado a la ciudadanía española con titulación universitaria o que esté cursando el último año universitario, para llevar a cabo labores de auxiliar de conversación en primaria y secundaria, principalmente. Estos becarios hacen prácticas de conversación con el alumnado, bajo la dirección de un profesor titular, durante un mínimo de doce y un máximo de veinte horas semanales.

Las plazas de Secciones Bilingües (primaria y secundaria) son similares, pero en centros de determinados países en los que el alumnado estudia español con el fin de obtener una

titulación final de sus estudios certificada por su Gobierno, pero también por el español. Los países suelen ser los siguientes: Bulgaria, China, Eslovaquia, Hungría, Polonia, República Checa, Rumanía y Rusia. En este caso se requiere una titulación ya completa con preferencia de Filología Hispánica para las clases de español, pero también tienen cabida personas con licenciaturas en Historia, Matemáticas o Física, porque hay asignaturas de ese tipo que se enseñan en español en esos centros. Podría ser este el programa con el que arrancar una carrera docente de ELE si el perfil no es estrictamente filológico, porque se podría obtener experiencia a través de un programa oficial.

Las becas de Lectorado de la AECID se dirigen a personas españolas cuya especialización sea el español, la filología, la literatura, las lenguas, las humanidades, la traducción, la interpretación o la lingüística. El nivel de enseñanza es terciario, es decir, el público es adulto y universitario. En todos estos programas es importante notar que hay edad límite para presentarse, por eso señalamos que suelen ser ideales para iniciarse en la carrera docente.

El Gobierno de México tiene un programa con Estados Unidos de intercambio de maestros a través del cual profesores que ya ejercen se van entre tres y ocho semanas. El Gobierno de Argentina también promueve programas similares e incluso países receptores como Francia tienen sus propios programas para jóvenes profesionales y estudiantes de universidad e institutos profesionales superiores que cuenten con el dominio del idioma francés (nivel B1), para apoyar a profesores de español durante un período de siete meses. El British Council también ofrece becas de asistentes de idiomas, pero los requisitos varían en función del país de procedencia.

El Gobierno de Estados Unidos, vía las becas Fulbright, también da la posibilidad de ir al país a enseñar español. Japón ofrece, a través del programa JET, diferentes puestos que incluyen la docencia y que pueden ser una forma de acceder al país, así como otras becas de estudios. Ese camino, hacer un máster con una beca y una vez allí dar clases, parece más alcanzable, porque los papeles de residencia y trabajo ya se tienen. Por otra parte, muchos centros universitarios tienen sus propios convenios de Auxiliares de Conversación o Lectorados, como la Universidad de Granada en España o la de Sevilla, entre otras.

Alternativamente a estos canales oficiales gestionados por los Gobiernos mediante becas y pasantías de los más diversos tipos, están las oposiciones que se convocan en cada país de manera regular para sus escuelas. No obstante, es un proceso complicado por los requisitos que se exigen, que suelen incluir tener la nacionalidad o el permiso de residencia y trabajo; en muchas ocasiones, el examen se hace en el idioma del país, con lo que es necesario conocerlo bien. Las universidades suelen tener más soberanía, pero los procesos de selección son independientes, lo que hace más difícil estar al tanto de las plazas vacantes.

También se puede participar en convocatorias públicas del Instituto Cervantes; para ello, se debe consultar su web y la de cada centro en particular. También, si se reside en el mismo país y se tiene permiso de trabajo, se puede enviar el currículo directamente a la sede para trabajar como docente colaborador en caso de que surjan necesidades puntuales. En la misma línea, es posible enviar la documentación a escuelas privadas internacionales y revisar sus webs, porque hay cierto movimiento y suelen ser empleos bien remunerados, aunque es cierto que no todas facilitan la obtención de los papeles oficiales necesarios para llegar desde el extranjero.

Otro tipo de centros privados son las academias, a las que hay que contactar directamente, e incluso ONG que pueden tener concursos de contratación o pueden estar buscando personas voluntarias. Una alternativa más, muy en auge, es enseñar el idioma de manera virtual a través de diferentes plataformas de videollamada como Skype, Google Meet, Zoom, etc. El profesorado consigue el contacto con los estudiantes mediante el boca a boca o publicitándose en plataformas especializadas como Italki, Verbling o Preply.

La calidad del empleo como docente de ELE suele ser bastante precaria y esto se exacerba en ciertas instituciones privadas, aunque no sea exclusivo de ellas, porque muchos centros universitarios semipúblicos también actúan del mismo modo. En González Martínez *et al.* (2008), la mayoría de los docentes encuestados señala que el salario y la inestabilidad del empleo son sus principales preocupaciones. Muñoz-Basols *et al.* (2017) constataron también un 29,6 % de trabajos inestables. A esta situación es posible sumarle la elevada proporción de profesores pluriempleados, que generalmente dan clases privadas (Alemany Giner, 2017; Granero Navarro, 2017; Leal Valladares y Prodani, 2017) o realizan tareas fuera de sus contratos, funciones u horarios laborales. León Manzanero (2018), de hecho, señala que en su contexto laboral hay un alto índice de rotación por el escaso reconocimiento de la profesión y los bajos salarios. Por otro lado, en ciertos países es posible subsistir solo a través de programas oficiales o gracias a ese pluriempleo (García Berenguel y Hunko, 2017). Por todos estos antecedentes es muy importante tener claro, antes de postularse a un puesto, si las condiciones laborales que se ofrecen son sostenibles en el tiempo y razonables teniendo en cuenta el coste vida y otros aspectos sociales.

> ¿Qué páginas web conoces con ofertas de empleo para profesorado?

En suma, los canales para conseguir un puesto temporal o indefinido como docente de ELE son múltiples y dependientes del contexto y las características personales, como la nacionalidad, la edad o el grado de formación. Estar al tanto de convocatorias de empleo requiere tiempo de búsqueda y mucha atención a los plazos, pero, si hay una página de referencia actualizada y que es ineludible, esta es el portal TodoELE.

✱ Ideas clave:

Encontrar empleo como docente de ELE varía en función de la formación, edad y experiencia. Hay numerosos programas gubernamentales para iniciarse en la docencia a través de becas. También se puede participar en convocatorias públicas y otras oposiciones. Los centros privados tienen más facilidad de contratación directa.

ELEteca **15.** ¿Cómo puedo conseguir trabajo enseñando español como lengua extranjera?

016 ¿Qué asociaciones representan al profesorado de ELE?

Rompiendo el hielo: ¿A qué categoría profesional se circunscriben los docentes de ELE?

Los derechos laborales del profesorado de ELE se incluyen en las categorías laborales correspondientes en cada país. En España, por poner un ejemplo, quienes ejercen en academias se clasifican dentro de la enseñanza no reglada. Las personas que trabajan en centros universitarios semipúblicos están en el límite, pero en general los sindicatos profesionales los representan a todos. No tenemos constancia de ningún sindicato especializado, pero sí de una asociación española de corte laboral que se ha creado recientemente, Profesión ELE. Esta se ocupa de asesorar legalmente y elaborar información dedicada a los docentes para que tengan claros sus derechos, retribuciones, etc. Es muy recomendable seguirla en redes sociales.

> Piensa en el contexto educativo donde te gustaría trabajar o donde trabajas ahora. ¿Cuántas horas de docencia se consideran una jornada laboral completa?

Desde el punto de vista académico, hay cientos de asociaciones de docentes que a nivel local, regional o nacional agrupan al profesorado con diversos objetivos. La Federación Internacional de Asociaciones de Profesores de Español (FIAPE) ofrece un paraguas a todas ellas para darles apoyo institucional y reconocimiento, es decir, es una asociación de asociaciones. La asociación internacional de profesorado más antigua es la Asociación para la Enseñanza del Español como Lengua Extranjera (ASELE), que desde 1989 organiza congresos, publica un boletín semestral, otorga becas de investigación de máster y de doctorado, y sirve como punto de encuentro académico a docentes de todos los continentes.

En ciertas áreas geográficas puede que las asociaciones específicas de profesores de ELE todavía no estén desarrolladas y que dichos docentes se agrupen en una sección dentro de otra más general, donde también se encuentren traductores, historiadores, etc. De hecho, en algunos países hay asociaciones que son de reciente creación, como la Asociación de Profesores de Español en Serbia (APES), fundada en Serbia en 2016, o la Formación Costarricense para la Enseñanza del Español como Lengua Extranjera (FocoELE), fundada en Costa Rica en 2018; y en otros lugares, como Hong Kong, todavía están en proceso de creación.

Conviene buscar información de las asociaciones globales académicas y de las específicas del área geográfica donde se va a desempeñar la docencia para contar con todos los datos relevantes. Estas organizan, junto con las embajadas y consejerías de Educación, numerosos eventos de formación y culturales, concursos para estudiantes, ciclos de cine, etc. Por ello, es importante conocer a fondo también el papel de las consejerías y otras oficinas diplomáticas para sacar el máximo partido didáctico y cultural a los recursos que pongan a disposición de los docentes.

Por su gran tradición e impacto, es muy conocida la Asociación de Profesores de Español y Portugués de Estados Unidos (AATSP, por su denominación en inglés: American Association of Teachers of Spanish and Portuguese), fundada en 1915 (Leeman, 2007). Organiza congresos con gran afluencia y publica la revista *Hispania*. Por otro lado, en 1968, importantes filólogos como Emilio Lorenzo o Francisco Ynduráin fundaron la Asociación Europea de Profesores de Español (AEPE), que también publica su propia revista y organiza congresos internacionales periódicamente. La Asociación Asiática de Hispanistas (AAH) organiza encuentros cada tres años desde 1985 y sirve de punto de encuentro para todos los profesionales del sector. La difusión de sus publicaciones no es especialmente exitosa, pero por suerte, y gracias al empeño de José Miguel Blanco Pena, parte de ellas están disponibles en línea. La Confederación Académica Nipona, Española y Latinoamericana (CANELA) es una asociación muy activa en el contexto asiático. La labor de estas asociaciones más genéricas se complementa con la de grupos de investigación como GIDE en Japón o SinoELE en China.

Asociarse y ser miembro de las juntas de gestión son dos aspectos importantes personal y académicamente. Pertenecer a este tipo de agrupaciones ofrece un mérito reseñable en el currículo y es una muestra de interés por la profesión. Además, ser miembro de una asociación suele proporcionar ciertas ventajas, como por ejemplo descuentos en las matrículas de congresos, cursos y formaciones. También permite entrar en contacto con personas que se desempeñan en el mismo contexto o similar y da la posibilidad de compartir materiales y trabajar una de las competencias clave recogida por el Instituto Cervantes: desarrollarse profesionalmente como docente y ser consciente de que se forma parte de una comunidad más amplia (13).

Cuando no existen asociaciones y la red de hispanistas es escasa, es necesario buscar alternativas, como los grupos que funcionan en Facebook, que son muchos, donde se encuentran docentes de todo tipo, nivel, etc. Son numerosos, hay cientos de ellos: Profesorado de español en países asiáticos, Profesores de ELE de secundaria en China, Profesores de ELE en Alemania, Profesores de ELE en África, etc. Asimismo, hay otros grupos más generales que también cuentan con miles de integrantes, como Profesores de ELE, Profesores de español como lengua extranjera o Red de profesores de español-ProfeDeELE.es, entre otros.

* Ideas clave:

El asociacionismo ofrece una red de contactos y de formación importante para desarrollarse profesionalmente. Muchas de estas entidades, además, publican revistas y organizan congresos a los que es importante asistir para reciclarse y actualizarse con las últimas tendencias de la profesión.

ELEteca **16.** ¿Qué asociaciones representan al profesorado de ELE?

017 ¿Qué congresos académicos, cursos o jornadas de formación existen?

Rompiendo el hielo: ¿Cómo me formo y me actualizo para la enseñanza de ELE?

La pregunta es difícil de responder porque son incontables. Del mismo modo que señalamos que hay cientos de asociaciones, estas organizan cientos de congresos, encuentros y jornadas, y hay que sumar las que planifican consejerías, editoriales, universidades, etc. En las páginas web y grupos de Facebook que hemos apuntado (16) se informa periódicamente de este tipo de eventos. ASELE, de hecho, en su web, tiene un calendario de Google para consultar esta información, aunque, de nuevo, la página web de TodoELE se convierte en el sanctasanctórum.

> ¿Qué jornada o congreso se celebra próximamente? ¿Cuáles son sus características y su tema central?

Para elegir a cuál de todos ellos asistir, en primer lugar, debemos revisar el documento *Las competencias clave del profesorado de lenguas segundas y extranjeras* (13) y detectar nuestras fortalezas y debilidades de formación. Lograr un mayor conocimiento sobre dichas áreas debería ser el objetivo que alcanzar.

Así, como primer criterio de selección para los congresos, encuentros y jornadas, cabe tener en cuenta el grado de especialización que presenta el tema de trabajo. Si apenas se cuenta con formación, un congreso sobre investigación puede resultar un poco complicado de abordar e interiorizar. Los encuentros, congresos y jornadas de profesorado suelen contar con una o dos conferencias plenarias en las que personas de relevancia presentan un tema en profundidad y, a menudo, con implicaciones didácticas concretas. El programa se completa con pequeñas charlas de unos veinte minutos, llamadas *comunicaciones*, donde docentes e investigadores cuentan una experiencia didáctica o estudios para comunicar sus resultados y que estos beneficien a otros docentes. Los talleres suelen ser participaciones más prácticas en las que se espera que los asistentes colaboren activamente en su desarrollo. Los encuentros y jornadas suelen durar uno o dos días y los congresos pueden dilatarse más, hasta tres o cuatro. Al finalizar este tipo de actividades, se suele otorgar a las personas asistentes un certificado de participación o aprovechamiento. Este mérito debe ser consignado en el currículo en un apartado especial cuyo título aproximado puede ser «Asistencia a congresos y jornadas».

En cuanto a los cursos de formación, es posible seleccionar cuáles se quieren seguir en función del objetivo que se tenga. Si lo que se busca es lograr la titulación de una institución

prestigiosa para arrancar en la profesión, conviene que sean cursos oficiales del Instituto Cervantes (o equivalente), universidades u otras instituciones de prestigio. Esto no quiere decir que necesariamente sean mejores que los que puedan ofrecer centros o academias privados, pero en muchos procesos de selección se requieren cursos considerados oficiales, que suelen asimilarse a los que se siguen en instituciones públicas (👁 12). Posterior o complementariamente, se pueden realizar otros tantos cursos de especialización, reciclaje, etc., en cualquiera de los cientos de academias, webs, etc., que los ofrecen.

La sobreabundancia de formación actual contrasta fuertemente con la escasa profesionalización del sector de hace treinta años. Quizá hasta podamos hablar de cierto exceso, porque no todo lo que se ofrece cumple un mínimo de calidad. Por esa razón, y especialmente cuando hay un desembolso económico de por medio –y más si es alto–, conviene revisar con atención quiénes son las personas que imparten el curso, con qué títulos de especialización cuentan o qué trayectoria profesional tienen. En muchas ocasiones las razones para elegir uno u otro acaban siendo más profanas, como la disponibilidad de tiempo o dinero para hacer los cursos o asistir a ellos presencialmente.

Méndez Santos, Hidalgo Gallardo y Pano Alamán (2020) atestiguan que más del 50 % del profesorado de ELE que contestó a su investigación seguía cursos de reciclaje y actualización con frecuencia. No obstante, el 48,9 % decía no hacerlo tanto como quisiera por los altos precios o por la falta de disponibilidad en su área geográfica (esto posiblemente haya cambiado por la situación acarreada por la COVID-19). No son pocos los cursos y congresos que ofrecen becas de asistencia o ayudas para realizarlos, así que conviene consultar este detalle en la oficina de coordinación correspondiente o su página web. Más de un 20 % de los informantes de la ya mencionada investigación, que eran personas con mucha experiencia, sentían que no había temas nuevos o atractivos y otros tantos señalaron la falta de acceso a la información de las convocatorias. Por esta última razón, es importantísimo para estar al día formar parte activa de la comunidad del profesorado de ELE asociándose, siguiendo páginas específicas en redes sociales y siendo miembro de grupos o círculos de trabajo.

✱ Ideas clave:

Es necesario planificar las necesidades de formación, ya sean de nivel básico o de reciclaje, y detectar puntos débiles para desarrollar esas competencias. Formar parte de la comunidad del profesorado implica conocer las asociaciones y entidades que ofrecen cursos, congresos y jornadas, y colaborar activamente en ellas.

ELEteca 17. ¿Qué congresos académicos, cursos o jornadas de formación existen?

018 ¿Cómo puedo saber cómo orientar mi carrera como docente de ELE?

Rompiendo el hielo: ¿Cómo puedo evaluar mis puntos fuertes y débiles de manera objetiva?

El análisis de los documentos de referencia y la reflexión sobre ellos (👁 12, 13) pueden ofrecer una pista de qué carencias formativas o competenciales se tienen. En otros casos, al realizar un trabajo de investigación (TFG, TFM) o un curso de formación, se puede contar con la tutorización de una persona que puede aconsejar sobre el camino más adecuado en función de características personales como los diferentes tipos de estudios que se hayan llevado a cabo. No obstante, además de estos métodos subjetivos, existe una herramienta de medición que es objetiva y que puede ofrecer como resultado un documento métrico: la parrilla interactiva del perfil del profesor de idiomas, conocida por sus siglas en inglés como *EPG* (European Profiling Grid).

Este proyecto europeo sirve como instrumento para profesorado, formadores de profesores y responsables académicos, con el fin de tener una visión más estandarizada de las competencias docentes. Uno de sus objetivos es que los propios profesores puedan autoevaluarse para trazar su plan de formación continua. Es más, la parrilla que se genera en un documento digital podría añadirse a un currículo para mostrar de una manera más gráfica las competencias que se tienen. Para los formadores de equipos y los responsables académicos, esta herramienta puede servir para detectar en qué puntos deben centrar los planes de formación continua de su centro.

<table>
<tr><th colspan="4">FORMACIÓN, TITULACIÓN Y EXPERIENCIA</th></tr>
<tr><td>Dominio de la lengua</td><td>Formación</td><td>Evaluación de la práctica docente</td><td>Experiencia docente</td></tr>
<tr><th colspan="4">COMPETENCIAS DOCENTES CLAVE</th></tr>
<tr><td>Metodología, conocimientos y habilidades</td><td>Evaluación</td><td>Planificación de clases y cursos</td><td>Gestión del aula e interacción</td></tr>
<tr><th colspan="4">COMPETENCIAS TRANSVERSALES</th></tr>
<tr><td>Competencia intercultural</td><td colspan="2">Conciencia lingüística</td><td>Competencia digital</td></tr>
<tr><th colspan="4">PROFESIONALISMO</th></tr>
<tr><td colspan="2">Comportamiento profesional</td><td colspan="2">Gestión administrativa</td></tr>
</table>

La parrilla es interactiva –se rellena digitalmente– y se basa en respuestas que se derivan de la reflexión personal. Las competencias se formulan en afirmaciones del tipo *puede hacer*. Estos descriptores son acumulativos y se organizan en tres fases: profesionalización, experiencia y experticia. Las categorías que se valoran son cuatro: «Formación, titulación y experiencia», «Competencias docentes clave», «Competencias transversales» y «Profesionalismo».

La primera categoría principal, «Formación, titulación y experiencia», está dividida en cuatro subcategorías que describen el nivel

de dominio de la lengua meta de los profesores, su formación, la evaluación de su práctica docente y sus horas de experiencia. En cuanto a la subcategoría «Dominio», esta se refiere al conocimiento (en este caso del español), sobre todo del profesorado no nativo. Se diferencia del apartado de la categoría de «Competencias transversales» denominado «Conciencia lingüística» (92) en que una persona, como ya hemos explicado, puede hablar un idioma de manera nativa, pero desconocer su estructura y no ser capaz de comprender su funcionamiento para explicarlo. La conciencia lingüística implica ser capaz de dar ejemplos y contraejemplos, identificar y explicar las excepciones, conocer la norma del estándar culto e informar de sus desviaciones, etc.

En cuanto a «Formación», esta subcategoría va desde lo más básico, la formación inicial, hasta el nivel más alto, que corresponde a haber hecho un máster en didáctica de idiomas o lingüística aplicada y prácticas tutorizadas o formación de posgrado con cursos complementarios de especialización. Para alcanzar ese nivel hay que haber seguido obligatoriamente asignaturas o formación específica de didáctica de la lengua meta. La «Evaluación de la práctica docente» implica que, además de la experiencia que se tenga, esta debe haber sido valorada de manera positiva y haber recibido *feedback* (retroalimentación) de formadores y especialistas para la mejora de la docencia. El último apartado trata sobre la experiencia docente en sí misma. Aquí hay que hacer constar el número de horas de docencia hasta alcanzar el grado máximo, alrededor de 6000 horas de experiencia docente acreditada, haber dado clases en muchos contextos de enseñanza diferentes y tener experiencia como tutor o formador de otros docentes.

La segunda categoría central de «Competencias docentes clave» tiene de nuevo otras cuatro subcategorías: «Metodología: conocimientos y habilidades», «Evaluación», «Planificación de clases y de cursos» y «Gestión del aula e interacción». Los conocimientos y habilidades versan, desde el nivel más inicial hasta el más avanzado, sobre las teorías de enseñanza de idiomas (53, 54), técnicas y estrategias didácticas, capacidad de seleccionar tareas y materiales adecuados; y todo ello compartiéndolo y colaborando con los compañeros. La subsección de «Evaluación» (46) abarca desde la capacidad de corregir un examen del manual que ya está planteado hasta diseñar tareas de evaluación de las diferentes destrezas de manera fiable y de acuerdo con los contenidos del *MCER* (24) y el *PCIC* (25). Incluso, en este último nivel, podría ser capaz de organizar sesiones para comprobar que todo el profesorado corrige del mismo modo, las denominadas *sesiones de estandarización*. Esto con el fin de que cada docente no emplee diferentes criterios de corrección y que estos sean acordes con el nivel y los objetivos de dominio esperados. El subapartado «Planificación de clases» se centra en la capacidad de diseñar un curso completo, las clases y el programa desde cero en el nivel más alto. Los primeros pasos se limitan a seguir las instrucciones del centro y un manual dado. El objetivo máximo del último subapartado, «Gestión del aula» (50), es desarrollar la capacidad de gestionar una clase, detectando las necesidades de todo el alumnado, apoyándolos y dándoles recursos, así como teniendo un amplio abanico de estrategias para la corrección.

La categoría de «Competencias transversales» trata sobre la «Competencia intercultural» (85), la «Conciencia lingüística» (92) y la «Competencia digital» (19, 48). La primera de ellas recoge la importancia de saber que la diversidad cultural es una riqueza y ser capaz de transmitirlo, así como de diseñar actividades sobre ello y llevar a cabo una enseñanza sensible a temas que puedan ser difíciles. La «Competencia digital» se inicia en el manejo de un procesador de textos tipo Word hasta el grado máximo, que implicaría dar clases con herramientas, diseñar tareas digitales, manejar plataformas como Moodle o Google Classroom, etc. La categoría de «Conciencia lingüística» ya la hemos explicado con anterioridad.

Por último, se dispone la categoría «Profesionalismo» que, a su vez, se divide en otras dos: «Comportamiento profesional» y «Gestión administrativa». Esto se corresponde con la competencia clave del Instituto Cervantes de desarrollarse profesionalmente dentro y fuera de la institución. Se refiere en concreto a la capacidad y experiencia en administración y gestión del aula y también de los centros, incluso la coordinación de cursos, tutorización y otras tareas. El comportamiento profesional –competencia fundamental y no siempre valorada– implica buscar asesoramiento, tutorizar a compañeros con menos experiencia, contribuir al desarrollo exitoso de las actividades del centro, etc. Este nivel suele ser más complicado de alcanzar cuando las condiciones laborales son precarias, con lo que participar en proyectos o actividades culturales cuando no se remuneran las horas de preparación y los contratos solo contemplan las horas de clase se convierte más en un deseo que en una realidad alcanzable. Así pues, los centros también deben comprometerse a dar seguridad, calidad laboral y recursos valiosos al profesorado para la enseñanza.

> Rellena tu EPG: ¿qué puntos fuertes y qué necesidades has detectado en tu perfil?

* Ideas clave:

Las capacidades docentes se pueden medir mediante la observación y evaluación por parte de terceros o a través de la propia reflexión. Esta puede llevarse a cabo comparando las debilidades o fortalezas que se poseen con los documentos de referencia o con la herramienta europea EPG.

ELEteca **18.** ¿Cómo puedo saber cómo orientar mi carrera como docente de ELE?

019 ¿Qué páginas web y recursos en línea me serán útiles?

Rompiendo el hielo: ¿Existen webs especializadas en la enseñanza de ELE?

Las páginas web dedicadas al mundo del ELE son múltiples, por lo que ofreceremos una información clasificada de recursos que puedan ser útiles para el profesorado; en cuanto a su uso pedagógico en el aula, profundizaremos en él en la pregunta 48.

Para ahondar en la formación docente y reciclarse, se recomienda la lectura de revistas especializadas como *marcoELE*, *Revista Internacional de Lenguas Extranjeras (RILE)*, *Journal of Spanish Language Teaching (JSLT)*, *Doblele* o *Revista Nebrija de Lingüística Aplicada*

a la Enseñanza de las Lenguas. De un tono más didáctico son *RedELE* y *Foro de Profesores de E/LE*. En otro formato divulgativo, son muy interesantes los pódcast del proyecto LdeLengua, en los que, a través de entrevistas con diversos especialistas, se van abordando temas de todo tipo relacionados con la enseñanza. En una versión visual se pueden consultar también el canal de YouTube de ProfeDeELE - Formación profes de español, en el que se ofrecen charlas con especialistas y docentes. De hecho, las propias editoriales de manuales de ELE suelen tener canales especializados en su cuenta de YouTube y otras plataformas donde suben las grabaciones de jornadas y seminarios de formación especializada. TodoELE, en su página web, también tiene una pestaña donde guarda sus encuentros.

En lo que se refiere a otros aspectos formativos, sobre todo relativos a la consulta de dudas específicas, son recomendables los siguientes recursos: el Instituto Cervantes pone a disposición del profesorado la versión digital del *Diccionario de términos clave de ELE*, donde se puede buscar la definición de los conceptos específicos que pueden aparecer en las lecturas técnicas y que no se recojan en obras lexicográficas generales del español. En esta misma línea existen también *Dicenlen (Diccionario de enseñanza y aprendizaje de lenguas)* y el glosario del Portal de lingüística hispánica. No comentamos, porque ya se ha tratado en la pregunta 13, los documentos de referencia que un docente de ELE debe conocer y leer, como el *MCER* (24) y el *PCIC* (25), pero queremos recordar que también están disponibles en línea.

Desde el punto de vista lingüístico, es posible que el docente necesite consultar gramáticas y otro tipo de documentos. El portal de la revista *marcoELE* ofrece dos gramáticas didácticas adaptadas por niveles y la Real Academia Española tiene en abierto la *Nueva gramática de la lengua española de 2009*, que cuenta con un buscador que permite encontrar información de fenómenos específicos aun cuando se desconoce la terminología gramatical exacta.

En relación con el léxico, el *Diccionario Clave* resulta muy claro para el alumnado y el *Diccionario de la lengua española (DLE)* de la RAE ofrece un conjugador de verbos muy útil, porque, cuando se busca un verbo y se pulsa el botón «Conjugar», se muestran todas las formas verbales correspondientes. Esta herramienta puede ser muy interesante para consultar los verbos irregulares o para comprobar la conjugación del voseo si no se está familiarizado con ella. Quizá también pueda ser de utilidad el *Diccionario panhispánico de dudas (DPD)*, que recoge preguntas y errores frecuentes sobre el uso de la lengua. El portal de la Fundéu también sirve para encontrar respuesta a dudas de actualidad que tal vez quieran tratarse en clase.

En lo que concierne a la variedad dialectal del español, se ha explicado ya (9) que es importante seleccionar una variedad preferente y también mostrar la diversidad del español. El *Catálogo de voces hispánicas* del Instituto Cervantes resume las características de cada variedad e incluye vídeos y referencias a radios o televisiones de la zona desde las que podremos recuperar otras muestras. Los pódcast de Radio Ambulante también pueden servir para estos fines, porque se indica claramente de qué país es cada reportaje y se ofrece una amplia variedad de temas.

En cuanto al aspecto contextual y social de la enseñanza (6), es necesario conocer las particularidades de cada sistema educativo y país. Sobre este aspecto destacan lecturas como el *Atlas de ELE. Geolingüística de la enseñanza del español en el mundo*, la recopilación de artículos que hace al respecto el Instituto Cervantes en su dosier *Situación del español en el mundo* o la obra coordinada por Serrano Avilés *La enseñanza del español en el África Subsahariana* (2014). Asimismo, periódicamente en el *Boletín de ASELE* se publican informes sobre el ELE en diferentes contextos geográficos.

Para estar al día de las últimas noticias, publicaciones y demás avatares de la profesión, se recomienda consultar una serie de cuentas en redes sociales, como la del Instituto Cervantes, ASELE y cualesquiera de todas las asociaciones que se centren en el área geográfica que sea de nuestro interés (16). También existen listas de distribución, como Formespa, a las que es posible suscribirse para recibir correos informativos. El propio Instituto Cervantes ofrece la posibilidad de suscribirse a sus novedades mediante un boletín electrónico. En esta misma línea se encuentra el proyecto Diario ProfeDeELE 2.0, que cada semana ofrece una selección de noticias, cursos, ofertas de empleo, actividades, etc. Si lo que se necesitan son artículos o trabajos publicados, hay numerosos buscadores o repositorios, como la Biblioteca Virtual Miguel de Cervantes. Twitter puede convertirse en un lugar de aprendizaje donde encontrar ofertas de empleo y donde establecer contacto con colegas (*personal learning network* o entorno personal de aprendizaje) (Varo Domínguez y Cuadros Muñoz, 2013; Cruz Piñol, 2014).

¿Cómo sueles acceder a la información de los temas que te interesan? ¿Qué fuentes conoces relacionadas con el mundo de ELE?

Para cuestiones didácticas, existen webs donde se recopilan vídeos y actividades que pueden ser de ayuda para las clases (19, 48). Solamente mencionaremos aquí el hecho de que existen revistas especializadas para el público aprendiente, como el portal Hablacultura y su revista *Punto y Coma*, que tiene en abierto muchos recursos útiles. Quizá también cabría apuntar aquí un recurso a medio camino entre la consulta y la explotación didáctica: el *Diccionario audiovisual de gestos españoles*.

✱ Ideas clave:

En la red se encuentran disponibles muchos recursos para los docentes, tanto para su formación personal como para fines didácticos. Es fundamental desarrollar una buena competencia digital para sacar el máximo provecho a los contenidos que se tienen al alcance.

ELEteca 19. ¿Qué páginas web y recursos en línea me serán útiles?

020 ¿Qué debo tener en cuenta para abrir una academia de español?

Rompiendo el hielo: ¿Qué formación tengo con respecto al mundo empresarial?

Emprender no es un camino de rosas y hay que tener claro un plan empresarial. En este se deben consignar las oportunidades de negocio, por lo que, antes de dar el primer paso, se debe describir y analizar el contexto y la demanda real del idioma. Además, también es preciso detallar la viabilidad técnica y económica del proyecto.

Para ello, es fundamental conocer la zona donde se pretende abrir la escuela y reunir información detallada, como el índice de población en edad escolar, la situación del español en el sistema educativo (si es una lengua opcional), la oferta de formación de adultos (si es frecuente), etc.; con ello se puede dibujar un perfil aproximado del público meta. Esto es esencial para decidir el tipo de cursos que se ofrecerán o los planes de publicidad del centro, ya que cada grupo de personas responde a estímulos diferentes: no es lo mismo comunicar la necesidad de aprender español a los progenitores que quieren mandar a sus hijos a una actividad extraescolar que a adultos que quieren ir de vacaciones a España o a quienes les gusta el fútbol y Almodóvar.

Es importante saber qué tipo de cursos es posible ofrecer, ya que estos pueden abarcar desde el español general hasta los fines específicos (61), enseñar solo niveles bajos o toda la escala del *MCER* (24), servir de apoyo para la preparación de exámenes oficiales (47) o, incluso, dar clase en la propia sede de las empresas. Esto determina el tipo de materiales y de recursos que se van a necesitar: ¿se utilizará un manual para dar las clases?, ¿de qué editorial?, ¿se puede comprar en alguna librería de esa localidad o debe encargarse por internet? Todo ello, además, determinará el perfil de la escuela y cuánto personal se necesita.

La selección del personal administrativo y docente es fundamental. Un buen centro funciona como un reloj excelentemente sincronizado; y esto se consigue con una buena dinámica de grupo. El profesorado debe estar cualificado y responder al espíritu del centro. Por supuesto, los salarios deben ser dignos para que la precariedad e inestabilidad no quemen a los buenos maestros. Sería recomendable que, aunque se inicie como un negocio, lo importante no solo sean los resultados económicos, sino un equilibrio entre la calidad de la enseñanza, la estabilidad docente y la viabilidad de la escuela. Si un centro, para funcionar, debe contratar gente sin experiencia porque es más barato, solo por horas o siempre con contratos de tres meses, quiere decir que igual no es un negocio realmente viable, sostenible y de calidad.

Es importantísimo ser realista con las necesidades técnicas y conocer los requisitos legales, es decir, el espacio mínimo requerido por las autoridades (metros cuadrados); el tipo de servicios que deben estar disponibles (aseos y servicios); las medidas de seguridad, como el número o tipo de salidas de emergencia; los servicios adaptados a personas con diversidad funcional, etc.

La ubicación del centro es otro factor básico: si está cerca del centro de la localidad, si es de fácil acceso con el transporte público, si en las proximidades hay centros educativos, etc. Otro punto fundamental es decidir cuántas salas se necesitan: recepción, sala de profesorado, aula 1, aula 2, ¿quizá biblioteca o sala de lectura?, ¿un salón comedor de reunión donde organizar eventos y actividades culturales? Todo ello implica, además, un diseño de interior que debe planificarse: ¿qué tipo de mesas va a haber y cómo se van a colocar?, ¿serán movibles para poder cambiar su disposición?, ¿qué tipo de pizarra habrá?, ¿se pondrá un ordenador con un proyector en cada sala? Todas estas cuestiones definirán el tipo de local que se deberá buscar.

Una vez decidido qué tipo de escuela se quiere montar, a quién se dirige y cuáles son los requisitos legales, burocráticos y técnicos, es crucial determinar la viabilidad económica y el dinero necesario para empezar: el capital inicial. Esto implica saber cuántas horas de docencia se deben dar a la semana para que se puedan cubrir los costes (alquiler, impuestos, tributaciones, gastos de consumo, etc.) y cuántas horas más se necesitan para generar sueldos dignos, especialmente si también conviene contratar a una persona para que atienda la recepción o lleve la administración económica. Esto puede ser muy útil si, además de español, esta persona habla el idioma local (si pensamos en un centro en el extranjero). Estos aspectos determinarán el posible precio por hora/clase o curso que se quiera ofrecer. Cuando se tenga esta cifra es importante determinar 1) si es asequible teniendo en cuenta el índice de desarrollo del país y los salarios medios, y 2) si sitúa a la escuela como un producto de lujo. Esto se relaciona directamente con el tipo de diseño del centro y la publicidad que se haga; con ello se creará la imagen de marca.

Instituto Cervantes
Centro Acreditado

La imagen de marca, así como el logo y el nombre, deben evocar la idea del español y de la empresa que se quiera transmitir. Esta imagen de marca se debe mantener y promocionar en las redes sociales a partir de un plan de

marketing: ¿se regalarán bolígrafos y carpetas al alumnado con la matrícula?, ¿se hará publicidad en la radio local u otro tipo de soportes publicitarios?, ¿habrá descuentos para estudiantes de primaria o personas desempleadas? Es importante conocer qué estrategias se pueden llevar a cabo.

De manera complementaria al negocio y a la imagen de la escuela, se pueden organizar viajes al extranjero o buscar convenios para poder organizar exámenes oficiales. El Instituto Cervantes certifica escuelas mediante el sello de acreditación de centros. Esto puede ser una garantía de calidad que dé prestigio al centro de cara al público. Asimismo, se puede buscar el apoyo y la colaboración de empresas hispanófonas o de administraciones públicas (consejerías de Educación, embajadas, etc.) para promocionar y valorizar el español; además, la propia escuela puede organizar actividades en la zona: ciclos de cine, festivales gastronómicos o musicales, etc. Si la escuela se sitúa en España, es una opción trabajar con intermediarios que traen grupos de estudiantes del extranjero y cobran una comisión por ello, ya que el público meta no está en el entorno inmediato. En este caso es importante promover las campañas internacionales y disponer de una web traducida a diversos idiomas.

> ¿Qué imagen de marca transmiten las academias que conoces? ¿Qué te sugieren por su nombre y publicidad?

En suma, para montar una escuela de español hay que tener claro un plan de empresa que recoja los diferentes aspectos académicos, burocráticos, económicos y financieros, técnicos y de *marketing*. Con todo ello se puede trazar un plan de viabilidad y buscar un equipo de gente con la que trabajar para lograr constituir la empresa y que esta logre el éxito.

✱ Ideas clave:

Si tu formación es filológica y no tienes conocimientos financieros o técnicos sobre la administración del lugar donde te gustaría abrir la escuela, antes de nada, asesórate bien para no perder el tiempo, la ilusión ni el dinero. El primer paso es elaborar un plan de empresa que sea claro y que aborde aspectos académicos, técnicos, burocráticos, económicos, de *marketing* y de gestión.

ELEteca **20.** ¿Qué debo tener en cuenta para abrir una academia de español?

021 ¿Debo hablar otros idiomas para enseñar ELE?

Rompiendo el hielo: Cuando tienes un problema, ¿en qué idioma prefieres que te expliquen la solución o te den las instrucciones?

En la elaboración del informe *¿Qué es ser un buen profesor o una buena profesora de ELE?* de 2011 del Instituto Cervantes (👁13) participaron personal de administración, docentes y alumnado. Entre las opiniones de estos últimos, destaca la enorme importancia que le otorgan al hecho de que el profesorado conozca la lengua y la cultura del país, como hizo constar un 71,4 %. También consideran conveniente que los docentes muestren respeto hacia ambos elementos: un 21,4 % de los informantes así lo refirió. Por consiguiente, se percibe como algo muy positivo que el docente tenga curiosidad por conocer otros mundos, sea tolerante y desee conocer otros idiomas. Desde este punto de vista, sí, es importante conocer la lengua de los estudiantes. No obstante, no solo es recomendable dominarla para erigirse en un modelo de vida intercultural y sensible, sino también por otros aspectos.

En primer lugar, la vida diaria en otro país es muy complicada, sobre todo con las gestiones burocráticas que conlleva, así que conocer el idioma resta dramatismo al proceso de adaptación, que puede llegar a ser tremendamente exigente. Además, esto permite comunicarse con el claustro de docentes y personal administrativo, que no siempre tiene por qué hablar español o inglés, con lo que también se gana en un mejor desempeño laboral. Por estas razones, en muchas becas o convocatorias de empleo se exige tener un nivel dado del idioma local, normalmente en torno a un B1 o B2. Como explica Isphording (2015), el dominio de la lengua por parte de la población migrante es clave para la integración, aumenta las oportunidades de empleo y facilita la participación social. Por ello, si se desea trabajar en un país determinado, se aconseja comenzar con el estudio del idioma a la par que con la formación didáctica especializada.

No obstante, este interés por la lengua local puede verse limitado por diversas razones. Por ejemplo, puede darse la situación de que haya varias lenguas vernáculas y el alumnado tenga diferentes lenguas maternas y no necesariamente conozca las otras, o que el grupo sea multilingüe porque lo componen personas de diversas nacionalidades. En estos casos es difícil conocer todos los idiomas, lógicamente, pero hay que mostrar interés y respeto por todos ellos. Puede darse el caso, especialmente espinoso, en que el idioma que hable el alumnado indique su procedencia geográfica, sus ideas religiosas o su nivel socioeconómico. Es importante entender que, en zonas de conflicto social, bélico o cultural, los idiomas pueden interpretarse como símbolos étnicos. Por ello, es necesario conocer la historia del país y de la sociedad de acogida de primera mano para poder actuar con sensibilidad.

En el caso de enseñar a alumnado migrante (👁77) en un país de habla hispana, un criterio para elegir qué lengua estudiar puede ser el de las comunidades que sean más numerosas, como los haitianos en Chile o los marroquíes y los rumanos en España. También conviene tener en mente que en países no hispanohablantes se pueden encontrar grandes comunidades de población que tengan el español como L1 y que en las aulas haya hablantes de herencia, como los peruanos en Japón. Conocer la sociedad y la historia de cada contexto de enseñanza, así como desarrollar la empatía lingüística (Ibarretxe Antuñano, 2020), es fundamental para crear una sensación de respeto y valoración en el aula.

> ¿Conoces alguna región donde haya una situación de conflicto lingüístico? ¿Qué repercusiones puede tener esto en las clases de ELE?

Si no es posible aprender o conocer el idioma materno de los alumnos porque el grupo es multilingüe, se puede emplear una tercera lengua como vehículo ante las dificultades de comunicación. Es imposible trazar un perfil general, pero, en la mayoría de los casos, el alumnado de ELE también habla inglés o alguna otra lengua europea como el francés, el italiano, etc. Esto se debe a que los sistemas educativos a nivel mundial suelen incluir el inglés como la lengua extranjera que se debe aprender por defecto (5).

Por otra parte, desde el punto de vista didáctico, conocer el idioma materno ofrece facilidades para la enseñanza (45): dar instrucciones y aclaraciones, aportar la traducción justa y precisa de una palabra difícil, etc. Además, conocerlo convierte al docente en un modelo de éxito y de esperanza que prueba que aprender un idioma extranjero es posible. Probablemente al alumnado le motive explicar cosas que el profesor no sepa aún y quiera ayudar en el proceso. Asimismo, el estudio de otro idioma ofrece una mayor conciencia lingüística de las diferencias entre las estructuras de las lenguas y su forma de conceptualizar el mundo, así como una mayor comprensión de las diferencias pragmáticas y culturales, lo que seguramente ayudará a predecir los errores y ofrecer reglas mnemotécnicas al alumnado. Compartir la experiencia de aprendizaje con ellos también hará que el profesorado sea más cercano y se establezcan relaciones de empatía.

Aunque son numerosos los investigadores que no consideran necesario estudiar otro idioma para entender el proceso de aprendizaje, vivirlo de primera mano ofrece a los docentes una experiencia que difícilmente es comprensible, en lo que compete a las emociones, si no se ha pasado por ella: incomprensión, vergüenza, indefensión, frustración, alegría o satisfacción por aprender, por poner algunos ejemplos. Además, observar a otras personas dando clases de idiomas nos puede servir como ejemplo de qué hacer o qué no hacer.

* Ideas clave:

Hablar idiomas es el reflejo de una actitud intercultural y de aprecio por la diversidad étnica y lingüística. Este plurilingüismo, además, ofrece ventajas para integrarse en otro país (vertiente social), para explicar mejor (vertiente didáctica), para conectar con el alumnado (vertiente emocional) y para tener más oportunidades de empleo (vertiente laboral).

ELEteca **21.** ¿Debo hablar otros idiomas para enseñar ELE?

BLOQUE III
ASPECTOS DIDÁCTICOS

022 ¿Cómo se mide el nivel de competencia en una lengua extranjera?

Rompiendo el hielo: ¿Qué significa la expresión *inglés nivel medio*?

A lo largo de la vida se desarrollan una serie de habilidades y se adquieren unos conocimientos que conforman nuestras competencias. Se nos puede dar algo muy bien, como cocinar tortilla de patatas, pero puede suceder que no exista una medición estándar para valorar cuán bien lo hacemos y que eso nos sirva para demostrarlo públicamente. No obstante, cuando nos escolarizamos pasamos a formar parte del sistema educativo, que ha sido diseñado por un organismo público con el fin de garantizar y certificar una formación básica que es igual para toda la ciudadanía. Así, las etapas de estudios culminan generalmente con exámenes y diplomas de educación primaria, secundaria o universitaria; y estos sí deben ser iguales y avalar que son estándares para toda la sociedad.

Este espíritu funciona para cualquier formación oficial y reglada, como la enseñanza de idiomas. Alguien puede conocer una lengua y no necesitar un título oficial que lo respalde, pero en los últimos treinta años y, en especial, en el mercado laboral, se han procurado determinar unos criterios de medición lo más precisos e iguales posible para todas las naciones. Tradicionalmente estos niveles de idiomas se solían clasificar como *inicial*, *intermedio*, *avanzado* y *superior*, pero nunca quedaba claro qué implicaban esas denominaciones. En Europa, con el crecimiento de las instituciones y de las leyes educativas transnacionales, la necesidad de establecer equivalencias provocó que se nombraran comisiones para describir qué había que saber para poder afirmar que hablamos una lengua, es decir, que tenemos competencia comunicativa (👁 80).

Un trabajo pionero en la concreción de qué competencia se debe tener en cada nivel fue el documento denominado *Nivel umbral*, redactado por Van Ek (1975), en el que se describía el grado mínimo de conocimiento de inglés que un aprendiz debe tener para desenvolverse en situaciones cotidianas. Este nivel estaría por encima de la supervivencia pura y dura, ya que la persona debe poder comunicarse con cierta soltura. El Consejo de Europa, tomando el testigo de ese trabajo, diseñó en los noventa el *Marco común europeo de referencia para las lenguas (MCER)* (👁 24), pero como bien indica el nombre su jurisdicción *a priori* es el Viejo Continente. En Canadá se emplean como referencia los *Canadian Language Benchmarks (CLB)* y los *Niveaux de compétence linguistique canadiens (NCLC)*, y en Estados Unidos es el American Council on the Teaching of Foreign Languages (ACTFL) quien se ocupa de establecer los niveles de conocimiento de idiomas en el país.

> Cuando tienes que explicar qué grado de dominio tienes en los otros idiomas que hablas, ¿qué niveles de referencia usas?

Como se puede deducir, estos modelos no son globales ni tienen por qué ser reconocidos fuera de las fronteras donde han sido diseñados, pero sí hay una tendencia general a realizar exámenes de nivel de lengua para valorar si los candidatos dominan unos conocimientos mínimos. Son famosas las pruebas para el inglés, como el TOEFL (Test of English as a Foreign Language) o el IELTS (International English Language Testing System); el NOKEN (Nihongo nōryoku shiken) para el japonés; el CELPE-Bras (Certificado de Proficiência em Língua Portuguesa para Estrangeiros) para el portugués de Brasil, o el TOPIK (Test of Proficiency in Korean) para el coreano. Para el español destacan el DELE (Diploma de Español como Lengua Extranjera), el SIELE (Servicio Internacional de Evaluación de la Lengua Española), el

CELA (Certificado de Español como Lengua Adicional) y el CELU (Certificado de Español: Lengua y Uso) (👁 47). Otras lenguas, como por ejemplo el chino, siguen también los niveles europeos en su examen HSK (Hanyu Shuiping Kaoshi).

En todo caso, e independientemente de qué nombre se le dé al título, lo que ha quedado aceptado de modo generalizado es que en una prueba de idiomas se debe demostrar el dominio de la competencia comunicativa (👁 80), no solo de la competencia gramatical (👁 81). Esta idea también se refleja en el diseño de materiales, libros, cursos, etc., que suelen aparecer nivelados para facilitar la docencia (es importante saber qué conocimientos debe abarcar cada uno). Por supuesto, estas unidades y contenidos marcados deben adaptarse a la realidad de cada aula mediante un uso eficaz del análisis de necesidades (👁 26) para lograr así un aprendizaje de mayor calidad, personalizado, motivacional y efectivo.

¿Qué consideras que debes saber para afirmar que hablas un idioma?

✱ Ideas clave:

En función de cada contexto de enseñanza varía la denominación de los niveles de dominio de un idioma, así como qué se debe conocer para alcanzar cada uno de ellos. Es necesario familiarizarnos con los modelos empleados allí donde desarrollemos nuestra enseñanza.

▶ ELEteca **22.** ¿Cómo se mide el nivel de competencia en una lengua extranjera?

023 ¿Cómo sé qué tengo que enseñar?

Rompiendo el hielo: ¿Se aprenden los idiomas del mismo modo en todos los países?

Para determinar los contenidos que deben enseñarse, es necesario familiarizarse con el modelo que propugna el Ministerio de Educación o las instituciones de referencia para las lenguas del país donde se trabaja. Normalmente, en los documentos de los ministerios, se explican los motivos por los que se considera necesario que la ciudadanía aprenda un idioma extranjero (5), se establecen los niveles que se toman como referencia (22) y que se deben alcanzar en cada etapa educativa, se sugieren o concretan estrategias o enfoques didácticos preferidos, etc. Este trabajo suele darse ya hecho al profesorado, dado que los manuales suelen referenciar el nivel al que corresponden.

En el caso de Europa, el documento que especifica qué se debe enseñar y cómo es el *Marco común europeo de referencia para las lenguas (MCER)* (24). No obstante, y a pesar de que el uso de este documento está muy extendido internacionalmente, no es el único modelo de contenidos disponible: hay algunos generales para las lenguas extranjeras y otros particulares para el español.

En Estados Unidos, las *ACTFL Proficiency Guidelines* (American Council on the Teaching of Foreign Languages, 2012) distinguen cinco niveles de competencia –a diferencia del *MCER*, que describe seis–, que a su vez se subdividen en otras categorías. Se organiza en torno a las destrezas (*speaking*, *writing*, *listening* y *reading*) y en cada apartado se explica qué debe ser capaz de hacer la persona usuaria con respecto a ellas en los distintos niveles. Por ejemplo, en cuanto a la comprensión lectora, los aprendices de nivel bajo deben ser capaces de reconocer un número limitado de letras, símbolos y caracteres, e identificar palabras y frases muy frecuentes cuando su significado es muy claro y está apoyado por el contexto.

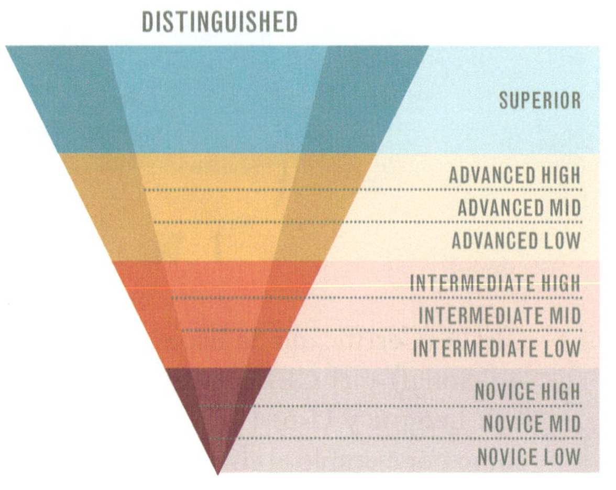

En Japón, el Grupo de Investigación de la Didáctica del Español (GIDE) ha diseñado un modelo específico de contenidos para la enseñanza de ELE que se caracteriza por romper con la visión estructuralista y basada en la gramática al plantear la categorización de la enseñanza a partir de contenidos socioculturales como los viajes, la vida social o el clima. En cada tema se proponen las competencias funcionales (89) que se deben adquirir desde el punto de vista interpersonal, interpretativo y expositivo. Se especifican, además, los contenidos socioculturales, funcionales, léxicos, gramaticales y pragmáticos que se trabajarán. El modelo específico en Europa para la enseñanza de ELE lo preparó el Instituto Cervantes y se denomina *Plan curricular del Instituto Cervantes (PCIC)* (Instituto Cervantes, 2006) (25). Si bien hay otras referencias coetáneas, como el *Diseño curricular* (2006), que elaboró Robles Ávila (2006), del Centro Internacional de Español de la Universidad de Málaga, y que se revisó en 2014, a nivel internacional es el *PCIC* el que tiene mayor repercusión.

¿Qué otros modelos de contenidos para el aprendizaje de idiomas conoces?

✻ Ideas clave:

En el caso de enfrentarse a la enseñanza del español por primera vez, lo más recomendable es buscar información sobre qué manuales suelen usarse, ya que probablemente serán los que indiquen qué contenidos suelen abordarse y cómo suelen tratarse.

ELEteca **23.** ¿Cómo sé qué tengo que enseñar?

024 ¿Qué es el *MCER*?

Rompiendo el hielo: ¿Qué significa *hablar como un nativo*?

La medición del conocimiento sobre las lenguas era algo subjetivo y poco sistematizado (👁 22). Por ello, la Unión Europea entendió que para poder llevar a cabo una política lingüística (👁 5) transnacional coherente debía marcar una referencia indiscutible, objetiva y homogeneizada. Para responder a esa demanda, el Consejo de Europa elaboró el *Marco común europeo de referencia para las lenguas (MCER)* (2001).

> ¿Sabías que uno de los objetivos de la UE es que para 2025 la ciudadanía hable dos lenguas extranjeras, además de la materna?

Teniendo en mente el concepto de *competencia comunicativa* (👁 80) y el enfoque orientado a la acción, en este documento se detallan los contenidos básicos que deben servir para crear los exámenes, los materiales de enseñanza, los programas de los cursos, etc., y estos se nivelan en función de la dificultad. De este modo, se estableció una escala de seis niveles, del más básico al más avanzado (A1, A2, B1, B2, C1 y C2), que van incrementando el grado de competencia que se tiene en la lengua.

En líneas generales, los niveles A1 y A2 se corresponden con un usuario básico que puede comprender expresiones de uso muy frecuente y sobre cuestiones cotidianas, como presentarse y tener conversaciones sobre sus necesidades más inmediatas. En los niveles B1 y B2, el hablante es un usuario independiente, por lo que puede mantener conversaciones sobre temas diversos y con cierta fluidez. Los niveles C1 y C2 implican el dominio de temas complejos y la capacidad de expresarse de manera espontánea. Estos niveles se subdividen y clasifican de acuerdo con el saber hacer, es decir, las destrezas (31): comprensión auditiva (32), comprensión lectora (33), expresión e interacción oral (34), expresión e interacción escrita (35) y mediación (36). De este modo, para cada nivel, y para cada una de estas destrezas, se detallan unos objetivos comunicativos. Además, en un subnivel más concreto se describen incluso los aspectos de corrección (39), fluidez (37), alcance (40) y coherencia y cohesión (38) que se deben lograr. Es importante recordar que esta clasificación debe entenderse como un continuo; de hecho, se habla de A1.1, A1.2, A2.1, A2.2, etc., y estas subdivisiones podrían seguir ramificándose tantas veces como se considerara necesario en cada contexto.

Por otra parte, además de establecer los niveles y los descriptores de competencia para cada destreza, el *MCER* también clasifica los ámbitos de comunicación, es decir, en qué contextos se usa la lengua. Esto se debe a que en unos niveles se requiere más conocimiento de cuestiones relativas al mundo personal, esto es, la vida privada (los niveles A1 y A2 están principalmente centrados en ello), pero más adelante también se exige el desarrollo competencial en ámbitos públicos (interacciones sociales), profesionales (interacciones en el contexto laboral) y educativos (interacciones en contextos académicos). Obviamente estos ámbitos en ocasiones se solapan y, como todo el *MCER*, es necesario entenderlo como una conjunción de descriptores que intentan categorizar lo que implica *hablar una lengua* de una forma organizada, pero que no son categorías excluyentes y cerradas. También se dedica una sección a cómo aprender y a cómo enseñar lenguas extranjeras.

En un nivel más concreto todavía, se indican los contenidos que se deben enseñar a partir de, por ejemplo, los nombres de lugares que deben dominarse cuando se habla del ámbito privado (hogar, habitaciones de un hotel, etc.), el ámbito público (tiendas, supermercados, etc.), el ámbito profesional (oficina, empresas, etc.) y el ámbito académico (escuelas, facultades, academias, bibliotecas, etc.). Se ofrece, asimismo, una reflexión sobre las tareas de aprendizaje y una tipología de actividades que sirve para practicar cada una de las destrezas. Esto puede ser de gran ayuda para alguien que se acerca por primera vez a la enseñanza de lenguas, porque se explican los factores implicados en la enseñanza e incluso se presenta un listado de modalidades de textos que se pueden emplear para enseñar. Por poner un ejemplo, los tipos de textos orales que se pueden llevar al aula para crear actividades pueden ser declaraciones públicas, discursos, conferencias, obras de teatro, canciones, comentarios deportivos, retransmisión de noticias, debates, diálogos, conversaciones telefónicas, entrevistas de trabajo, etc.

El *MCER* se completa con una reflexión sobre el conocimiento sociocultural, que debe adquirirse a la par que se conoce una lengua y la(s) comunidad(es) de hablantes nativos que la representan, entre otras razones porque las convenciones sociales son muy diferentes y estas también tienen reflejos lingüísticos.

> ¿Qué tipos de textos escritos crees que podrías utilizar para enseñar español como lengua extranjera?

Lógicamente estas son orientaciones genéricas para todos los idiomas, por lo que, si se desea acceder a un documento específico de los niveles de aprendizaje del español, se deberá consultar otra obra de referencia para cualquier persona que quiera dedicarse a la enseñanza de ELE: el *Plan curricular del Instituto Cervantes (PCIC)* (25).

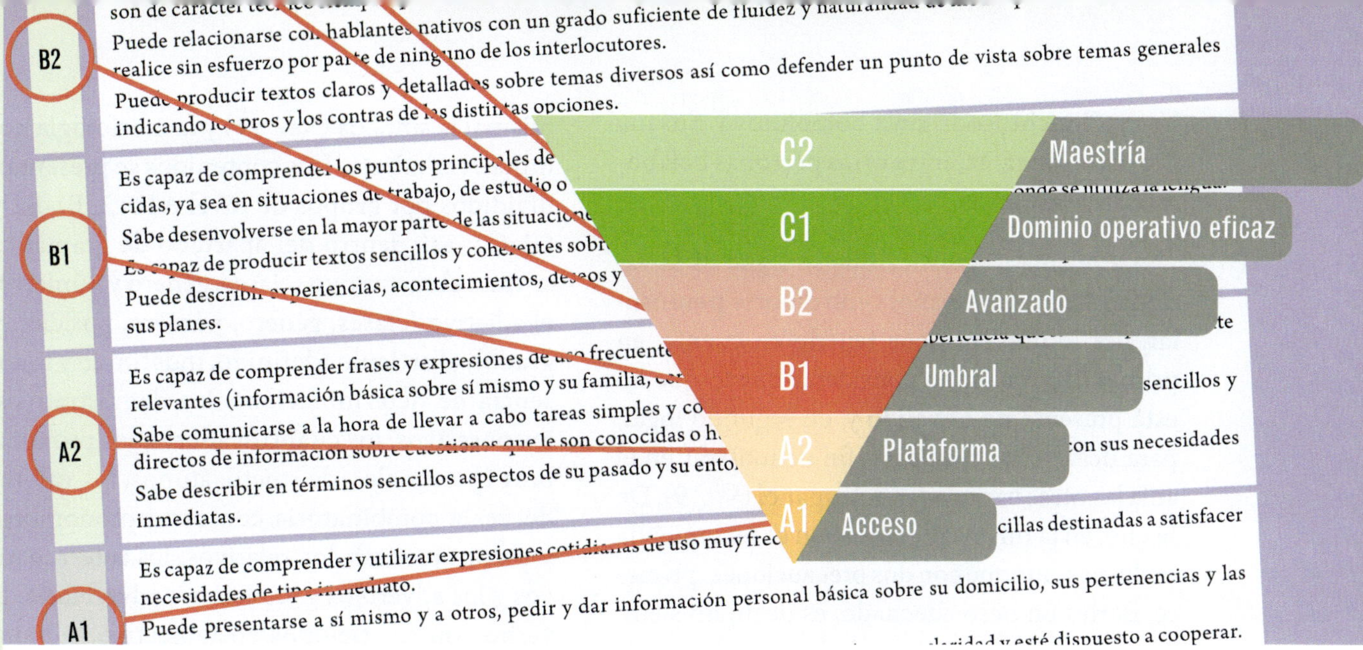

✱ Ideas clave:

La nivelación y la creación de un sistema de medición objetivo para la competencia comunicativa en las lenguas extranjeras son estrategias necesarias para homogeneizar la enseñanza a nivel internacional. El *Marco común europeo de referencia para las lenguas* es, en muchas zonas geográficas, el trabajo que guía la separación en niveles (A1, A2, B1, B2, C1, C2).

ELEteca **24.** ¿Qué es el *MCER*?

025 ¿Qué es el *PCIC*?

Rompiendo el hielo: ¿Qué le enseñarías el primer día a una persona que no habla español?

El *Plan curricular del Instituto Cervantes* (*PCIC*), publicado en 2006, es la trasposición al español de las directrices marcadas por el *Marco común europeo de referencia para las lenguas* (2001) (👁 24), que, por su espíritu, describe las competencias generales sin hacer un listado o descripción específicos para cada lengua. De esto debe ocuparse la institución de referencia de cada una de ellas. Este papel, en el caso del español, lo tomó el Instituto Cervantes (👁 10).

El *PCIC* tiene como objetivo estandarizar el conocimiento del español; así, se pueden pautar de manera coherente y consistente los contenidos que deben abordarse en una etapa inicial, por poner un ejemplo. Sirve, pues, para programar los cursos, para desarrollar materiales y para orientar a las editoriales al publicar manuales de aprendizaje, para tener unos criterios con los que valorar la calidad de esos mismos manuales y para decidir qué incluir en una evaluación.

El consejo de redacción de este proyecto estaba compuesto por especialistas y profesionales bajo la coordinación de Álvaro García Santa-Cecilia, jefe del Departamento de Ordenación Académica por aquel entonces, junto con Elena Verdía Lleó, Juan Luis Montoussé

Vega, Conchi Rodríguez Somolinos y Susana Llorián González, entre otras personas colaboradoras y asesoras.

La norma lingüística que se sigue es la variedad culta del español centro-norte peninsular, por lo que conviene tenerlo en cuenta, en primer lugar, para no considerar que lo que no está presente no es válido y, en segundo lugar, para desarrollar técnicas a fin de mostrar en el aula las otras variedades del español (9). De hecho, en la misma presentación se recomienda incluirlas, aunque con dos precauciones: primero, darles un peso adecuado, es decir, no siempre exponer solo una variedad; segundo, que la exposición a las variedades se vaya incrementando con el progreso de nivel. Podríamos considerar que esta es una premisa válida, salvo que sepamos que el alumnado prefiere una variedad determinada por circunstancias especiales.

Los contenidos lingüísticos de este proyecto se estructuran en los niveles A1-A2 (iniciación), B1-B2 (intermedio) y C1-C2 (avanzado-superior), así que sirven a los docentes para saber qué enseñar exactamente y para poder valorar si ciertos materiales que se quieran llevar a clase tienen cabida. El plan general de la obra divide los contenidos en 13 apartados que se presentan con una introducción y un inventario específico, es decir, un listado concreto de estructuras, funciones, ejemplos, vocabulario, etc. En el primer apartado se plantean los objetivos de la obra y se describen los fundamentos: las lenguas sirven para la comunicación, por lo que el espíritu y la actitud de los aprendientes de español debe ser la de hablantes interculturales, autónomos y capaces de desenvolverse socialmente. Esta filosofía se opone a la tradición del conocimiento estático y abstracto de un idioma que se promovía en siglos anteriores, es decir, la memorización de conocimientos teóricos sin que estos sirviesen para interactuar (53). Esto conlleva que el alumnado deba desarrollar no solo una competencia lingüística (81), sino también intercultural (85) y existencial: el saber ser aprendiente, motivarse y analizarse como tal.

El componente gramatical se presenta en un inventario donde se trata la pronunciación, la ortografía y la estructura gramatical en sí misma: la sintaxis (97) y la morfología nominal, verbal, etc. Los contenidos se presentan divididos por grupos de nivel A1-A2, B1-B2 y C1-C2; así, dentro del apartado de gramática se trata el sustantivo (clases, género y número); el adjetivo (clases, género, número, posición y grado); el artículo (definido, indefinido y la ausencia de determinación); los demostrativos, los posesivos, los cuantificadores, los pronombres (personales, de sujeto, átonos, los valores del *se*, la combinatoria con otros pronombres y preposiciones); los relativos, los interrogativos y los adverbios y locuciones adverbiales; el verbo con sus tiempos en indicativo, subjuntivo, imperativo y formas no personales; los sintagmas y los tipos de oraciones simples y compuestas, etc. Sin un listado como este sería infructuoso y frustrante decidir qué enseñar, aparte de asistemático e inconsistente. Junto con estos contenidos también se describe qué aspectos de la pronunciación (93) y de la prosodia es necesario enseñar; por ejemplo, cómo entonar una pregunta o cómo hacer las pausas donde corresponde para que la frase tenga el sentido que esperamos. Los usos ortográficos también se recogen para desarrollar una expresión escrita correcta y entendible (81).

El apartado de «Funciones» (89) recoge un inventario de todas las intenciones que podemos tener al hablar y, con ellas, las estructuras que hay que dominar para emplearlas en cada nivel: expresar tristeza, preguntar información, saludar, amenazar o dar permiso, por comentar algunas. La mayor parte de los elementos responden a muestras de lengua oral y de registro estándar hasta B1. Lo formal y lo coloquial comienza a introducirse en B2 y es abundante en C1 y C2. Este razonamiento es discutible, porque en cierto modo crea una sensación irreal de que el alumnado no está expuesto a todos los registros desde el nivel inicial, si bien es cierto que es una opción para dosificar la información. Serán los docentes los que decidan si incluir referencias a otros aspectos, ya que, especialmente en inmersión, los estudiantes escuchan todo tipo de expresiones que querrán saber qué significan y cuándo se deben usar. Tampoco se incluyen ejemplos de registro vulgar, pero, del mismo modo, este existe y se

ve en películas, se escucha en música y lo usan los nativos. Será potestad del profesorado decidir cuándo incluir este tipo de apreciaciones durante el proceso de aprendizaje. Por último, conviene señalar que, para el diseño de materiales y cursos de español con fines específicos (61), estos inventarios de nociones concretas pueden quedarse demasiado escuetos.

Para poder determinar los contenidos, conviene hacer un análisis (26), como explican Martín Peris, Sabater Torres y García Santa-Cecilia (2012), de las actividades de comunicación social y profesional que el alumnado debe ser capaz de desarrollar; los diversos tipos de textos a los que se enfrentarán (en el español de la salud, puede ser una analítica y, en el español de los negocios, un contrato, por ejemplo) y sus propiedades, como las estructuras textuales prototípicas; los recursos expresivos y pragmáticos propios de ese ámbito; el vocabulario, los giros, las expresiones y las estructuras gramaticales que son propios o más frecuentes en ese campo (en el español de la justicia y el derecho, se pueden emplear estructuras fosilizadas, por poner un ejemplo).

El apartado de tácticas y estrategias pragmáticas recoge y organiza una explicación de la lengua en uso: las intenciones que tenemos cuando hablamos hacen que las estructuras gramaticales cambien. No pedimos del mismo modo a alguien que conocemos y con el que tenemos confianza que a una persona que en la jerarquía social está por encima de nosotros (101). Esos matices derivados del contexto de la comunicación los estudia la pragmática (98).

Posteriormente se dispone un apartado importante, «Géneros discursivos y productos textuales» (99), en el que se lista con qué tipo de géneros orales y escritos debemos familiarizarnos en cada nivel: comprar un billete o leer un menú en los niveles básicos, o bien comprender chistes en un nivel intermedio. ¿Es posible presentar chistes antes de ese nivel? Por supuesto, pero se requiere cierto dominio para entender el humor lingüístico, así como el humor cultural, por lo que es necesario hacer un análisis muy detallado de si realmente se puede comprender.

> ¿Qué aspectos del registro vulgar consideras importante tratar en clase?

Los siguientes dos apartados corresponden a las nociones generales y nociones específicas, en cuyos inventarios se nos detalla qué conceptos y qué palabras en concreto deben conocerse respectivamente. Los listados son, por necesidad, parciales e incompletos, podemos decir que también están obsoletos en el tiempo, porque desde 2006 hemos incorporado a nuestro vocabulario muchas más palabras, pero sirven como orientación. No parece recomendable, cuando nos acercamos por primera vez en un nivel inicial al vocabulario del cuerpo, hablar de la *crisma* o de la *mollera*, por ejemplo.

En el apartado de «Referentes culturales» se enumera qué conocimientos generales de los países hispanohablantes se deben conocer: ríos y montañas, partidos políticos, platos típicos, monedas o los acontecimientos históricos más señalados. En el de «Saberes y comportamientos socioculturales» se abordan temas vinculados con las relaciones sociales y la interacción como hablante con la comunidad de la lengua meta. Estos dos apartados se complementan con la sección de «Habilidades y actitudes interculturales», donde se detalla una lista de procedimientos que el alumnado debe tener en cuenta para progresar como hablante: autoobservarse, ser consciente de sus actitudes y creencias, reconocer posturas etnocentristas (87), etc. Todos estos conocimientos desarrollarán la capacidad del alumnado de comportarse como un hablante intercultural.

El último apartado, «Procedimientos de aprendizaje», se dedica a enumerar estrategias (84) que el alumnado puede adoptar durante su aprendizaje y que el docente debe explicitar y entrenar en el aula: fomentar la reflexión, hacer un análisis de la propia conducta y de la de otros, clasificar los puntos fuertes y débiles como aprendices, etc. Todo ello con el fin de lograr un aprendizaje autónomo.

Por lo tanto, el *PCIC* es una herramienta de referencia para el profesorado de ELE en casi cualquier país, ya que, aunque pueda haber otros modelos de contenidos, el del Instituto Cervantes destaca por su exhaustividad.

✱ Ideas clave:

Para elegir el manual, diseñar la primera clase o crear materiales complementarios es fundamental ser consciente de lo que un estudiante debe dominar para alcanzar un nivel dado. El *PCIC* traspone los contenidos para todas las competencias lingüísticas, culturales y de aprendizaje que el *MCER* marca.

▶ **ELEteca** **25.** ¿Qué es el *PCIC*?

026 ¿Qué es un análisis de necesidades?

Rompiendo el hielo: ¿Lo que necesita aprender y lo que sabe cada uno de los aprendices es siempre lo mismo?

Los modelos teóricos, los métodos de enseñanza y los enfoques didácticos (53, 54) son abstracciones reflexivas que propugnan una serie de líneas de trabajo para el aula. No obstante, la realidad que se da en el aquí y ahora de cada clase varía ostensiblemente. Un análisis de necesidades ayuda al docente a saber por qué estudian español sus estudiantes; cuál es su experiencia previa; de qué tipo de sistema educativo provienen; cuáles son sus objetivos de aprendizaje; qué nivel tienen realmente, dado que este puede variar entre destrezas (31); qué lenguas hablan; cuáles son sus necesidades individuales; cómo creen que se aprende bien un idioma; cuáles son sus actitudes hacia la lengua y la cultura metas, etc. Por todo ello, un análisis de necesidades es una herramienta que muestra el camino al profesorado, marcando las discordancias entre el programa impuesto por el centro y lo que realmente se necesita o se va a poder llevar a cabo en el aula, y da pistas sobre qué estrategias didácticas serán más adecuadas para intentar alcanzar las metas establecidas.

No hay dos personas iguales

Las necesidades pueden ser objetivas, como la finalidad del aprendizaje de cada cual, y a la vez también subjetivas, como lo que los aprendices creen que necesitan. Asimismo, habrá que realizar un diagnóstico de las lagunas de los estudiantes, ya que, a pesar de haber hecho un examen que los ha situado en un nivel dado, puede ser que todavía no tengan algunos conocimientos que supuestamente ya deberían dominar. Así, cuando el docente conozca todos los detalles posibles, considerará qué es factible planificar teniendo en cuenta las circunstancias del grupo, la periodización del curso, los materiales disponibles, etc.

El análisis de necesidades se puede llevar a cabo mediante cuestionarios, formularios, entrevistas, actividades de conocimiento mutuo o la observación directa en clase. La parte negativa de las técnicas más invasivas, como la entrevista o los cuestionarios, es que pueden causar reticencias o suspicacias entre los estudiantes.

> ¿Qué preguntas incluirías en un cuestionario previo para tu alumnado?

Es importante conocer para qué aprenden una lengua los estudiantes, porque, por ejemplo, en líneas generales, aquellos que lo hacen por placer suelen mostrarse más receptivos a todo tipo de actividades, incluso a aquellas más creativas; pero, por el contrario, quienes buscan un objetivo muy concreto, como superar una entrevista de trabajo, suelen requerir actividades muy concretas, cerradas y dirigidas. De hecho, en función de si estudian la lengua por obligación o por voluntad propia, su actitud y motivación ante el aprendizaje puede variar mucho. Quienes han aprendido de un modo más informal con anterioridad pueden presentar cierta reticencia a clases muy cerradas en las que no les dejen participar aportando sus conocimientos previos.

Por otro lado, saber de qué contexto educativo proceden los aprendices es fundamental para no crear un *shock* didáctico: en muchos países el estudiante debe mantener una actitud pasiva, sin interrumpir ni participar en clase, cosa que puede chocar mucho a los profesores que intentan aplicar enfoques comunicativos (56). Estas diferencias también pueden materializarse a la hora de realizar según qué tipos de actividades, porque puede que el estudiante nunca haya hecho una similar y por eso no sepa cómo resolverla; es decir, en muchos casos no se debe a un nivel de dominio de la lengua insuficiente. Además, conocer más de cerca el nivel real de cada estudiante puede ayudar porque, en ocasiones, la competencia gramatical (81) puede estar muy desarrollada, pero la competencia léxico-semántica puede ser muy baja o su destreza oral (34) poco fluida.

El número de lenguas que hablan y las familias lingüísticas a las que pertenecen los estudiantes nos pueden ayudar a plantear la enseñanza de léxico rentabilizando cognados y haciendo hincapié en falsos amigos. Además, esto nos puede servir como estrategia para el reconocimiento de formas y la sensibilización de los procedimientos morfológicos del español, lo que puede redundar en una mayor autonomía y un mayor empoderamiento del alumnado.

Algunos casos de necesidades individuales (69) no objetivas –no relacionadas con los contenidos ni con el curso– son cuestiones sociales como los roles de género: por ejemplo, la sumisión por parte de las mujeres ante los hombres del aula, que puede hacer que su participación sea menor. Otro caso es la posible presencia de personas transgénero en clase, que enfatiza la necesidad de trabajar el respeto y el aprecio por los demás independientemente de sus circunstancias, ya que no todos tienen los mismos valores; en este sentido, las normas de clase deben quedar muy claras. Desde el punto de vista social, incluso podemos llegar a tener personas refugiadas provenientes de áreas de conflicto que coincidan con personas procedentes de países que consideran hostiles. Asimismo, la edad es un factor fundamental en aquellas culturas en las que las personas más jóvenes no pueden interpelar directamente o interrumpir a un compañero mayor, por poner un ejemplo.

Todo ello, sin poder entrar en todas las situaciones posibles, requiere una intervención didáctica particular que planifique una buena dinámica de grupos (50) para fomentar el respeto y la participación, y para evitar conflictos. Por consiguiente, es imprescindible, en primer lugar, intentar lograr un buen diseño de contenidos adecuado a sus objetivos y enseñar, en la medida de lo posible, lo que los alumnos desean aprender; en segundo lugar, tratar de forma apropiada las características individuales y las necesidades que puedan presentar, y, por último, llevar a cabo un proceso de evaluación constante y una reflexión continua sobre cómo está funcionando el curso, para detectar posibles puntos débiles, poder subsanarlos y, finalmente, lograr alcanzar un ambiente de aprendizaje eficaz y placentero.

* Ideas clave:

Las teorías y los enfoques didácticos, así como los modelos curriculares, deben adaptarse a la realidad de cada aula con el fin de amoldar los objetivos ideales a los que realmente es posible alcanzar. El profesorado puede obtener información sobre el grupo por vía indirecta, a partir de la observación, o directa, a partir de cuestionarios, formularios, etc.

ELEteca **26.** ¿Qué es un análisis de necesidades?

027 ¿Qué es una secuencia didáctica?

Rompiendo el hielo: ¿Cómo se organiza una sesión de clase?

En el ámbito educativo, una secuencia didáctica es un conjunto de actividades relacionadas entre sí que persiguen abordar los contenidos seleccionados como meta del aprendizaje. Una secuencia didáctica puede coincidir en su extensión con una lección entera de un libro o solamente con una parte. En función del paradigma metodológico (👁 53, 54) que se siga, la estructura puede variar, pero se pueden describir algunas generalidades.

Las secuencias didácticas se plantean de manera lineal y se desarrollan siguiendo un esquema de inicio, desarrollo y cierre. En algunos paradigmas, esto se denomina *presentación, comprensión, práctica* y *transferencia*, o *presentación, práctica* y *producción* (PPP) (Woodward, 2014). En los esquemas clásicos, la clase comienza con una presentación de los contenidos lingüísticos (gramática y léxico), que se materializan en actividades que Littlewood (1981) denomina *precomunicativas*, para luego avanzar a la realización de actividades comunicativas en sí mismas. La forma es muy importante y el significado queda desplazado en la cadena temporal de la unidad. La presentación puede materializarse en una lluvia de ideas y se llama la atención y se reflexiona sobre ciertos contenidos lingüísticos seleccionados que dan paso a la comprensión. En la práctica, primero se realizan tareas más cerradas, como ejercicios donde hay que rellenar huecos o vacíos de información, y luego otros de mayor independencia en los que sí hay información nueva y se produce una comunicación real, aunque en muchas ocasiones está constreñida a la estructura que se quiere practicar. Por último, llega la transferencia, que pueden ser actividades más creativas, como encuestas, informes, juegos, teatro, debates, etc.

En cambio, en el enfoque por tareas (👁 57) se parte de la práctica comunicativa desde el principio mediante tareas posibilitadoras que ayudan a alcanzar el dominio necesario para realizar la tarea final: la diferencia fundamental es que, desde el minuto uno de clase, el alumnado está manejando la lengua de manera activa y real sin que se ciña exclusivamente a unos contenidos lingüísticos cerrados y obligatorios, y, aunque la forma sea importante, no es el centro de atención. Otra modalidad de perspectiva comunicativa es el enfoque léxico (👁 59), que pauta una preparación y unas actividades específicas sobre el léxico, incluye recomendaciones y ejercicios de concienciación sobre diversos aspectos, como la derivación morfológica, y llama la atención sobre una serie de unidades léxicas elegidas.

En la metodología AICLE (aprendizaje integrado de contenido y lenguas extranjeras) (58), por ejemplo, se va un paso más allá: en este caso, la comunicación no se considera el aspecto más importante, sino los contenidos, que van acompañados de una lengua vehicular que se naturaliza como tal.

En líneas generales, e independientemente del enfoque, es recomendable que al principio se recuperen conocimientos previos con los que se empasten los nuevos para favorecer la memorización y la conexión entre ellos. Si tenemos en cuenta las teorías de la motivación, convendría marcar claramente cuáles son los objetivos que se persiguen para orientar los esfuerzos y, al final de la clase, poder comprobar, con satisfacción, que se han alcanzado. También es beneficioso seleccionar adecuadamente, en función del análisis de necesidades (26), los temas más relevantes y dar siempre la opción de aportar una experiencia personal, pues siempre ayuda a mantener el interés y a acompañar el paso de lo concreto a lo conceptual y abstracto.

Asimismo, conviene tener en cuenta la gestión del tiempo: cuando se pauten las actividades de una sesión es importante considerar la capacidad atencional del alumnado. Existe cierto consenso en que, en general, la atención tiene unos límites y que, a partir de cierta cantidad de tiempo, es difícil seguir concentrado. Cuanto más activo sea el aprendizaje, más se estirará el límite y, cuanto más pasivo sea, menos durará. Por otro lado, parece ser que el momento de la lección también influye: hacia el final de la clase, por el cansancio, se producen despistes con más frecuencia. Aunque estas ideas están bastante asentadas, Bradbury (2016) añade que en la literatura científica hay otro elemento clave que parece condicionar más la capacidad de atención: el profesorado y la pasión que transmita por la asignatura, así como el atractivo de los materiales. En suma, podríamos afirmar que es fundamental combinar todas estas estrategias en el diseño de las secuencias didácticas para lograr un aprendizaje que enganche al alumnado.

Cuando se determinan los contenidos que se quieren abordar, es necesario rellenar una ficha que contenga los siguientes datos: objetivos generales y específicos, formulados en infinitivo; contenidos funcionales; contenidos lingüísticos: gramaticales, léxicos, pragmáticos, ortográficos y de pronunciación, y contenidos socioculturales. Asimismo, se deben consignar detalles técnicos como el nivel y la edad de los aprendientes, el tamaño del grupo, los materiales que se necesitarán y los agrupamientos del aula que se formarán (individual, por parejas, pequeño grupo, gran grupo, etc.). Esto ayudará a tener la planificación de las secuencias didácticas más controlada.

✱ Ideas clave:

Las secuencias didácticas son un grupo de actividades que se diseñan para alcanzar ciertos objetivos. Es fundamental organizarlas de manera adecuada para no olvidarse de ningún detalle importante: contenidos, materiales, tiempo disponible, nivel del alumnado, etc.

ELEteca **27.** ¿Qué es una secuencia didáctica?

028 ¿Qué tipo de actividades debo llevar a clase?

Rompiendo el hielo: ¿Qué suele hacerse en una clase de idiomas?

Si partimos de la idea de que aprender un idioma es un acto social e interactivo, dejaremos atrás la concepción de las actividades como simples ejercicios para rellenar huecos y sin ninguna relación con la comunicación real. No quiere decir que estos sean malos, pero no es así como usamos la lengua en la vida, así que su utilización debe estar justificada por objetivos muy claros y, por supuesto, no deben constituir el tipo de ejercicios centrales que se propongan en clase.

Así, para desarrollar una competencia comunicativa (80) completa que no solo implique el dominio de la gramática y el léxico, conviene diseñar tareas y actividades significativas en las que se use la lengua. No obstante, si por elección o por interés se aplica una enseñanza de corte más tradicional y teórico, se recomienda encarecidamente que los ejercicios ejemplifiquen, en la medida de lo posible, usos reales y que se presenten contextos lo más completos posibles para que luego los aprendientes sean capaces de discernir qué forma es la más adecuada en una situación comunicativa dada. Aprender la frase *Mi sastre es rico* puede dar paso a otras como *Tom Baker es el sastre más famoso del mundo según las revistas de moda*.

Es importante establecer una diferenciación entre lo que se entiende por *tarea* y lo que se entiende por *actividad*, ya que el concepto de *tarea* se utiliza en el marco del enfoque por tareas (57) de una forma muy específica, aunque a veces pueden usarse como sinónimos por cuestiones estilísticas.

Las tareas en este enfoque se identifican con actividades diarias en los diversos ámbitos en los que nos comunicamos: personal, educativo, público o profesional. Además, estos se acompañan de circunstancias externas, la situación, que también condiciona el modo en que se va a producir un discurso (en función del tiempo, el lugar, las personas implicadas, el tema, etc.). Así, estas tareas o actividades de comunicación que se dan en la vida pueden ir desde leer las instrucciones de una batidora hasta comprarse unos zapatos, escribir una canción o jugar al tabú con amigos. En todo caso, lo importante es que, en ellas, la comunicación es fundamental y que se practica la interacción, la mediación, la comprensión o la expresión (o una combinación de ellas) (32, 33, 34, 35, 36). Además, su evaluación se mide por la eficacia y el éxito de la comunicación (adecuación, alcance, coherencia, fluidez) (37, 38, 40), y no solo por la corrección gramatical (39).

Este uso de la lengua es el que se refleja en los manuales comunicativos, con mayor o menor nivel de realismo y con unas particularidades u otras en función del enfoque concreto que se elija (53, 54). En muchas ocasiones las actividades que se plantean son facilitadoras y pueden ser más didácticas que prácticas. Las tareas comunicativas propiamente dichas que los estudiantes serán capaces de enfrentar después de un curso se deben elegir en función de sus necesidades de aprendizaje (26). Las que están orientadas a aspectos pedagógicos se plantean más bien como una oportunidad para los aprendices de estar más expuestos al *input* que se pueda considerar crítico, practicarlo con mayor profundidad e, incluso, reflexionar con el fin de entender por qué se usa una forma y no otra (91).

Si descendemos a un nivel más concreto, los distintos tipos de actividades específicas que se pueden desarrollar en un aula se corresponden con las diferentes destrezas (31): leer, escribir, escuchar, interactuar, mediar, hablar, etc.; a partir de estas, además, se pueden perseguir objetivos concretos como desarrollar estrategias sociales, de aprendizaje o metacognitivas. Asimismo, según la perspectiva de Ellis (2018), también son tareas aquellas que buscan fomentar la conciencia lingüística (92).

> ¿Qué tipos de actividades se realizan en las clases de idiomas?

En el caso del enfoque basado en contenidos (58), las actividades pueden seguir los formatos expuestos u otros, puesto que de manera principal se centran en los temas de las asignaturas y no tanto en los aspectos puramente lingüísticos, aunque obviamente estos también se traten.

✳ Ideas clave:

Si compartimos la filosofía de que cuando se estudia un idioma se hace por razones comunicativas, la finalidad principal de las propuestas didácticas que llevemos a clase debe ser la de lograr objetivos de comunicación y no solo promover reflexiones abstractas y descontextualizadas sobre la gramática. Para desarrollar una competencia comunicativa, hay que practicar todas las destrezas.

ELEteca **28.** ¿Qué tipo de actividades debo llevar a clase?

029 ¿Cómo puedo diseñar las actividades?

Rompiendo el hielo: ¿Qué debo tener en cuenta para imaginar una actividad concreta?

Diseñar una actividad eficaz de acuerdo con los objetivos propuestos no es nada sencillo. No son pocas las ocasiones en las que se espera practicar mucho la producción oral, por ejemplo, con un texto muy interesante que se ha encontrado en la prensa, pero que al final, debido a los múltiples problemas de vocabulario y de comprensión, no se llega al comentario. Así pues, es fundamental tener una serie de premisas presentes cuando nos sentamos a pensar en una actividad para complementar este o aquel contenido que ha quedado desatendido en el manual o del que el alumnado nos ha pedido refuerzo.

En primer lugar, es imprescindible tener claros los objetivos generales y específicos [1], porque ello nos orientará a elegir el tipo de destreza (31) que se va a ejercitar y los contenidos lingüísticos que necesitamos tanto para la parte de comprensión como de producción. Esto deriva en aspectos cognitivos básicos, como garantizar una cantidad mínima de exposición al *input* (64) que se ha seleccionado como crítico: no se interioriza una palabra o una estructura por mostrarla o leerla una vez [2]. El *input* debe ser reiterativo en todas las modalidades y canales posibles, y presentarse de manera espaciada en el tiempo [3]. Además, se tendrá más éxito si se activan conocimientos previos con los que enlazar los presentes; así se predispone a conformar un panorama más lógico de los contenidos aprendidos [4].

Asimismo, activar esquemas y reutilizar estrategias de comprensión o expresión ayuda a que, a la hora de realizar la actividad, todos los esfuerzos estén centrados en el contenido nuevo y no en entender qué hay que hacer [5]. Es decir, si no se refresca el contenido del vocabulario sobre transportes que ya se ha estudiado, es más posible que, al pedirles que vean un corto sobre una despedida en un tren, se centren más en recordar qué significaba aquella palabra que en entender el mensaje, por poner un ejemplo. Cuanto más creativa sea la actividad, más claros tienen que estar los contenidos: si pausamos el clip de vídeo y les pedimos que nos digan qué creen que va a decir el personaje o qué creen que va a pasar, no pueden estar intentando recordar cómo se expresa la posibilidad, deben tener eso fresco, presente y visible en la pizarra, en el libro o donde sea. Además, si les pedimos que se pongan de acuerdo en sus especulaciones sobre el porqué de algo, estamos incrementando la dificultad, dado que tienen que movilizar estrategias pragmáticas de explicación, opinión, sugerencia, cambio de tema y persuasión. Por supuesto, la dificultad percibida de una tarea depende mucho de

Factores que tener en cuenta para diseñar actividades para el aula de ELE

Advertencias de uso

- Este listado no es exhaustivo, solo pretende una orientación de posibles aspectos que tener en cuenta a la hora de diseñar o adaptar actividades que llevar a clase.
- Es muy importante que antes de diseñar o adaptar actividades reflexiones sobre qué filosofía de la enseñanza tienes y qué encaja con ella y con el enfoque didáctico que usas en clase.

Adecuada a las necesidades Nivelada	Seleccionada Con opciones Con diferentes modalidades Buen timing	Cultural No etnocentrista Panhispánica	Diversidad Tolerante
Clara Objetivos visibles	Input contextualizado Input realzado Input reiterado y espaciado	Consistencia Basada en la evidencia	Atractiva Personalizada
Motivadora Útil Empoderadora	Afectiva Lúdica Multisensorial Creativa	Autónoma Ampliable Estratégica	Tecnológica Más input Audiovisual
Dinámica Grupo Social	Integrada Comunicativa Coherente	Plurilingüe Crítica Explícita Consciente	Pilotada Revisada Corregible Explicable

cuestiones personales, pero también de cuestiones objetivas como el formato o el tema. Cuanto más familiarizados estén los aprendices con los pasos para desarrollar una tarea, más se podrán concentrar en el contenido [6].

El *output* (65) es fundamental para la rutinización del uso del idioma [7] y, para atreverse a producir, el alumnado tiene que sentirse capaz de hacerlo; por eso, fomentar una autoestima fuerte en clase es esencial [8] (73). De hecho, se pueden diseñar actividades específicas para ello e introducir más actividades abiertas, ya que en los manuales abundan actividades muy estructuradas y de selección de respuesta que no dan pie a la construcción del conocimiento (Martín Peris, 1996). Quienes tienen una fuerte autoestima y motivación suelen percibir menor dificultad en las tareas o sobrellevarlas de mejor manera, así pues, escoger temas de su interés y que estos les resulten atractivos despertará mayor disposición a persistir en una tarea hasta lograr alcanzarla [9]. Otra forma de sembrar la seguridad en ellos es practicar las estrategias (84) de manera explícita en el aula: qué hacer cuando no se recuerda una palabra, cómo rellenar un espacio de discurso cuando no se sabe qué se quiere decir, cómo planificar el discurso o cómo prepararse para entender una audición [10]. Asimismo, las tareas de comprensión lectora o auditiva pueden ofrecer diferentes grados de dificultad o exigencia según el tipo de respuesta que se pida [11]; por ejemplo, no es lo mismo identificar la idea general del texto que hacer un resumen; además, es más fácil comprender un texto cuando hay apoyos visuales, palabras clave o gráficos que cuando no los hay, etc.

En la diversidad está el éxito; y adaptar a cada alumno el tipo de actividad según lo que pueda enfrentar es importante para no frustrarlo, especialmente cuando la clase se agrupa por edades y no por niveles, con lo que el desarrollo lingüístico puede presentar fuertes variaciones, o si hay un hablante de herencia en el aula.

En cuanto a la expresión e interacción oral o escrita, hay que elegir bien la cantidad de tiempo que esperamos que esta se mantenga y determinar cuán predecible es el discurso. Para lograr participación hay que tener en cuenta las actitudes del alumnado y saber percibir su estado de ánimo. Así, esto también pone en valor otro factor importante: quiénes son los participantes [12]. No es lo mismo tener que estar a la altura de una actividad monológica, con tiempo de preparación, que de una interacción con compañeros, la cual requiere resultados inmediatos. Es esencial planificar y amoldar a los objetivos deseados el tipo de agrupación. Una reagrupación sucesiva en una actividad puede incrementar las oportunidades de *output* y de detectar e interiorizar las posibles faltas y los errores de comunicación. Es fundamental determinar qué y cómo se va a corregir, y de qué modo se va a producir la evaluación (46) de las tareas, ya que no debemos valorar las destrezas solo con exámenes, sino con evidencias de si se han interiorizado los objetivos [13].

¿Qué tipo de actividades te parecen más difíciles? ¿Por qué? ¿Cómo se podría disminuir ese grado de dificultad?

Las instrucciones han de ser claras [14] y gozar de un alto grado de contextualización [15], porque esto ayuda a visualizar mejor qué recursos tendrán que movilizar. La gestión del tiempo es muy importante, también, para establecer el plazo necesario para preparar la tarea y responder los requerimientos [16]. Una excesiva presión temporal puede crear ansiedad y desmotivar al alumnado. La duración de la intervención o puesta en común debe medirse bien para no demorar los turnos de unos estudiantes y que al final solo hablen unos pocos porque se acaba la clase y hay que hacer aún otras cosas. Hay que desarrollar mecanismos de gestión de la duración de la intervención para controlar que algunos estudiantes acaparen el turno de palabra siempre [17].

Las actividades y temas propuestos deben ser relevantes para el alumnado [18] y evitar estereotipos [19], tanto sobre la cultura meta como sobre los hablantes. El diseño, a ser posible, debería ser atractivo y consistente con otros anteriores para fomentar la sensación de familiaridad y conexión [20]. El uso de la tecnología es un plus que no debe convertirse en modo alguno en el centro de la clase [21], ya que, si para usar una aplicación que no se va a volver a emplear se requieren veinte minutos de explicación, quizá estemos perdiendo un tiempo valioso, salvo que se ejerciten estrategias sobre cómo enfrentarse a una tarea de comprensión de instrucciones orales.

En suma, una buena actividad tendrá en cuenta factores personales, cognitivos, afectivos, motivacionales, sociales y culturales para lograr un objetivo comunicativo que sea relevante, alcanzable y útil en función de las necesidades del alumnado.

✱ Ideas clave:

Diseñar una actividad no implica solo elegir un texto o vídeo llamativo sobre un tema. Este debe integrarse en una lógica educativa y en una secuencia didáctica que conduzca al alumnado a desarrollar su competencia comunicativa y sociocultural, así como sus estrategias como aprendiente y hablante.

ELEteca 29. ¿Cómo debo diseñar las actividades?

030 ¿Qué es el andamiaje?

Rompiendo el hielo: ¿Qué tipo de estrategias nos ayudan a aprender mejor?

Este concepto, surgido en el seno de la teoría sociocultural (Negueruela-Azarola y García, 2016), se refiere al proceso, a lo largo del aprendizaje, en el que un hablante ayuda a otro durante la interacción para producir una nueva función (Ellis, 2018). La metáfora de la ayuda para llegar a un objetivo es bastante visual. De acuerdo con esta teoría, el aprendizaje ocurre en la interacción, es decir, la interacción social es la que nos hace aprender. En otras palabras, no aprendemos solos por interiorizar un contenido, sino que el aprendizaje se logra a través de una experiencia colectiva.

En un principio, se identificó esa orientación y ayuda como proveniente exclusivamente del profesorado (andamiaje instruccional, espontáneo o planificado), pero también se puede andamiar el aprendizaje entre compañeros de aula (andamiaje colectivo). Así, desde

este enfoque pedagógico, es muy relevante entender cómo el proceso de lograr hacer una tarea mejora el aprendizaje de un idioma. Las teorías lingüísticas que se centran en el alumno como agente social (enfoque orientado a la acción) y en la lengua como acto de comunicación encuentran este modelo pedagógico de utilidad (Donato, 1994; Swain y Lapkin, 1998; Samuda, 2001). No obstante, por ejemplo, en perspectivas más conservadoras que se centran en desarrollar una competencia lingüística (81) de manera abstracta, estas estrategias no se consideran necesarias.

El andamiaje puede llevarse a cabo mediante distintas técnicas, como llevar la atención hacia la tarea, simplificarla, mantener presente la búsqueda del objetivo, marcar los rasgos clave y las discordancias entre lo hecho y la solución ideal, encajar conocimientos anteriores con los actuales, ayudar a controlar la frustración que pueda surgir durante la elaboración de la tarea y mostrar, por ejemplo, una versión idealizada del acto que se debe llevar a cabo para que sirva de modelo (con una demostración o con pistas que orienten al éxito).

Una posible técnica de andamiaje en la producción, mediación e interacción oral (34) por parte del profesorado para controlar la frustración consiste en exteriorizar explícitamente la confirmación ante las respuestas, por ejemplo, asintiendo con frecuencia *(sí, vale, muy bien)*, más de lo que probablemente ocurriría en una interacción en la vida real (49) . También se puede emplear el humor como estrategia de relajación para reducir la tensión del aprendizaje, ya que puede ayudar a sobrellevar los actos que amenazan la imagen pública (*face threatening acts*, Pomerantz y Bell, 2011); asimismo, el humor hace que el aprendizaje sea más satisfactorio, dinámico, divertido, eficiente, estable y duradero (Montañés Sánchez, 2018).

A fin de llevar la atención hacia la tarea o los rasgos críticos, se pueden hacer preguntas directas. Si las respuestas son erróneas, para mostrar las discordancias (42), se pueden dar señales de reprobación (una cara de incomprensión, soniditos, gestos, etc.), seguidas de una pista verbal *(¿Que fue A tu casa?)*. Este tipo de pistas pueden marcarse con la entonación, con pausas sostenidas, etc. También se pueden anotar las dificultades en la pizarra de manera anónima y sin interrumpir la producción para no aumentar la frustración y la inseguridad, y volver sobre ellas más tarde y de manera colectiva fomentando la reflexión y la conciencia metalingüística.

Para mantener presente el objetivo o mostrar un modelo ideal, el profesorado puede repetir una producción exitosa llamando la atención sobre ella con el tono, con pausas, escribiéndola en el encerado, etc. Visualizar en la pizarra o pantalla el contenido crítico ayuda a ganar fluidez. A partir de esos ejemplos de producciones exitosas, incluso se pueden aumentar los contenidos planeados para la sesión de forma gradual. Por otro lado, para mantener el objetivo presente, se pueden hacer recapitulaciones de lo alcanzado para dejarlo patente o plantear preguntas retóricas.

> ¿Qué estrategias como hablante y aprendiente de idiomas te funcionan?

Hay algunos ejemplos concretos de andamiaje para la comprensión lectora (33). Para empezar, antes de realizarla, se puede elegir el material con sumo cuidado y, si es necesario, adaptarlo o didactizarlo mediante intervenciones tipográficas o visuales; también se puede dejar claro el objetivo de la actividad o facilitar recursos de consulta. Durante la actividad, se puede comenzar pidiendo predicciones de lo que se esperan encontrar a partir de la lectura del título, dado que así se movilizan también vocabulario y expectativas que pueden ubicar mejor la lectura; a continuación, se puede solicitar la paráfrasis o el resumen de algún pasaje, formular preguntas directas de comprensión sobre el texto y evaluarla mediante ejercicios que requieran haber entendido la información, hacer una lectura interactiva y comentada, acompañar el texto de imágenes y gráficas, trabar las actividades de comprensión lectora con la producción oral y la expresión e interacción escritas, realizar una nube de ideas o un mapa conceptual de vocabulario previamente y completarlos durante la lectura, etc. Al finalizar se pueden pedir juicios de valor, resúmenes, reelaboraciones *(Cambia el título de la noticia, ¿cuál le pondrías tú?)*, reflexiones sobre las estrategias que han servido para entender el texto, etc.

Del mismo modo, para una comprensión auditiva (👁 32) se deben visualizar los objetivos, acompañar la actividad de imágenes, revisar las preguntas que se deben contestar antes, escuchar la audición colaborativamente (levanta la mano cuando haya algo importante, clave, difícil, etc.) y varias veces, incluir una última escucha de corrección y comprobación, usar la transcripción a veces para que la marquen (pintar, subrayar, marcar ideas clave, etc.), etc.

En cuanto al andamiaje de la expresión e interacción escritas (👁 35), es crucial elegir temas de interés generales u orientarlos a los intereses personales, inducir experiencias previas que les activen marcos que los inspiren para escribir, preparar la escritura con lluvias de ideas y comentarios entre pares, ayudar a organizar las ideas mediante gráficos o esquemas, explicar las partes de la estructura del tipo textual, poner ejemplos, etc. Durante el proceso, el docente puede orientar sobre el uso del diccionario (👁 96), ayudar a organizar las ideas y conectarlas, refrescar o aportar el vocabulario clave, etc. En la fase de posescritura, se puede invitar a la reflexión y a la evaluación no de la corrección, sino del alcance, la coherencia, la cohesión, la adecuación al contexto, etc.

En suma, el andamiaje es un apoyo al aprendizaje que consiste en un proceso interactivo que puede ser vertical (entre profesorado y estudiantes) y horizontal (entre estudiantes), planificado o espontáneo, con la finalidad de lograr un aprendizaje real de la lengua mediante su uso.

✱ Ideas clave:

El aprendizaje en el aula implica que las tareas que se presentan se deben haber diseñado con un objetivo didáctico y, para lograr el éxito, estas deben adaptarse y didactizarse para responder a las necesidades concretas de los estudiantes. Es el docente quien, en primer lugar, ofrece ese apoyo y andamiaje, aunque este también se da en las relaciones entre estudiantes, proceso que, del mismo modo, debe promoverse de manera planificada y espontánea.

ELEteca **30.** ¿Qué es el andamiaje?

031 ¿Qué son las destrezas?

Rompiendo el hielo: ¿Qué actividades llevamos a cabo cuando usamos la lengua para comunicarnos?

Hablar una lengua (👁 22) implica realizar una serie de operaciones para conseguir transmitir o recibir un mensaje expresado en ese idioma. Cuando somos capaces de desarrollar esas operaciones, decimos que tenemos una competencia comunicativa (👁 80) en coreano, suajili o quechua. Esta competencia puede ser nativa (👁 2) o limitada, porque todavía se está aprendiendo, por ejemplo.

Queda claro que, dentro de esta concepción de hablar una lengua, se excluye la idea de que aprender rellenando huecos de ejercicios de gramática descontextualizados sea una de las actividades que se hacen en la vida real (👁 53, 54). Cuando se entiende que hablar una lengua implica un uso eficaz y exitoso del idioma en un ámbito y una situación dados, conviene describir qué operaciones se debe ser capaz de manejar para comunicarse.

Las destrezas lingüísticas son, pues, las formas en que el uso de la lengua se materializa. Tradicionalmente se han descrito las actividades de producción activa, oral (34) y escrita (35), y las pasivas, la lectura (33) y la escucha (32). No obstante, esta clasificación es un tanto artificial, porque hablar o escribir también pueden implicar interacción; por eso actualmente se emplean las etiquetas *producción e interacción oral* y *producción e interacción escrita*. En este caso se podría ejemplificar la diferencia entre un monólogo y una conversación o entre una agenda personal o un mensaje de WhatsApp. Además, los conceptos *destrezas pasivas* y *destrezas activas* también han quedado obsoletos, porque leer implica agentividad por parte de la persona lectora: participa del texto y lo interpreta en sus marcos mentales. Asimismo, se ha añadido una destreza más a estas clásicas, la mediación (36), que engloba las actividades que hacemos cuando interpretamos oralmente a otra persona o traducimos un texto escrito.

En suma, las destrezas lingüísticas que empleamos para expresarnos en un idioma son la expresión e interacción orales, la expresión e interacción escritas, la comprensión lectora y auditiva, y la mediación. La comprensión audiovisual queda subsumida y ligada a la auditiva, aunque presenta unas particularidades dignas de mención; de hecho, el *MCER* también recoge, entre los tipos de textos que deben comprenderse para dominar una lengua, los productos multimedia. Cada una de ellas incluye a su vez un conjunto de microdestrezas; por ejemplo, en la expresión escrita, se deben conocer códigos no verbales, como la disposición del espacio o la tipografía, para marcar un mensaje, cosa que en la expresión oral podría hacerse con la prosodia.

En principio, salvo casos de necesidades especiales muy puntuales de un perfil de alumnado, entendemos que se deben desarrollar todas las destrezas de manera equilibrada e integrada. Tradicionalmente la segmentación en los programas más clásicos separaba por completo unas actividades de otras y, sin embargo, sabemos que eso no es lo más productivo, realista ni motivador. Incluso en algunos sistemas educativos se aíslan, por ejemplo, las clases de lectura, por los conocidos beneficios de la lectura extensiva, pero a veces esto conlleva interpretaciones muy cerradas de lo que se puede hacer durante esas lecciones y estrategias didácticas que pueden conducir a la desmotivación (Takase, 2003; Ullah y Fatema, 2013).

La integración de las destrezas, sea cual sea el foco de la clase de idiomas e incluso independientemente de la metodología que se emplee, es lo ideal para desarrollar una competencia comunicativa completa; en especial, además, conviene trabajar los aspectos pragmáticos y culturales, que pueden quedar relegados o directamente no tenerse en cuenta en las actividades descontextualizadas.

En el aula, además de las destrezas lingüísticas, también se pueden desarrollar destrezas sociales y de estudio. Las primeras son fundamentales, ya que implican la capacidad de seguir las convenciones y comportarse de la manera esperada. Estas se aprenden de manera espontánea en la vida de un nativo, pero no en el caso de una persona no nativa. Esta se conoce como una habilidad blanda, pero fundamental, para entablar relaciones sociales y forjar vínculos. Una carencia en la habilidad social puede deberse a algo patológico o a una falta de socialización exitosa. Esta habilidad es fundamental; por ello es tan importante trabajar la gestión del grupo (50).

> ¿Qué habilidades sociales tiene un buen aprendiente de idiomas?

Las destrezas de estudio son transversales, pero necesarias y, si no se tienen, deben desarrollarse para poder mantener la atención sobre la información, comprender la tarea, trabajar eficazmente en parejas o grupos, usar materiales de manera independiente, reconocer las fortalezas y las debilidades, identificar las metas propias y organizar estrategias para lograr estos objetivos.

✱ Ideas clave:

Trabajar las destrezas lingüísticas de manera aislada y compartimentada es artificioso y dificulta el desarrollo equilibrado y natural de la competencia comunicativa. Las destrezas sociales y de aprendizaje también deben ser parte de la enseñanza implícita y explícita.

ELEteca 31. ¿Qué son las destrezas?

032 ¿Qué es la comprensión auditiva?

Rompiendo el hielo: ¿Escuchamos y comprendemos todo lo que nos dicen?

La comprensión auditiva es la destreza lingüística (31) que alude a la capacidad de interpretar mensajes transmitidos por el canal oral. Si se incluye en esta categoría la comprensión audiovisual, también se tendría que añadir el canal visual. No es lo mismo escuchar la radio que ver una película, dado que las microdestrezas implicadas presentan particularidades distintas.

El proceso de emisión de un enunciado se enmarca en un contexto inmediato mediado por factores como la intención del hablante, aspectos sociales relacionados con la situación y otros aspectos como, por ejemplo, las condiciones del canal, porque puede haber ruidos o distorsiones del sonido. Todo ello influye en la comprensión del enunciado, que, además, debe interpretarse teniendo en cuenta las reglas sociales, el conocimiento del mundo que se tiene, el tema del que se habla, etc. Es decir, hay dos pasos: descodificación de los rasgos lingüísticos (sonidos, pausas, entonación, etc.) e interpretación del mensaje en función del contexto.

Para entender un mensaje hay que desarrollar habilidades como el reconocimiento fonémico (distinguir una erre simple –*vibrante simple* en términos fonéticos– de una erre doble –*vibrante múltiple*–), la segmentación silábica de la cadena oral, la identificación de la sílaba acentuada (*médico* no es lo mismo que *medicó*), la comprensión de las palabras y las oraciones, la detección de las pausas, etc. Cuando esto se logra, se produce otro mecanismo, el de interpretación, esto es, deducir el significado; identificar la función comunicativa (pedir información o mostrar rechazo, por ejemplo) (89); interpretar la intención del hablante mediante su lenguaje corporal, su entonación, el registro escogido, etc. (así se puede llegar a comprender si un mensaje es irónico o humorístico), o detectar las ideas clave, entre otros.

Cuando este proceso funciona adecuadamente, decimos que ha habido éxito comunicativo. No obstante, esto no siempre ocurre, lo que se debe a diferentes circunstancias, ya sea en una comprensión real o didáctica. Como ya explicamos, el andamiaje (30) es fundamental para enfrentarse a los textos auditivos didácticos, porque si una fase preparatoria se realiza con instrucciones claras, activando los conocimientos, desarrollando estrategias, etc., es más posible que el estudiante sea capaz de entender el mensaje.

Además, las características del texto son importantes, porque pueden revestir mayor o menor complejidad según su longitud, el interés que pueda despertar y cómo se lo presentamos. Como recoge el *MCER*, un discurso con una sintaxis (97) compleja llena de subordinadas absorbe más recursos, así como las anáforas, el uso de pronombres sin un referente claro, las ambigüedades, etc. Por otra parte, hay textos, como las noticias de último minuto o los mensajes de voz crípticos, que son tan

COMPRENSIÓN AUDITIVA EN GENERAL	
C2	No tiene dificultad en comprender cualquier tipo de habla, incluso a la velocidad rápida propia de los hablantes nativos, tanto en conversaciones cara a cara como en discursos retransmitidos.
C1	Comprende lo suficiente como para seguir un discurso extenso sobre temas abstractos y complejos que sobrepasan su especialidad, aunque puede que tenga que confirmar algún que otro detalle, sobre todo si no está acostumbrado al acento. Reconoce una amplia gama de expresiones idiomáticas y coloquiales, y aprecia cambios de registro. Es capaz de seguir un discurso extenso incluso cuando no está claramente estructurado y cuando las relaciones son solo supuestas y no están señaladas explícitamente.
B2	Comprende cualquier tipo de habla, tanto conversaciones cara a cara como discursos retransmitidos, sobre temas, habituales o no, de la vida personal, social, académica o profesional. Solo inciden en su capacidad de comprensión el ruido excesivo de fondo, una estructuración inadecuada del discurso o un uso idiomático de la lengua. ――― Comprende las ideas principales de un discurso complejo lingüísticamente que trate tanto temas concretos como abstractos pronunciados en un nivel de lengua estándar, incluyendo debates técnicos dentro de su especialidad. Comprende discursos extensos y líneas complejas de argumentación siempre que el tema sea razonablemente conocido y el desarrollo del discurso se facilite con marcadores explícitos.
B1	Comprende información concreta relativa a temas cotidianos o al trabajo e identifica tanto el mensaje general como los detalles específicos siempre que el discurso esté articulado con claridad y con un acento normal. ――― Comprende las principales ideas de un discurso claro y en lengua estándar que trate temas cotidianos relativos al trabajo, la escuela, el tiempo de ocio, incluyendo breves narraciones.
A2	Comprende lo suficiente como para poder enfrentarse a necesidades concretas siempre que el discurso esté articulado con claridad y con lentitud. ――― Comprende frases y expresiones relacionadas con áreas de prioridad inmediata (por ejemplo, información personal y familiar muy básica, compras, lugar de residencia, empleo) siempre que el discurso esté articulado con claridad y con lentitud.
A1	Comprende discursos que sean muy lentos, que estén articulados con cuidado y con las suficientes pausas para asimilar el significado.

breves o telegráficos –usan unos códigos muy especiales y excluyen mucha información porque se sobrentiende– que también son complejos de interpretar.

A esta dificultad lingüística se le suma el hecho de si el alumnado está familiarizado con el tipo de texto: si es la primera vez que escucha una retransmisión deportiva, es posible que no entienda la mecánica de los turnos de palabra. Por el contrario, si está muy familiarizado con ella, podrá prever la estructura y centrarse en temas más concretos. Es importante analizar también si el discurso está bien cohesionado y es coherente (38) con la estructura esperable: la desorganización, el solapamiento de ideas, las explicaciones parciales, las ideas oscuras, etc., también dificultan la interpretación adecuada del texto.

En la presentación del texto oral puede haber ruido, distorsiones o interferencias, o personas interrumpiéndose que dificulten el entendimiento; también puede ocurrir que se hable muy deprisa o con un acento muy marcado que, además, se desconozca. Si sumamos la posibilidad de que el texto sea largo o trate sobre un tema que no se considere interesante, seguimos incrementando las opciones de que el alumnado se frustre y se desmotive.

Una vez evaluados todos estos aspectos, podremos decidir con mejor criterio cuáles debemos llevar a clase. No es que un texto complejo no se deba tratar, sino que, por ejemplo, requerirá mayor andamiaje y un tratamiento de la actividad particular: quizá preguntar por las ideas generales que se transmiten y no por detalles muy particulares, hacer un resumen de las ideas clave, elegir una ilustración que represente la situación, poner un final a la historia, especular sobre qué van a responder los interlocutores, reconocer cuántas personas hablan o quién dice qué, comprobar si lo que se dice es verdadero o falso, señalar la intención comunicativa de los interlocutores, etc.; obviamente, todo dependerá del género textual (99) con el que se esté trabajando. El tiempo que ofrezcamos para realizar la tarea también deberá ajustarse a la dificultad de lo que se requiere.

El tipo de actividades que se pueden llevar a cabo incluyen, por ejemplo, la escucha de declaraciones públicas, instrucciones, avisos; medios de comunicación (radio, televisión, cine); conferencias y presentaciones públicas (teatro, espectáculos, charlas, conciertos, actos religiosos o ceremoniales); conversaciones propias, telefónicas o en directo; entrevistas de trabajo, etc.

La evaluación (46) del éxito de la comprensión se presenta en escalas en las que se valora el tipo de actividad que se ha desempeñado. En estas escalas, se muestran características especiales que se pueden consultar en el *MCER*; con todo, aquí ponemos como ejemplo la escala general.

Como adelantamos, la comprensión audiovisual es un subtipo de la comprensión auditiva, ya que, de hecho, lo visual forma también parte de la comunicación. Cuando mantenemos una conversación cara a cara, no solo descodificamos el mensaje de la cadena hablada, sino también otros aspectos, como el lenguaje corporal. La imagen, pues, aporta una gran cantidad de información contextual y cultural. Realizar una tarea de comprensión auditiva y anotar una respuesta es viable; en cambio, visualizar un vídeo y responder a la vez, no. Para ello las preguntas podrían integrarse directamente en el vídeo (48) o, quizá, se podría ver el vídeo una vez, explicar las preguntas e instrucciones y verlo de nuevo. También se podría ir pausando.

> ¿Qué dificultades presenta el uso de vídeos en clase?

A fin de proporcionar un buen andamiaje para la comprensión auditiva o audiovisual, se recomienda emprender las siguientes acciones: activar el tema mediante una lluvia de ideas, pidiendo especulaciones sobre lo que creen que va a tratar a través del título, un clip del vídeo o la carátula de la película; explicar claramente las instrucciones y los objetivos de la actividad; leer las preguntas y marcar explícitamente qué se espera *(si pregunta «cuánto», tenemos que escuchar un número, ¿no?)*. La primera vez, se puede escuchar el discurso a velocidad normal; la segunda, ralentizada o haciendo pausas, e, incluso, se puede reproducir una tercera vez para la comprobación; asimismo, cuando el texto oral es muy difícil, se puede entregar la transcripción para trabajar con ella, o bien se puede acompañar el audio con imágenes.

✱ Ideas clave:

La comprensión de un mensaje oral es una destreza básica que debe entrenarse en las aulas. Esta puede presentar diferentes grados de dificultad en función de la longitud, la complejidad, la novedad del tema, el tiempo disponible, etc. Para diseñar una actividad eficaz y adecuada, hay que tener en cuenta todos estos aspectos.

ELEteca **32.** ¿Qué es la comprensión auditiva?

033 ¿Qué es la comprensión lectora?

Rompiendo el hielo: ¿Qué tipo de textos lees normalmente?

La comprensión lectora es la destreza lingüística (31) que abarca la interpretación de mensajes escritos. Tradicionalmente se ha entendido la lectura como una actividad pasiva; no obstante, la postura actual la contempla como un proceso interactivo donde se activan esquemas cognitivos. Por eso, como señala Rodrigo (2019), se trata de una destreza activa y compleja en la que el significado se otorga a partir de la interacción entre el lector y el texto.

Este cambio de paradigma deja atrás la concepción del proceso como *bottom-up*, es decir, la persona que lee decodifica pequeñas partes del discurso y poco a poco va aumentando lo que entiende, como si lo primero que leyéramos fueran las letras, luego las sílabas, etc. También queda atrás el *top-down*, en el que el lector activa primero su conocimiento del mundo y, después, va leyendo las palabras y entendiendo la sintaxis para darle significado al texto. El contraste con el modelo interactivo

actual es que, en este caso, se entiende que el lector activa de manera simultánea, y no por fases, todos los conocimientos que tiene. La teoría de los esquemas cognitivos se refiere a todo el conocimiento que el lector aporta al texto a partir de su perspectiva cultural o experiencia personal; por eso se explica que, ante un mismo estímulo, no todas las personas comprendan lo mismo o reaccionen de la misma manera.

La dificultad de la comprensión se puede deber a cuestiones lingüísticas y de formato, o bien a la respuesta que se exija. Del mismo modo que para la comprensión auditiva (32), es fundamental tener un buen andamiaje (30) para poder reducir la dificultad de los textos y potenciar su comprensión. Una buena fase preparatoria proporciona orientación, acciona los marcos mentales necesarios, recuerda los conocimientos previos que pueden ser útiles y activa en la memoria el léxico o conocimiento del mundo requeridos para descodificar el mensaje.

Como técnicas didácticas, además de comprobar si el texto se ajusta al nivel de los alumnos para decidir cuánto intervenir en él, es importante proporcionarles las preguntas antes de leer el texto para que sepan en qué fijarse. Si el texto es muy difícil o muy largo, conviene ofrecer pistas visuales como imágenes, gráficos, etc., que además pueden servir para activar ideas antes de leer el texto, por ejemplo; y, a través de las imágenes o gráficos y el título, el alumnado puede intentar adivinar de qué trata el texto y así hacerse un mapa de vocabulario previo. Esta idea de la activación del vocabulario es fundamental, porque, para poder entender un texto, es necesario comprender como mínimo el 80 % del léxico (Hu y Nation, 2000). Por eso, hay metodologías que insisten en enseñar un idioma con las 1000, 3000 o 5000 palabras más frecuentes, porque con ellas se alcanza a comprender gran parte de los textos.

Las instrucciones deben ser claras y sencillas para que el objetivo de la actividad no quede confuso. Si existe la obligación o la necesidad de leer en clase, se pueden formar grupos cooperativos de lectura (así pueden ayudarse a destacar las ideas clave, discutir por qué lo son, practicar sus estrategias de comprensión, ayudarse para entender lo que no se ha comprendido, etc.). Asimismo, es importante tener en cuenta la pasión que levanta el tema, porque, si les resulta muy interesante, algunas dificultades pueden sortearse con más paciencia; por el contrario, si el tema es denso, tiene una sintaxis compleja y se percibe como aburrido, existen muchas posibilidades de que la actividad de lectura no tenga éxito. También es conveniente conocer el tipo de texto para poder anticipar la estructura: no se escribe igual un mensaje personal a alguien cercano que un correo a la persona responsable de Dirección de nuestro trabajo.

El formato, los colores o la tipografía son una forma de facilitar la lectura de un texto, ya que ayudan a marcar las partes o conceptos clave; de esta forma, se reduce la complejidad de la tarea. Esto puede darse preparado algunas veces o pedir que sean los propios alumnos quienes identifiquen la estructura. Es importante tener en cuenta un detalle en el diseño de las actividades: la tipografía. Esta, cuando imita la letra manuscrita o emplea la cursiva, puede dificultar enormemente la lectura a personas cuya L1 emplea otro alfabeto. Si utilizamos la técnica de la disponibilidad léxica de manera didáctica (Hidalgo Gallardo, 2019) (95), podemos comprobar en una clase previa qué vocabulario conocen sobre el tema de la lectura de la semana siguiente y, con ello, modificar el texto adecuadamente: simplificar lo que haga falta, no prestar atención al vocabulario que ya conocen y resaltar con colores o usos tipográficos palabras clave que desconozcan, para trabajar con ellas antes de hacer la comprensión lectora.

Con textos especialmente complejos o largos con los que, por alguna razón, se quiera trabajar ineludiblemente, las preguntas se pueden intercalar gráficamente en el texto. Este formato puede ser útil de cara a actividades dirigidas a desarrollar estrategias de lectura: aprender a fijarse en elementos del texto para hacer predicciones, emplear el contexto para deducir el significado de palabras que no se conocen, leer buscando el significado y no intentando entender palabra a palabra, etc. El tipo de respuesta requerida debe adaptarse a la dificultad y el nivel del alumnado; así, las actividades pueden ir desde poner otro título hasta resumir la idea clave de cada párrafo o el texto en general (lectura globalizada o *skimming*), pasando por parafrasear las ideas marcadas en negrita, responder preguntas de comprensión (de respuesta abierta, de verdadero o falso, de opción múltiple, etc.) (lectura intensiva), contestar sí o no, elegir una respuesta oral o escrita, replicar el texto, emparejar imágenes con cada párrafo, ordenar el texto, localizar algún dato concreto (lectura localizada o *scanning*), predecir un final o elaborar uno diferente, hacer una crítica del texto (lectura crítica), etc.

El tiempo disponible para la actividad debe tener en cuenta la dificultad y el tipo de respuesta que exigimos, pero también la velocidad lectora. Se entiende que un buen lector es aquel que lee con rapidez sin que eso repercuta negativamente en la comprensión. No obstante, es importante saber que cada persona tiene

COMPRENSIÓN DE LECTURA EN GENERAL	
C2	Comprende e interpreta de forma crítica prácticamente cualquier forma de lengua escrita, incluidos textos abstractos y de estructura compleja o textos literarios y no literarios con muchos coloquialismos. Comprende una amplia gama de textos largos y complejos, y aprecia distinciones sutiles de estilo y significado, tanto implícito como explícito.
C1	Comprende con todo detalle textos extensos y complejos, tanto si se relacionan con su especialidad como si no, siempre que pueda volver a leer las secciones difíciles.
B2	Lee con un alto grado de independencia, adaptando el estilo y la velocidad de lectura a distintos textos y finalidades y utilizando fuentes de referencia apropiadas de forma selectiva. Tiene un amplio vocabulario activo de lectura, pero puede tener alguna dificultad con modismos poco frecuentes.
B1	Lee textos sencillos sobre hechos concretos que tratan sobre temas relacionados con su especialidad con un nivel de comprensión satisfactorio.
A2	Comprende textos breves y sencillos sobre asuntos cotidianos si contienen vocabulario muy frecuente y cotidiano, o relacionado con el trabajo. Comprende textos breves y sencillos que contienen vocabulario muy frecuente, incluyendo una buena parte de términos de vocabulario compartidos a nivel internacional.
A1	Es capaz de comprender textos muy breves y sencillos, leyendo frase por frase, captando nombres, palabras y frases básicas y corrientes, y volviendo a leer cuando lo necesita.

un ritmo y que ser un lector lento no implica necesariamente nada malo. Según De Vega *et al.* (1999, p. 657), los lectores lentos hacen «pausas más inteligentes» y recuerdan mejor.

Es necesario sumar, a este aspecto, la edad de maduración de los aprendientes, ya que la memoria de trabajo es fundamental y se correlaciona con las tareas de amplitud lectora. Téllez Muñoz (2005) señala que los límites de la memoria operativa cambian con la edad. De hecho, para niños de entre 3 y 10 años el límite se mueve entre 3 y 6 dígitos, y con adultos con una media de edad de 22,5 años, se sitúa alrededor de 7,6 palabras. Este aspecto habría que tenerlo en cuenta a la hora de diseñar actividades de lectura de ELE para niños (76).

Esto también es fundamental para organizar adecuadamente los programas extensivos de lectura, que en algunos sistemas educativos incluso se plantean como asignaturas separadas. Son muy beneficiosas para el aprendizaje, pero la programación debe ser realista y motivante, movilizar todas las destrezas, entrenar bien las estrategias y elegir muy bien los textos, no solamente porque esta o aquella novela sea la más conocida de la literatura de ese país o porque sea el último superventas es bueno llevarla al aula. Si el estilo del autor/a es demasiado idiosincrásico, tal vez no merece la pena o, si muestra un español arcaico, ¿es realmente útil leerlo?

La extensión de los textos elegidos es imprescindible, como el hecho de que haya *crossovers* en series, películas, etc., que permitan trabajar aspectos multimodales en clase. Conviene recordar en este punto que muchas editoriales publican lecturas graduadas de clásicos adaptados y también obras directamente escritas para ser leídas por personas no nativas. Los cómics son muy socorridos también por el apoyo visual que aportan a la lectura.

¿Tratarías la literatura en el aula de ELE? ¿Por qué?

Además de los textos literarios, es posible enfrentarse a la comprensión de otros géneros discursivos como descripciones, narraciones, argumentaciones, ensayos, etc. Todos ellos tienen una estructura específica y características que deben conocerse. Si descendemos a un nivel concreto, las comprensiones lectoras pueden hacerse con noticias de prensa, anuncios institucionales o comerciales, revistas, cómics, catálogos, publicaciones en redes sociales, folletos, embalajes e instrucciones, cartas personales o correos electrónicos, notas y mensajes, tiques o billetes, facturas, hojas de reclamación, etc. Es decir, cualquier texto escrito ante el que nos podamos enfrentar en la vida.

✱ Ideas clave:

La lectura es una destreza fundamental que debe practicarse en el aula, salvo que el grupo esté compuesto de personas iletradas, por lo que primero deberá decidirse si la alfabetización es un objetivo primordial. En general, conviene hacer un buen análisis de los intereses de los alumnos y de textos a los que están más frecuentemente expuestos y que más les pueden gustan. Esto repercutirá en mayor interés y dedicación en las tareas.

ELEteca **33.** ¿Qué es la comprensión lectora?

034 ¿Qué es la expresión e interacción oral?

Rompiendo el hielo: ¿Qué es lo más difícil de hablar en una lengua extranjera?

INTERACCIÓN ORAL EN GENERAL	
C2	Posee un buen dominio de expresiones idiomáticas y coloquiales y es consciente de los niveles connotativos del significado. Transmite con precisión sutiles matices de significado utilizando, con razonable precisión, una amplia serie de procedimientos de modificación. Sabe sortear las dificultades con tanta discreción que el interlocutor apenas se da cuenta de ello.
C1	Se expresa con fluidez y espontaneidad, casi sin esfuerzo. Domina un amplio repertorio léxico que le permite suplir sus deficiencias fácilmente con circunloquios. Apenas hay una búsqueda evidente de expresiones o estrategias de evitación: solo un tema conceptualmente difícil puede obstaculizar un discurso fluido y natural.
B2	Habla con fluidez, precisión y eficacia sobre una amplia serie de temas generales, académicos, profesionales o de ocio marcando con claridad la relación entre las ideas. Se comunica espontáneamente y posee un buen control gramatical sin dar muchas muestras de tener que restringir lo que dice y adoptando un nivel de formalidad adecuado a las circunstancias. --- Participa en conversaciones con un grado de fluidez y espontaneidad que posibilita la interacción habitual con hablantes nativos sin suponer tensión para ninguna de las partes. Resalta la importancia personal de ciertos hechos y experiencias, expresa y defiende puntos de vista con claridad proporcionando explicaciones y argumentos adecuados.
B1	Se comunica con cierta seguridad tanto en asuntos que son habituales como en los poco habituales, relacionados con sus intereses personales y su especialidad. Intercambia, comprueba y confirma información, se enfrenta a situaciones menos corrientes y explica el motivo de un problema. Es capaz de expresarse sobre temas más abstractos y culturales como pueden ser películas, libros, música, etc. --- Es capaz de sacarle bastante partido a un repertorio lingüístico sencillo para enfrentarse a la mayoría de las situaciones que pueden surgir cuando se viaja. Participa sin preparación previa en conversaciones que traten temas cotidianos, expresa opiniones personales e intercambia información sobre temas habituales de interés personal o pertinentes en la vida diaria (por ejemplo, familia, aficiones, trabajo, viajes y hechos de actualidad).
A2	Participa en conversaciones con razonable comodidad en situaciones estructuradas y en conversaciones breves siempre que la otra persona le ayude si es necesario. Se desenvuelve en intercambios sencillos y habituales sin mucho esfuerzo; plantea y contesta preguntas e intercambia ideas e información sobre temas cotidianos en situaciones predecibles de la vida diaria. --- Se comunica en tareas sencillas y habituales que requieren un intercambio sencillo y directo de información y que traten asuntos cotidianos relativos al trabajo y al tiempo libre. Se desenvuelve en intercambios sociales muy breves pero casi nunca comprende lo suficiente como para mantener una conversación por su cuenta.
A1	Participa en conversaciones de forma sencilla, pero la comunicación depende totalmente de que haya repeticiones a ritmo más lento, reformulaciones y rectificaciones. Sabe plantear y contestar preguntas sencillas, realizar afirmaciones sencillas y responder a las afirmaciones que se le hacen en áreas de necesidad inmediata o sobre temas muy cotidianos.

La expresión oral es la destreza lingüística (31) que se refiere a la producción del discurso hablado. Esta se materializa en actividades como conversaciones, transacciones públicas, discusiones, debates, entrevistas, negociaciones, trabajos cooperativos, discursos, monólogos cómicos o teatrales, lecturas en voz alta, etc. Como se puede observar, aunque tradicionalmente la expresión oral se entendía como algo individual, lo cierto es que la comprensión y la interacción son parte fundamental de esta destreza, por lo que en la actualidad se emplea la etiqueta *expresión e interacción oral.* Si bien es cierto que la capacidad de producir discursos orales estuvo invisibilizada en épocas pasadas (53), en la actualidad el aprendizaje de idiomas se orienta, en general, a un uso activo oral y no solo a la lectura de textos literarios.

Esta destreza, que se ha convertido en esencial, se percibe en ocasiones como la más difícil, porque implica una exposición pública inmediata que no da pie a la planificación y a la revisión, y crea muchas inseguridades. Además, socialmente no hablar con fluidez (37) o tener un acento marcado coartan la producción oral de muchas personas con poca seguridad en sí mismas o con una baja autoestima (73).

Desde el punto de vista lingüístico, aspectos como la pronunciación (93) o la adecuación (40) son fundamentales. El alcance es importante, por supuesto, pero en una interacción oral no solo hay que emitir un mensaje comprensible, sino que, además, se debe transmitir la intención del hablante claramente. La interpretación pragmática (98) depende de las palabras elegidas, pero también del tono e, incluso, la calidad de la voz: si alguien quiere pedir perdón o declarar su amor, emplea unos patrones melódicos que no se corresponden con los utilizados cuando queremos mostrar enfado o rechazo. La fluidez (37) se refiere a la velocidad, la ausencia de pausas e interrupciones y el buen tono y ritmo con el que se produce el mensaje. Aunque una persona produzca un mensaje muy correcto gramaticalmente, si lo hace despacio, la percepción subjetiva es que el dominio lingüístico es menor.

Desde el punto de vista cultural, es importante comprender que cada lengua y cultura conceptualizan la realidad a través del idioma y que eso se refleja en el registro del discurso (qué tipo de palabras podemos decir en qué contexto, cuándo y a quién podemos interrumpir, etc.), en aspectos gramaticales (como el uso del tú o el usted) o incluso en el tema del que se va a hablar.

Por todo ello es fundamental ofrecer ejemplos claros de modelaje, hacer enseñanza explícita de la consciencia intercultural y desarrollar estrategias. Para poder andamiar una tarea oral, es importante ofrecer las estructuras más frecuentes que pueden ser útiles; generar las ideas de modo cooperativo; presentarles temas para que elijan; plantearles preguntas; describir imágenes para activar el vocabulario; pensar en qué situación se diría un mensaje dado, quién sería el emisor y cuáles podrían ser sus intenciones; dar pequeñas tarjetas con instrucciones o pistas; preparar tarjetas extra para que, si durante la producción se quedan sin ideas, puedan repartirlas con nuevos temas o preguntas; pedirles que saquen conclusiones parciales y que las vayan anotando; planificar estrategias para saber qué hacer si se quedan bloqueados o sin palabras (estrategias de compensación), etc.

Este andamiaje (30) es especialmente relevante en la interacción, porque suele haber menos oportunidad de planificación. En este sentido, es un proceso completamente diferente al que ocurre cuando damos un discurso o mandamos una nota de voz; en el caso de la interacción, no hay posibilidad de réplica y la inseguridad sobre lo que va a venir después es mayor.

Las estrategias (84) son fundamentales para enfrentarse a una producción e interacción orales y el docente debe enseñárselas al alumnado para que gane fluidez y seguridad a la hora de realizar las actividades. La estrategia de evitación implica no emplear una estructura difícil o sobre la que se tienen dudas (si no se domina o no se sabe, es preferible no usarla, no porque la corrección sea lo más importante, sino porque se corre el riesgo de no ser entendido); la estrategia de reducción trata de decir lo que se quiere transmitir en los mínimos enunciados posibles para evitar perder el control y no ser capaz de comunicarse; las estrategias de compensación pasan por usar una palabra o una expresión de la L1 o de otra lengua (el inglés, por ejemplo), parafrasear la idea, inventarse una palabra o usar el lenguaje corporal; las estrategias afectivas sirven para controlar los nervios y la vergüenza, y, por último, las estrategias metacognitivas ayudan en la planificación y el control de la emisión.

La dificultad de una actividad de producción e interacción oral puede ser intrínseca, como hemos comentado, pero también puede devenir de la cantidad de tiempo asignada para poder realizarla o del tipo de respuesta que esperamos. Si provocamos una charla sin más, probablemente la sensación sea más relajada, pero hay que procurar que eso ocurra de manera natural; no obstante, en una clase con muchos estudiantes, puede ser complicado lograrlo. Las tareas colaborativas dan más margen para producir de una manera más libre, es decir, al ayudarse generan *output*, aunque no estén centrados en producir una estructura dada o usar un vocabulario determinado.

Cuando se pretende que la producción oral sea el objeto central, hay que seleccionar bien la respuesta que se busca: asentir o rechazar, reconocer ideas o describir pasajes de un vídeo, contestar una pregunta o hacer una entrevista, etc., porque cuanto más compleja sea

EXPRESIÓN ORAL EN GENERAL	
C2	Produce discursos claros, fluidos y bien estructurados cuya estructura lógica resulta eficaz y ayuda al oyente a fijarse en elementos significativos y a recordarlos.
C1	Realiza descripciones y presentaciones claras y detalladas sobre temas complejos, integrando otros temas, desarrollando ideas concretas y terminando con una conclusión adecuada.
B2	Realiza descripciones y presentaciones claras y sistemáticamente desarrolladas, resaltando adecuadamente los aspectos significativos y los detalles relevantes que sirvan de apoyo. Realiza descripciones y presentaciones claras y detalladas sobre una amplia serie de asuntos relacionados con su especialidad, ampliando y defendiendo sus ideas con aspectos complementarios y ejemplos relevantes.
B1	Puede llevar a cabo con razonable fluidez una descripción sencilla de una variedad de temas que sean de su interés, presentándolos como una secuencia lineal de elementos.
A2	Sabe hacer una descripción o presentación sencilla de personas, condiciones de vida o trabajo, actividades diarias, cosas que le gustan o no le gustan, en una breve lista de frases y oraciones sencillas.
A1	Puede expresarse con frases sencillas y aisladas relativas a personas y lugares.

la actividad, más tiempo, más recursos auxiliares y más andamiaje necesitarán.

En el aula se pueden solicitar los siguientes tipos de actividades: realizar presentaciones orales sobre un tema; presentarse a uno mismo, su entorno y sus gustos; dar un discurso; leer en voz alta; comentar un tema con compañeros y discutirlo hasta llegar a un acuerdo; debatir y dar opiniones; hacer pequeñas actividades de tipo teatral donde se reproduzcan situaciones *(role-play)* como pedir información, ir a un restaurante, comprar un billete, pelearse o romper con una pareja; hacer un comentario sobre una película, evento deportivo, noticia, serie o espectáculo; leer poemas, o cantar.

> ¿Qué tipo de actividad de producción e interacción oral te parece más difícil y cómo crees que podrías ayudar al alumnado en su realización?

✱ Ideas clave:

Hoy la expresión e interacción orales son destrezas muy valoradas y el nivel de competencia de los hablantes se juzga socialmente por rasgos como la fluidez y la pronunciación, y no solo por la corrección gramatical. Practicar estrategias en el aula ayuda a los aprendices a desenvolverse con más seguridad y confianza.

ELEteca **34.** ¿Qué es la expresión e interacción oral?

035 ¿Qué es la expresión e interacción escrita?

Rompiendo el hielo: ¿Qué tipo de textos escribes diariamente?

La expresión escrita es la destreza lingüística (31) que se refiere a la producción de la lengua por escrito. Del mismo modo que para la interacción oral, actualmente la interacción escrita también se valora como un tipo más de actividad que realizamos al hablar un idioma y que posee sus propias características. Esta interacción escrita puede darse, por ejemplo, al enviar mensajes instantáneos (WhatsApp, WeChat, Messenger, etc.). Estos permiten menos planificación que la redacción de un correo, ya que este puede releerse y corregirse. Esta particularidad puede crear cierta inseguridad, aunque los programas de apoyo informático, los autocorrectores y los teclados predictivos pueden servir de ayuda.

La dificultad de producir un texto escrito puede devenir de la falta de familiaridad con el tema y el vocabulario, o con el formato que se pide (¿qué partes tiene que tener un correo electrónico para solicitar la devolución de dinero?), del tiempo disponible (recordemos que la diferencia de sistemas de escritura puede ralentizar el proceso y frustrar a parte del alumnado, especialmente en grupos multilingües, si el tiempo es muy limitado) o del desconocimiento de las reglas de organización de contenidos en función del género discursivo (99).

Las etapas de la expresión escrita que no implican inmediatez permiten planificar el mensaje, por lo que conviene practicar las estrate-

INTERACCIÓN ESCRITA EN GENERAL	
C2	Como C1.
C1	Se expresa con claridad y precisión, y se relaciona con el destinatario con flexibilidad y eficacia.
B2	Expresa noticias y puntos de vista con eficacia cuando escribe y establece una relación con los puntos de vista de otras personas.
B1	Transmite información e ideas sobre temas tanto abstractos como concretos, comprueba información y pregunta sobre problemas o los explica con razonable precisión. Escribe cartas y notas personales en las que pide o transmite información sencilla de carácter inmediato, haciendo ver los aspectos que cree importantes.
A2	Escribe notas breves y sencillas sobre temas relativos a áreas de necesidad inmediata.
A1	Sabe cómo solicitar y ofrecer información sobre detalles personales por escrito.

gias para redactar un texto adecuado. Desde el punto de vista lingüístico, es importante desarrollar un buen dominio de las técnicas retóricas, de la selección de vocabulario, de las estrategias pragmáticas y del análisis del tipo de texto –formal o informal– que se va a escribir. Todos estos rasgos determinarán cómo se escribe un texto de manera exitosa.

Conviene matizar, en este punto, que tradicionalmente el registro oral se había caracterizado como completamente diferente del escrito, pero las comunicaciones actuales desmontan esa separación, ya que, por ejemplo, la ciberhabla –el estilo usado en interacciones digitales– presenta características muy particulares. De hecho, en redes sociales y aplicaciones de mensajería instantánea se percibe una clara oralización del discurso. Así, se requiere un entrenamiento concreto para emplear los códigos y las expresiones propias; dominar los emojis, que permiten reflejar la pragmática (98); y usar los memes como elementos culturales. Por lo tanto, es fundamental tener clara la tipología del texto que se debe escribir para lograr una comunicación con éxito.

La estructura de los textos es cultural y la percepción sobre si algo está bien escrito depende no solo de escribir correctamente, sino de cumplir el objetivo de comunicación (40) o redactar un texto coherente y cohesionado (38). De hecho, en la expresión escrita el uso de conectores, pronombres, recursos anafóricos, etc., para elaborar un texto comprensible y bien hilado es esencial. En un registro formal, otra de las características que se señalan de un escrito bien redactado es la riqueza léxica, es decir, que haya pocas repeticiones de palabras.

EXPRESIÓN ESCRITA EN GENERAL	
C2	Escribe textos complejos con claridad y fluidez y con un estilo apropiado y eficaz y una estructura lógica que ayuda al lector a encontrar las ideas significativas.
C1	Escribe textos claros y bien estructurados sobre temas complejos resaltando las ideas principales, ampliando con cierta extensión y defendiendo sus puntos de vista con ideas complementarias, motivos y ejemplos adecuados, y terminando con una conclusión apropiada.
B2	Escribe textos claros y detallados sobre una variedad de temas relacionados con su especialidad, sintetizando y evaluando información y argumentos procedentes de varias fuentes.
B1	Escribe textos sencillos y cohesionados sobre una serie de temas cotidianos dentro de su campo de interés enlazando una serie de distintos elementos breves en una secuencia lineal.
A2	Escribe una serie de frases y oraciones sencillas enlazadas con conectores sencillos tales como «y», «pero» y «porque».
A1	Escribe frases y oraciones sencillas y aisladas.

¿Qué rasgos especiales tiene tu forma de escribir en redes sociales?

El andamiaje (30) debe proporcionarse durante todas las etapas de escritura. En la fase de planificación, el abanico de opciones es muy amplio: movilizar y traer a la cabeza los conocimientos sobre el tema, así como el vocabulario relacionado; identificar en qué contexto se escribe el texto y para quién; determinar cuál es el propósito del texto para decidir qué estrategias retóricas y qué género discursivo se van a emplear; listar las ideas que se quieren transmitir y organizarlas de manera lógica y de acuerdo a la reacción que se quiera provocar en el interlocutor; buscar datos o citas para apoyar las afirmaciones o argumentos y redactar un borrador que se puede revisar y corregir. Todos estos recursos se pueden aplicar, en cierta medida, a la producción mediada por ordenador u otros dispositivos.

Los tipos de textos que se pueden llevar a cabo para practicar la expresión e interacción escrita son muy variados: formularios, cuestionarios, artículos, carteles o avisos, instrucciones, informes, ensayos, notas, textos literarios o artísticos, cartas, letras de canciones, mensajes en redes sociales, críticas o reseñas en páginas web, mensajes de chat o de WhatsApp, agendas o diarios personales, etc.; asimismo, se puede revisar y corregir textos escritos por otras personas, copiar un dictado, hacer esquemas, describir lo que se ve, transformar ejemplos en otros textos, etc.

La integración de las destrezas (31) es fundamental, porque la expresión escrita suele ser la gran olvidada en clase. Esto se debe a que suele identificarse con textos muy largos, pero a raíz de vídeos, películas o comprensiones auditivas se pueden escribir respuestas, reseñas de opinión, tuits, etc. La escritura creativa, de toque artístico o literario, sí necesita más tiempo de elaboración y, por ello, suele reservarse como deberes para casa o requerir otro tipo de planificación. La popularización de los asistentes de escritura y los traductores automáticos debe hacernos replantear cuándo se les piden tareas de expresión escrita a los estudiantes y cómo deben ser estas actividades.

✳ Ideas clave:

La expresión escrita es una de las destrezas lingüísticas que se puede trabajar en clase si el grupo está alfabetizado. El formato de la tarea puede implicar diferentes grados de dificultad, ya que la producción no siempre se puede planificar, sobre todo si se tiene en cuenta la interacción instantánea.

ELEteca **35.** ¿Qué es la expresión e interacción escrita?

036 ¿Qué es la mediación lingüística?

Rompiendo el hielo: ¿Qué hacemos cuando vemos a alguien que no habla español pidiendo información a una persona que no habla su idioma y nosotros sí?

La mediación lingüística es la acción de asegurar la comunicación entre dos o más personas que no logran entenderse sin ayuda, normalmente porque hablan lenguas diferentes. Esta competencia lingüística ha tenido una aceptación diversa en los distintos métodos de enseñanza de idiomas, pero no es menos cierto que muchas personas estudian una lengua para ser traductoras o intérpretes, es decir, mediadoras lingüísticas en negocios, atención médica, etc. Es más, esta actividad también es frecuente en los intercambios comerciales, diplomáticos, académicos, turísticos, migratorios, etc., que exigen de la sociedad en general un mayor dominio de esta competencia. En concreto, algunos autores, como señala Sánchez Cuadrado (2015), proponen diferenciar entre la enseñanza mediante la traducción con fines profesionalizadores, es decir, destinada a formar traductores e intérpretes, y su uso sin un objetivo laboral, la traducción pedagógica. Sea como fuere, la mediación lingüística ha recobrado su importancia y ha sido en 2018 cuando la Comisión Europea ha publicado una ampliación del *MCER* (24) donde se aborda con profundidad y se ofrecen descriptores concretos para ella.

> ¿En qué consiste la mediación lingüística como profesión? ¿Y la mediación cultural?

La mediación se concreta en actos comunicativos orales (interpretación) y escritos (traducción). Esta necesidad puede surgir en congresos o reuniones, donde se ofrece una interpretación simultánea –mediante auriculares u otros dispositivos– o consecutiva –cuando se traduce durante las pausas que hace el hablante–, así como en visitas con guías turísticos o incluso de manera informal y casual con hablantes nativos o extranjeros que, en una situación determinada, necesitan ayuda para expresarse. Las actividades de mediación escrita, esto es, de traducción, pueden tener un cariz exacto y necesariamente estricto, como en contratos o textos legales, o pueden permitirse equivalencias y otras licencias para lograr los mismos efectos, como en la traducción literaria o en los resúmenes de noticias que se acaban de escuchar. En la mediación, también puede darse que una persona especializada parafrasee un texto para hacerlo más accesible o que lo apostille para hacer aclaraciones, por ejemplo.

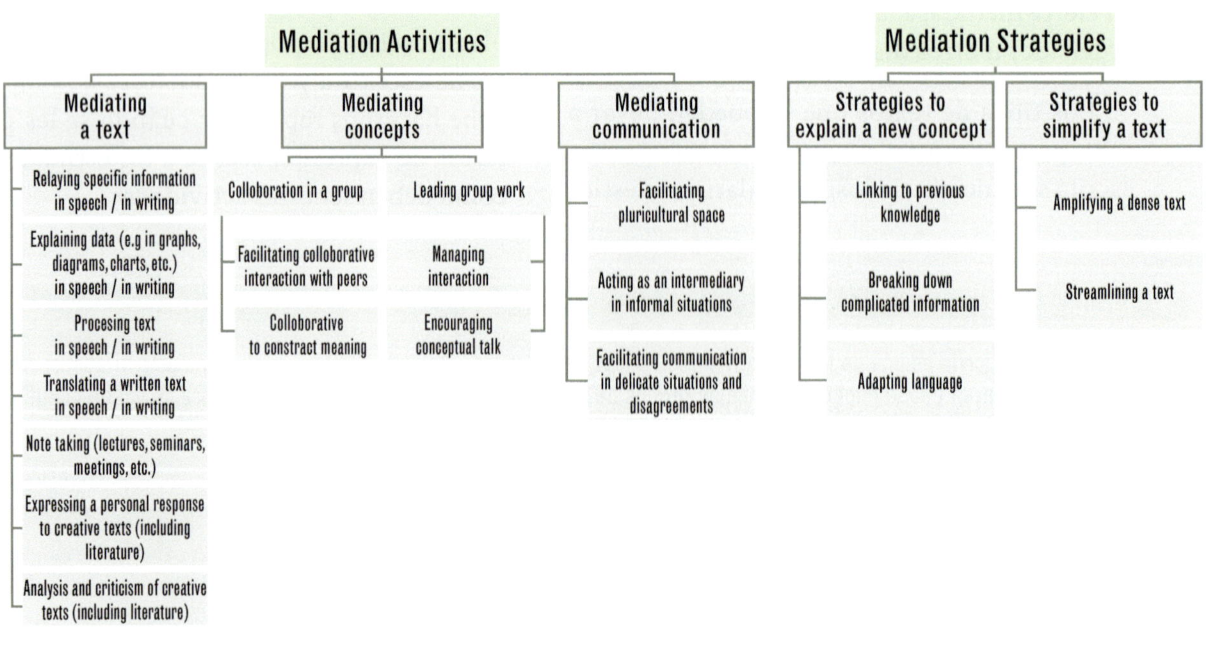

Todas estas tareas pueden darse de manera natural en los intercambios lingüísticos y, sin embargo, en las clases comunicativas no suelen tener un hueco para su práctica didáctica. Por ello, es conveniente lograr, en el diseño de las actividades, una intervención activa de agentes de fuera del aula, como amistades o familiares, a los que se tengan que hacer, por ejemplo, encuestas o entrevistas, de modo que luego el alumnado tenga que resumir la información para presentarla en clase de manera oral o escrita.

Este tipo de acto comunicativo requiere unas microhabilidades especiales que se deben entrenar. Estas pueden ser propias del canal oral (resumir, parafrasear, apostillar, intermediar, interpretar o negociar) o del escrito (sintetizar, parafrasear, citar, traducir, apostillar, adecuar) (Trovato, 2013). Estas microhabilidades se acompañan de estrategias diferentes en función del momento del desarrollo de la actividad de mediación. Es importante preparar, cuando sea posible, los conocimientos previos que se tienen sobre el tema; así, se puede hacer un mapa de vocabulario para, por ejemplo, interpretar a una persona enferma a la que se va a acompañar al hospital. Si se tiene tiempo, también se puede localizar un diccionario bilingüe de términos médicos y considerar qué necesidades concretas puede tener el interlocutor.

Durante el proceso de interpretación, paráfrasis o traducción, la persona que media la conversación debe tener en mente lo que se acaba de decir y lo que probablemente vendrá después para hilar un discurso coherente. En el caso de la interpretación médica, es conveniente que se tomen notas para asegurarse de que el síntoma o afección física que acaba de referir es exactamente lo que ha manifestado la persona enferma. Asimismo, convendría familiarizarse con estructuras frecuentes, lo que se logra con la formación y la experiencia. Además, hay que dejar espacio para comprobar si esa coherencia y congruencia se ha logrado, es decir, evaluar el éxito de la mediación incluso con interacciones de comprobación directa, como un resumen, antes de traducir el mensaje. En la traducción escrita la asincronía permite con más facilidad la revisión y corrección del texto, así como la consulta de otras fuentes y personas expertas.

Los descriptores de la mediación abarcan desde el nivel A1 al C2, al igual que con el resto de las competencias. De manera general, en A1 se valora la capacidad de usar palabras simples o señales no verbales para mostrar la idea o el significado, y se pueden llevar a cabo breves interacciones de señales o noticias. En un nivel A2 un hablante puede usar palabras simples para pedirle a alguien que le explique algo y comunicar la información importante de una conversación simple o de un texto sobre temas de la vida diaria siempre que sean expresados en un lenguaje claro. En una interacción puede contribuir en la conversación si los interlocutores hablan despacio o si le ayudan. Puede, además, comunicar información concreta, familiar, en un lenguaje sencillo.

En un nivel B1, el hablante puede colaborar para preguntar y responder, formular y comentar sugerencias preguntando si otras personas están de acuerdo y proponiendo alternativas. Puede, también, comunicar la idea principal de textos largos si están escritos en un lenguaje claro y si tratan sobre temas familiares o de su interés. Asimismo, puede presentar gente de diversos contextos siendo consciente de las diferencias de percepción sobre la realidad y puede, también, comunicar información de manera clara y bien estructurada acerca de temas que conoce. La dificultad va en aumento y en B2 se requiere ser capaz de gestionar discusiones y temas delicados haciendo que todo el mundo se exprese y ayudándoles a construir sus ideas con sugerencias y retroalimentaciones. Asimismo, entre otras capacidades, puede comunicarse de manera efectiva, dar información detallada y argumentar un texto de manera bien estructurada en temas de interés, profesionales o personales.

En un nivel C1 se espera que el hablante sea capaz de manejar una interacción de manera positiva interpretando la información, manejando la ambigüedad, anticipando malentendidos y contribuyendo a gestionar la conversación de manera diplomática. Puede, además, comunicarse en textos largos de manera efectiva sea cual sea el tema. Finalmente, en el nivel C2, se espera que el aprendiz incluso sea capaz de percibir las implicaciones socioculturales, como los cambios de registro, la ironía o el sarcasmo, y entender sus implicaciones pragmáticas, entre otras habilidades. Como siempre, estos descriptores incluyen un apartado más concreto en función de la actividad específica, como la capacidad de tomar notas o de traducir un texto escrito a un discurso oral.

Más concretamente, también se describe la mediación comunicativa como acto social en el que, por ejemplo, en un nivel C2, se puede mantener la conversación teniendo en cuenta la comunidad propia y las ajenas, así como las diferencias socioculturales y sociolingüísticas. También, en situaciones informales, este hablante puede comunicar de manera clara en la lengua B lo dicho en la lengua A incluyendo los matices de significado, las implicaciones socioculturales y el estilo y el registro dados.

En suma, la mediación lingüística es una actividad comunicativa más que se produce con frecuencia durante los actos comunicativos. Esta requiere el dominio de unas estrategias específicas de preparación, desarrollo y evaluación del producto para ser eficaz en la transmisión de la información entre formatos o idiomas. Las actividades de mediación lingüística en registros informales quizá sí tengan un hueco especial en algunos manuales y clases, pero ni de lejos figuran todas las tipologías que se han descrito. Por ello, en la medida de las posibilidades y teniendo en cuenta el currículum y las necesidades del alumnado, convendría integrar algunas actividades que estuvieran orientadas a desarrollar esta competencia. En el caso de cursos específicos de español de los negocios o español de la medicina, por ejemplo, estas tareas y estos conocimientos son, si cabe, todavía más cruciales.

✳ Ideas clave:

Entre el tipo de actividades que se realizan mediante el uso de la lengua también se contempla la mediación. Esta competencia, que ha quedado relegada en muchos modelos de enseñanza, debe incorporarse a las clases en función de las necesidades del alumnado.

ELEteca **36.** ¿Qué es la mediación lingüística?

037 ¿Qué es la fluidez?

Rompiendo el hielo: ¿A qué nos referimos cuando decimos que alguien habla fluidamente un idioma?

La fluidez, como elemento de la expresión oral, guarda relación con las propiedades prosódicas de la lengua: pausas, timbre, velocidad de habla, ritmo y entonación. Estos rasgos son suprasegmentales, es decir, están por encima de los sonidos y de las sílabas. Ortega (2001), además, explica que las repeticiones, las correcciones, las interrupciones o los abandonos de los enunciados que se están emitiendo también influyen en la percepción de la fluidez.

La entonación en español es importante, pero no es una lengua tonal, es decir, el tono no marca diferencia de significado (*pera/pero* sería un ejemplo en español de par mínimo determinado por las vocales; *ma*, en chino, puede significar *madre, caballo, regañar*, etc., según el tono, así que este es el que marca la diferencia entre palabras). Es habitual que los estudiantes usen patrones entonativos propios de la L1, lo que hace que un nativo adivine rápidamente el origen del hablante; por ejemplo, a veces esto sucede cuando italianos o franceses hablan español. La entonación en español diferencia enunciados interrogativos, exclamativos o afirmativos y cuando un estudiante no percibe esa diferencia y no es capaz de reproducirla, puede tener problemas de comprensión.

El timbre es importante, aunque quizá menos que en otros idiomas como el inglés, pero sirve para marcar segmentos importantes y, a veces, da información social sobre el hablante (origen, género, etc.). Por ejemplo, al escuchar una voz podemos tener dudas sobre el género de la persona en función del timbre de la voz y su calidad. Esta información puede ser importante porque el español es una lengua de género gramatical y hay que elegir la concordancia adecuada al dirigirse a otra persona, aunque es posible enseñar que, ante la duda, se empleen fórmulas sin género (*buenos días* en lugar de *estimada/e/o*).

La velocidad de producción se aprecia mucho socialmente, en muchas ocasiones más que la corrección gramatical, porque se identifica con un alto grado de dominio. Esta se puede desarrollar con estrategias como, por ejemplo, el entrenamiento de la percepción sobre el resilabeo (*La-Ha-ba-na* > *La-ba-na*). El ritmo sirve, además, para agrupar los sonidos en bloques y ayuda a marcar la entonación y las pausas esperables, como la pausa entre oraciones o sintagmas, pero no entre palabras del mismo sintagma. En otras palabras, si al hablar hacemos una pausa mientras decimos *en / otras / palabras / esto / significa...* (entendiendo que /

representa una pausa), se está pronunciando un enunciado casi telegráfico que rompe el ritmo. Lo esperable sería algo como *en otras palabras / esto significa...* Sobre esta capacidad de hacer pausas y producir en bloques es fundamental también el trabajo de los bloques léxicos (59), dado que si se practican expresiones o giros frecuentes como *lo que quería decir es que..., bueno, tú ya me entiendes*, etc., la sensación de fluidez se incrementa.

Las pausas (inesperadas), vacilaciones e interrupciones que dejan el mensaje en suspenso rompen la continuidad del discurso y hacen que el interlocutor tenga que esforzarse para entenderlo. Asimismo, si se producen reformulaciones, también hay que prestar doble atención, así que la percepción del interlocutor es que hay poca fluidez y, por lo tanto, poco dominio del idioma. Estas situaciones pueden estar desencadenadas por el contexto o los sentimientos del hablante (los nervios al declararse o al hacer un examen); justamente por esto se deben desarrollar las estrategias (84) de control afectivo.

La fluidez se mide, en los exámenes de certificación como los DELE (47), de forma subjetiva mediante escalas como las siguientes en función del nivel. En este caso, cuando la persona examinadora califica al candidato por debajo del 2, se considera que no alcanza la fluidez propia del nivel.

> ¿Qué muletillas sueles emplear para ganar tiempo?

Por supuesto, también es posible medir la fluidez de manera objetiva, teniendo en cuenta la cantidad de palabras o sílabas producidas durante un minuto. También se puede medir la longitud de las pausas no naturales y anotar si estas son vacías (no se dice nada) o se rellenan de algún modo (muletillas, interjecciones, expresiones, etc.).

DELE B2. EXPRESIÓN E INTERACCIÓN ORALES. ESCALA ANALÍTICA

Fluidez	
3	Se comunica espontáneamente, a menudo mostrando una fluidez y una capacidad de expresión notables, incluso en períodos más largos y complejos. Utiliza circunloquios y paráfrasis para suplir carencias de vocabulario y estructura. Su pronunciación es claramente inteligible, aunque puede que su acento extranjero resulte evidente, y utiliza variaciones de entonación para expresar matices de significado o su actitud hacia lo que dice.
2	Su discurso tiene un ritmo bastante uniforme, aunque puede dudar mientras busca estructuras o expresiones. Se observan pocas pausas largas. Su pronunciación es claramente inteligible, pero puede que su acento extranjero resulte evidente y que cometa errores esporádicos
1	Habla de forma continuada y comprensible, aunque son evidentes las pausas para planificar su discurso y pensar en la gramática y el léxico adecuados. Su pronunciación es claramente inteligible, pero puede que su acento extranjero resulte evidente y que cometa errores esporádicos.
0	Se hace entender con expresiones muy breves, y resultan evidentes las pausas, las dudas iniciales y la reformulación. Su pronunciación y articulación son generalmente bastante claras e inteligibles, aunque su acento y sus errores ocasionales pueden provocar que la comprensión requiera cierto esfuerzo.

En suma, la fluidez es un rasgo de la producción oral que se refiere a la cantidad de palabras que se emiten en un período de tiempo, a la velocidad con la que se hace y al número de pausas que se producen. Los estudios de investigación indican que el nivel de fluidez aumenta después de realizar estancias en el extranjero, probablemente debido a la adquisición de nuevas expresiones y de mayor soltura para comunicarse gracias a la práctica constante (el aprendiz siente menos vergüenza e inhibición porque percibe que tiene una mayor competencia).

✱ Ideas clave:

La fluidez es un rasgo que se asocia a un mayor grado de competencia del idioma. En las aulas se debe desarrollar la conciencia sobre ella y poner en práctica estrategias para mejorarla. Principalmente, estas últimas se vinculan con la pronunciación y el vocabulario.

ELEteca **37.** ¿Qué es la fluidez?

038 ¿Qué son la coherencia y la cohesión?

Rompiendo el hielo: ¿Alguna vez has leído un texto o escuchado un discurso que te ha parecido desorganizado?

Cuando producimos un mensaje, este puede consistir en una palabra aislada, una frase o un texto completo, ya sea oral o escrito. Esta unidad, el texto, comienza a estudiarse en lingüística cuando se acota el concepto de discurso, es decir, no solo se analiza la gramática, la fonética o la semántica, sino que también se reflexiona sobre las propiedades que emanan de los textos en su conjunto.

Uno de los principales rasgos de los textos, que además se percibe rápidamente, es la organización de las ideas. Cuando estas no siguen un orden lógico, hay que leer otra vez hasta entender. En el caso de un discurso oral, eso implica volver a escuchar el mensaje (si es posible) o pedir aclaraciones. Cuando el orden de un texto ayuda a transmitir la información de forma organizada, decimos que tiene coherencia.

Además, un texto puede estar bien trabado, es decir, puede presentar las ideas debidamente interconectadas. En el plano lingüístico, esto se percibe en la riqueza léxica y en el uso de sinónimos, mecanismos de referencia (anáforas, pronombres) y conectores (*en consecuencia*, *aunque*, *por lo tanto*, etc.), que facilitan la organización y la comprensión de la información. Cuando un texto está bien enlazado, decimos que está cohesionado.

Estas características se alcanzan cuando se cumplen una serie de reglas que son propias de cada lengua y de cada cultura, pues en cada tipo de texto (99) se requieren diferentes formas de expresarse. Por poner un ejemplo, abordar temas económicos en la cultura española es algo difícil que implica dar muchas vueltas y hacer muchas reformulaciones; esta forma de construir el discurso puede poner nerviosa a una persona de otra cultura en la que este tema no sea tabú y cuyo esquema de comunicación sea más directo. Esa persona no entenderá por qué se dan tantas vueltas para plantear una pregunta tan «sencilla».

Emergen, pues, dos temas fundamentales: la tipología textual y la pragmática intercultural. La tipología textual es una forma de listar los diferentes tipos de textos orales y escritos que el ser humano produce para comunicarse. Esta lista podría ser infinita, pero, en general, los textos se clasifican en monológicos/dialógicos, narrativos, descriptivos, argumentativos, explicativos, instructivos o poéticos, o, al menos, estas son las funciones (89) que predominan o que se perciben en su conjunto (Lucha Cuadros y Díaz Rodríguez, 2017).

Cada uno de estos tipos tienen diferentes intenciones comunicativas que movilizan

recursos diversos: no escribirnos igual un anuncio de publicidad, que pretende ser persuasivo, que un contrato de alquiler, que debe ser formal y descriptivo. Estas intenciones también pueden tener una distribución diferente en función de la cultura, así que es importante transmitir cuál es la estructura adecuada para cada una de ellas, desde los elementos más concretos, como la escritura del encabezado de un correo o el cambio del foco mediante la sintaxis (97) (por ejemplo, los titulares de prensa se escriben de diversas maneras en función de los detalles sobre los que se quiera llamar la atención del lector), hasta los más generales, como la redacción de un primer párrafo, retóricamente hablando, cuando queremos captar la atención.

Aprender, pues, a componer un texto coherente y cohesionado, tanto en la L1 como en la L2, es algo que debe practicarse y, por ello, es un tema que debe enseñarse en el aula desde el nivel inicial. Esto puede llevarse a cabo mediante ejemplos de textos integrados dentro de la secuencia didáctica (27) sobre los que se tenga que buscar el tema principal, las ideas generales, las ideas de cada párrafo, etc., y solicitar una reflexión explícita: *¿Se entiende el mensaje del texto? ¿Qué quería transmitir el autor o la autora? ¿Lo consigue?*, etc. Estos ejercicios aumentarán la conciencia lingüística (92) del alumnado, quien también puede participar contando sus experiencias sobre actos de comunicación fallida por no haber sabido elaborar correctamente sus discursos.

DELE B2. EXPRESIÓN E INTERACCIÓN ORALES. ESCALA ANALÍTICA

Coherencia	
3	Muestra un discurso coherente y cohesionado, con un uso apropiado y variado de estructuras organizativas, conectores y otros mecanismos de cohesión. Conversa con facilidad y destreza, utilizando sin esfuerzo aparente los recursos lingüísticos apropiados y siguiendo con naturalidad los turnos de palabra.
2	Elabora un discurso claro y coherente, con un uso adecuado, aunque limitado, de mecanismos de cohesión. Si su intervención se alarga puede mostrar cierta pérdida de control sobre su discurso.
1	Elabora secuencias lineales de ideas relacionadas en forma de enunciados breves y sencillos enlazados por conectores habituales (ej.: «es que», «por eso», «además»). Mantiene conversaciones sencillas sobre temas cotidianos, aunque en ocasiones necesita alguna aclaración o repetir parte de lo que dice su interlocutor para confirmar la comprensión.
0	Presenta un discurso limitado, compuesto por grupos de palabras y conectores sencillos (ej.: «y», «pero», «porque»). Necesita la colaboración del interlocutor para confirmar su comprensión y poder responder a preguntas y afirmaciones sencillas.

¿Qué características crees que presenta cada uno de estos tipos de textos?

✱ Ideas clave:

La coherencia y la cohesión son rasgos de los textos orales y escritos que ayudan a que la información se transmita mejor, de manera más clara y organizada. Ser capaces de lograr dicha eficacia comunicativa se identifica con un alto nivel de dominio lingüístico. Dado que no todas las personas tienen conciencia sobre este fenómeno, debe tratarse explícitamente en el aula.

ELEteca **38.** ¿Qué son la coherencia y la cohesión?

039 ¿Qué es la corrección?

Rompiendo el hielo: ¿Se espera que no haya errores durante la comunicación?

Entre las cualidades que presenta un texto, ya sea oral o escrito, se valoran la coherencia y la cohesión (38), la fluidez (37) o la adecuación y el alcance (40). No obstante, estos aspectos eran tradicionalmente menos preciados que la *corrección*, que consiste en la ausencia de errores. Estos pueden ser pragmáticos, de alcance, de pronunciación, de cohesión y coherencia, etc. (Vázquez, 2009), aunque históricamente los que centraban el foco de la enseñanza eran los errores gramaticales. Esta es una muestra de la importancia que tenía este componente en el método de gramática-traducción (53).

CORRECCIÓN GRAMATICAL	
C2	Mantiene un consistente control gramatical sobre un repertorio lingüístico complejo incluso cuando su atención se centra en otras actividades (por ejemplo, en la planificación de lo que sigue, en el seguimiento de las reacciones de los demás).
C1	Mantiene un alto grado de corrección gramatical de modo consistente: los errores son escasos y apenas se notan.
B2	Buen control gramatical; todavía puede cometer «deslices» esporádicos, errores no sistemáticos y pequeños fallos en la estructura de la frase, pero son escasos y a menudo puede corregirlos retrospectivamente.
	Manifiesta un grado relativamente alto de control gramatical. No comete errores que produzcan malentendidos.
B1	Se comunica con razonable corrección en situaciones cotidianas: generalmente tiene un buen control gramatical, aunque con una influencia evidente de la lengua materna. Comete errores, pero queda claro lo que intenta expresar.
	Utiliza con razonable corrección un repertorio de «fórmulas» y estructuras habituales relacionadas con las situaciones más predecibles.
A2	Utiliza algunas estructuras sencillas correctamente, pero sigue cometiendo errores básicos sistemáticamente; por ejemplo, suele confundir tiempos verbales y olvida mantener la concordancia; sin embargo, suele quedar claro lo que intenta decir.
A1	Manifiesta un control limitado sobre unas pocas estructuras gramaticales y sintácticas sencillas dentro de un repertorio aprendido.

CONTROL Y CORRECCIÓN	
C2	Sortea las dificultades con tanta discrección que el interlocutor apenas se da cuenta de ello.
C1	Es capaz de sortear una dificultad cuando se topa con ella y vuelve a formular lo que quiere decir sin interrumpir totalmente la fluidez del discurso.
B2	Corrige deslices y errores si se da cuenta de ellos o si dan lugar a malentendidos. Toma nota de los errores más frecuentes y controla conscientemente el discurso en esas ocasiones.
B1	Puede corregir confusiones de tiempos verbales o de expresiones que pueden dar lugar a malentendidos siempre que el interlocutor indique que hay un problema. Pide confirmación de que la forma utilizada es la correcta. Vuelve a comenzar utilizando una táctica diferente cuando se interrumpe la comunicación.
A2	No hay descriptor disponible.
A1	No hay descriptor disponible.

Con el cambio de paradigmas didácticos y la aparición del concepto de *competencia comunicativa* (👁 80), la valoración de la corrección gramatical pasó a un segundo plano en pro del resto de los aspectos implicados en un proceso de comunicación exitoso.

La corrección gramatical abarca aspectos como el uso adecuado de tiempos verbales, la concordancia entre pronombres y lo sustituido, el uso apropiado del género o de los artículos, el dominio de las formas, etc. Cuando las emisiones no son inmediatas, se dispone de más tiempo para corregir, pero cuando se habla y se improvisa el discurso, por ejemplo, este es más susceptible de presentar errores gramaticales.

Los errores pueden ser de diferente tipología y presentar diferentes niveles de gravedad (👁 41). Si en el pasado toda desviación se consideraba error y lo más importante era la gramaticalidad, en el presente –y dentro de los enfoques comunicativos– lo principal es la aceptabilidad. Torijano Pérez (2004) establece una jerarquía de prioridad de corrección. En un primer nivel se determina si el error es una forma aceptable. Si lo es, aunque sea una forma marginal, no se corrige; si no lo es, se desciende otro nivel: ¿el error cometido bloquea la comprensión? En el caso de que sí, claramente la prioridad es corregirlo; si no impide la comprensión, pero es molesto y provoca irritación en el interlocutor, tendría prioridad de corrección también, aunque menos que el tipo anterior; si no provoca irritación, aunque no sea una forma correcta, todavía tiene menos prioridad.

De este modo se establece un criterio para decidir qué corregir, porque no hay nada más devastador para la autoestima del aprendiente que corregirle todo en todo momento (👁 73). Hay que adaptar la corrección al nivel del grupo, a los factores personales y al grado de incomprensión que producen. De hecho, para ayudar al alumnado, es conveniente practicar estrategias de autocorrección.

Dentro de las estrategias de producción, ya sea oral o escrita, también se pueden entrenar en el aula las estrategias de control y corrección de errores. Estas se fundamentan en la conciencia lingüística (👁 92) del hablante, esto es, cuando el propio hablante percibe los errores y las posibles dificultades de sus producciones, y sabe cómo subsanarlos o evitarlos: parafraseando, obviando esa expresión o matizándola, o incluso pidiendo una confirmación explícita sobre la forma usada. En la expresión escrita, cuando no es inmediata e interactiva, la corrección puede dar paso a la reflexión, a la consulta de gramáticas y diccionarios o al uso de correctores y traductores automáticos, teclados predictivos, etc.

✳ Ideas clave:

La corrección no se puede identificar solamente con la precisión gramatical, porque este es solo uno de los muchos aspectos sujetos a corrección. En efecto, la corrección consiste en enmendar todo tipo de errores, ya sean gramaticales, pragmáticos, culturales, de pronunciación, etc.

ELEteca **39.** ¿Qué es la corrección?

040 ¿Qué son el alcance y la adecuación?

Rompiendo el hielo: ¿Alguna vez has hablado con una persona y has empleado un registro demasiado informal para la situación?

Una de las propiedades que puede tener un texto escrito u oral, junto con la coherencia y la cohesión (38), así como la corrección (39), son el alcance y la adecuación.

Se entiende por *alcance* la capacidad de transmitir la información de acuerdo con los objetivos comunicativos; para ello, conviene adaptar la sintaxis (97) y elegir las palabras y las expresiones más acordes en función de cada caso. Un hablante puede, por lo tanto, reformular, enfatizar, eliminar ambigüedades y transmitir matices con eficacia a través de una selección exacta del léxico (registro coloquial o formal, expresiones idiomáticas, etc.). Además, cuanto más alto sea el nivel de competencia que se tenga en el idioma meta, más cantidad de temas se podrán abarcar.

El alcance es una de las características que se miden en los exámenes de certificación como los DELE (47). Durante las clases, esta evaluación se puede plantear mediante ejercicios de huecos en los que se debe buscar la palabra exacta, valorar con escalas o estrellas si se cumple la intención de la actividad, adivinar qué emoción o reacción se quiere provocar en el interlocutor, etc.

DELE B2. EXPRESIÓN E INTERACCIÓN ESCRITAS. ESCALA ANALÍTICA

Alcance	
3	Tiene un vocabulario amplio y muestra un buen dominio de expresiones idiomáticas y coloquiales, lo que le permite afrontar la situación planteada, especificar los puntos principales de una idea o un problema con precisión, así como exprear pensamientos sobre temas abstractos y culturales. Expresa opiniones y afirmaciones con precisión aunque le puede resultar difícil transmitir algún matiz sutil.
2	Tiene un buen vocabulario y un dominio razonable de expresiones idiomáticas y coloquiales, lo que le permite expresarse con claridad y con un estilo apropiado. Algunas veces tiene que utilizar circunloquios para expresarse. Puede cometer deslices pequeños y esporádicos. Puede cometer alguna imprecisión léxica de escasa importancia.
1	Tiene un vocabulario básico suficiente para desenvolverse en intercambios cotidianos próximos a su entorno más inmediato. Sin embargo, comete errores si utiliza vocabulario más complejo que pueden alejarle del objetivo comunicativo planteado.
0	Tiene un vocabulario limitado que resulta insuficiente para transmitir el mensaje. Presenta imprecisiones léxicas e interferencias de otras lenguas que dificultan la comunicación.

DELE B2. EXPRESIÓN E INTERACCIÓN ESCRITAS. ESCALA ANALÍTICA

Adecuación al género discursivo	
3	El texto es adecuado para la situación planteada. Tiene en cuenta al destinatario y se ajusta al estilo y a las convenciones del género, tanto en situaciones formales como informales. Las argumentaciones son sólidas y están bien organizadas: se destacan las ideas más importantes y se ofrecen detalles que sirven de apoyo a sus argumentos. Desarrolla con eficacia todos los puntos de orientación dados.
2	El texto responde a la situación planteada. Tiene en cuenta al destinatario y en general se ajusta al estilo y a las convenciones del género, aunque puede presentar alguna inconsistencia en el grado de formalidad, en el tono, en el nivel de detalle o en el léxico, especialmente si la situación es formal. Puede presentar alguna alteración en la organización que, en cualquier caso, no afecta de forma significativa al registro o a la estructura. Las argumentaciones están bien desarrolladas y la información bien sintetizada, aunque en algún caso resultan poco detalladas o se echa en falta algún ejemplo o argumento para darle al texto mayor claridad y fluidez. Desarrolla con claridad la mayoría de los puntos de orientación dados, aunque falte uno o no esté desarrollado suficientemente.
1	El texto responde a la situación planteada y tiene en cuenta al destinatario, pero no mantiene el registro, no se ajusta al estilo o a las convenciones del género. El grado de formalidad, el tono, el nivel de detalle o el léxico no son apropiados. Las argumentaciones no están suficientemente articuladas (carecen de algún elemento importante: argumentos principales, ejemplos o conclusiones), lo que afecta a su efectividad. Menciona solo alguno de los puntos de orientación dados o no los desarrolla suficientemente.
0	El texto no se corresponde en registro, estilo o estructura con la situación planteada. El grado de formalidad, el tono, el nivel de detalle o el léxico no son adecuados para el contexto. Las argumentaciones presentan serias deficiencias en su construcción que no permiten seguir los razonamientos del candidato (interpretar las intenciones del candidato). El texto no sigue los puntos de orientación dados o se aleja de ellos, ni se ajusta a la extensión indicada: Tarea 1: menos de 100 palabras. Tarea 2: menos de 100 palabras.

> ¿Qué dificultades crees que puede tener un estudiante para elegir el registro adecuado?

Por su parte, el término *adecuación* hace referencia a las propiedades de los textos en las que se refleja un alto grado de conciencia lingüística (92) sobre el contexto, el interlocutor, la intención comunicativa y una serie de características como el registro, el tono, el tenor, etc. Además, la adecuación contempla las diferencias culturales de cada acto de comunicación, por lo que es preciso adaptar el texto a las necesidades cambiantes. Por ello, el éxito en la comunicación también se mide a partir de la elección de la tipología textual (38) y el estilo teniendo en cuenta las convenciones sociales. En suma, para que un texto sea adecuado, se debe reflexionar sobre el tema que tratar; el registro; la jerarquía con respecto al interlocutor, así como la solidaridad con él; el propósito de la comunicación, y el canal (con las necesidades específicas que pueda conllevar). Así, el discurso deberá estructurarse conforme a estos rasgos.

✱ Ideas clave:

Cada acto comunicativo tiene una intención y se produce en un contexto determinado. Si se toman en consideración todas las variables implicadas, como el registro, la relación social con el interlocutor, el tema, etc., se puede proporcionar a un texto oral u escrito un mayor grado de alcance y adecuación.

ELEteca **40.** ¿Qué son el alcance y la adecuación?

041 ¿Qué tipos de errores hay?

Rompiendo el hielo: ¿Cometes errores al hablar en tu lengua materna?

El proceso de aprendizaje de un idioma, sea el materno o una lengua segunda o extranjera, es largo y equivocarse mientras se estudia es algo normal. Cualquier postura que ignore esta verdad está abocada a crear falsas expectativas al profesorado y al alumnado que acaban derivando en frustración.

De hecho, durante el aprendizaje de una lengua segunda o extranjera, un aprendiz va discurriendo por diferentes etapas de dominio que cambian constantemente, lo que se conoce como *interlengua* (Selinker, 1972) (👁 67). En época moderna, pues, el error ya no se concibe como una carencia de dominio o como una falta de atención o esfuerzo por parte del aprendiente, sino como una parte natural del proceso. Los conocimientos nuevos se van encajando con los antiguos y eso provoca una reorganización continua que se va ajustando hasta alcanzar el dominio e interiorización de dicho contenido (👁 64).

Hay diferentes categorizaciones de los tipos de errores, pero conviene hacer una distinción, en primer lugar, entre los conceptos *lapsus*, *falta* y *error*. Un *lapsus linguae* es una deficiencia comunicativa por un descuido al hablar que también tienen las personas nativas (como cuando un ministro español dijo «Viva Honduras» y quería referirse a El Salvador). Una falta es una equivocación temporal por no poner en práctica adecuadamente la competencia que sí se tiene, es decir, se sabe cómo es, pero por alguna razón (despiste, distracción, cansancio, etc.), no se dice como se debe (seguro que alguna vez hemos cambiado un participio por una forma que no era: **he escribido*, **he devolvido*, etc., nos hemos quedado sorprendidos por tamaño despiste y nos hemos autocorregido con desconcierto). Por su parte, un error sí que es una discordancia producida por la falta de competencia o una distorsión de la interlengua.

La postura del profesorado ha evolucionado: antes siempre corregía todos los errores, en especial los gramaticales, inmediata y sistemáticamente; ahora, en cambio, ha adoptado otras actitudes: por ejemplo, primero valora el tipo de error y su nivel de gravedad en función de su efecto en la comunicación para decidir si conviene corregirlo (👁 39) (Vázquez, 1992). De hecho, aunque no hay una jerarquía unánimemente aceptada, sí se suele priorizar la corrección de los errores que impiden la comprensión, porque hoy se considera que la comunicación es más importante que la corrección.

Asimismo, suele aceptarse que requieren una intervención más inmediata, por cuestiones pedagógicas y comunicativas, además de los errores que impiden la comprensión, aquellos que distorsionan el mensaje, así como los que se refieren a temas tratados en clase, ya que se busca evitar que estos se fosilicen (68), y los que se consideran más frecuentes. De hecho, los errores de léxico son muy importantes, porque son de los que más distorsionan los mensajes.

> ¿Cometes algún error en concreto cuando hablas otras lenguas?

Además de la tipología general de errores y de su gravedad, así como la prioridad de su corrección, también se establecen clasificaciones en función del origen del error. Así, es posible distinguir entre errores provocados por la influencia de la L1 u otras lenguas que se dominen y errores de la propia lengua meta. Estos pueden ser lingüísticos, por adición (poner un artículo cuando no hace falta), omisión (no poner un artículo cuando hace falta), yuxtaposición (olvidarse conectores), etc.; pragmáticos, cuando no se logra transmitir lo que se pretendía; e, incluso, culturales (descalzarse en la entrada de una casa sin preguntar asumiendo que es lo habitual).

Es importante determinar qué se hará con los errores en las pruebas de evaluación (46) que el sistema exija. Sobre todo, es fundamental desarrollar escalas, tanto específicas como holísticas, para que, durante la corrección, no se caiga en la tendencia inconsciente de focalizarse solamente en los fracasos comunicativos –errores y, con frecuencia, gramaticales– y se pierdan de vista los éxitos de la actividad en cuanto a alcance, coherencia, cohesión, fluidez, etc. Esto garantiza, además, que diferentes docentes evalúen y se centren en los mismos aspectos que se deben corregir. De este modo, se consigue una estandarización mayor de las correcciones y se evitan personalismos que puedan derivar en subjetividades.

Por último, es necesario contemplar qué uso se hace de los errores desde un punto de vista didáctico (Santos Gargallo, 2004). Se pueden listar aquellos observados durante las clases para planificar una nueva explicación, una actividad o un tratamiento específico para una persona o un grupo de estudiantes. De hecho, si es un error generalizado, convendría diseñar actividades de refuerzo y garantizar más *input* (64) en el que se aborde el aspecto que provoca dificultad. Los seminarios específicos sobre errores para alumnado adulto pueden ser una forma de tratarlos, de modo que las clases no se centren solo en ellos. Esto está estrechamente relacionado con cómo corregir errores en el aula para no frustrar al alumnado (42).

* Ideas clave:

El error es parte del aprendizaje y no necesariamente se comete por una falta de atención o de interés. Es fundamental entender que existen diversos tipos de errores y que los gramaticales no tienen por qué ser los más importantes.

ELEteca **41.** ¿Qué tipos de errores hay?

042 ¿Cómo puedo corregir los errores en clase?

Rompiendo el hielo: ¿Alguna vez has sentido incomodidad porque te estaban corrigiendo un error?

La creencia de que el error mientras se aprende es algo que se debe evitar a toda costa cohíbe enormemente los estudiantes: les da vergüenza participar por si se equivocan en público, les da miedo hacer el ridículo, buscan la perfección para que no se considere que están menos desenvueltos en la lengua, etc. Estas reacciones también están estrechamente vinculadas con el tipo de corrección que el profesorado lleva a cabo en clase. De hecho, puede llegar a darse una situación de aprendizaje defensivo (Stevick, 1980), es decir, puede generarse una actitud de *mejor no intentarlo* porque, cuando se hace, se sufre una corrección severa y un escarnio público. Así, los estudiantes aprenden a no exponerse, adoptan una postura pasiva e, incluso, pueden llegar a desarrollar episodios de ansiedad (Oxford, 2000). Esta situación es completamente indeseable porque, de hecho, este sentimiento bloquea el procesamiento cognitivo del *input*. Los estudios realizados sobre los efectos negativos de la ansiedad muestran un peor desempeño, menor calidad de aprendizaje y peores resultados académicos (Gkonou *et al.*, 2017).

Dado este contexto, conviene hacer una reflexión sobre qué corregir (👁 41) y cómo hacerlo. En primer lugar, es importante prestar atención al contenido del mensaje: si es posible seguir la comunicación, es mejor no interrumpir, dado que ya habrá tiempo después de comentar aquellos aspectos que necesiten aclaración. Si solo se señalan los errores, el alumnado pensará que la información, el acto comunicativo en sí, no tiene interés y que el docente solo está a la caza del error. Eso puede provocar, como decíamos, que al final deje de intentar comunicarse y se retraiga de participar por miedo a la corrección o por vergüenza.

Además, cuando llegue el momento de corregir hay que saber escoger las palabras, ya que no nos comportamos igual ante un *¡no, está mal, acabo de explicar cómo se dice!, ¡presta atención!* que ante una interacción como la siguiente:

> ¡Ah, OK! No sabía que habías probado la carne de ballena. ¿No te dio pena? ¿Fue muy caro? ¿Repetirías? Por cierto, solo una cosita, cuando te estabas explicando has dicho... y creo que querías decir... ¿Puede ser?

Es más, cuando se decide corregir un aspecto, se debe dar una explicación profunda, con muchos ejemplos, diversas explicaciones, etc. Por ello, en ocasiones, es más recomendable que, tras detectar los errores más graves,

reiterados o complejos, preparemos una actividad específica sobre ellos y volvamos otro día con una planificación precisa para trabajarlos, sobre todo si no nos vemos capacitados para dar una explicación completa y clara en el momento de la corrección.

Esta es una de las posibles actitudes ante la corrección durante la interacción oral: no corregir al instante, ya que la corrección puede dejarse para otro momento. Como señala Galindo Merino (2016), si estamos hablando y queremos que la gente se exprese y practique, conviene no corregir ni interrumpir el discurso. Salvo que la tarea esté específicamente diseñada para practicar alguna cuestión centrada en la forma (verbos irregulares, una estructura o un vocabulario dados, etc.), es mejor no intervenir. Cuando sea necesario, una de las opciones disponibles es proveer directamente de la forma correcta. Otra posibilidad es repetir la misma oración hasta el momento en el que aparece el error, pararse y esperar a que el estudiante produzca la forma correcta. También se puede repetir la frase y, al llegar al error, hacer entonación de pregunta y acompañarlo de señales de alerta como poner cara de incomprensión, duda, confusión, etc. Esta técnica de la alerta puede llevarse a cabo mediante múltiples mecanismos, como hacer un gesto con la mano o emitir una tos, además de mostrar una expresión facial determinada, como ya se ha comentado. Otra opción complementaria puede ser pedir una aclaración, ya que es menos invasivo que interrumpir (*perdón, ¿quieres decir que...?* o *disculpa, no entiendo, ¿qué quieres decir?*).

Si el discurso oral es monológico, porque se trata de una exposición oral, por ejemplo, conviene emplear parrillas de corrección para valorar no solo la corrección gramatical, sino también otros aspectos. El profesorado puede tomar nota de los errores más importantes y comentarlos *a posteriori* con un informe personalizado con actividades extra e, incluso, puede ofrecer explicaciones metalingüísticas bien formadas y documentadas acerca de los distintos errores, como los originados por transferencia entre la L1 y la L2.

Una actividad de expresión escrita que no es interactiva da pie a corregir de manera más pausada y documentada. En general, el alumnado espera que se le corrija y, de no hacerlo, conviene explicarle el porqué. Además, cuando se realiza la corrección de un texto escrito, hay que evitar destacar solo los errores y marcar también los aciertos. Podría hacerse en dos colores: verde para los aciertos relacionados con aquello que se esté estudiando en clase y naranja para los errores que convenga mejorar y revisar. Tachar no es útil, porque no ofrece información para la reparación.

Como este tipo de correcciones suelen ser privadas y *a posteriori*, es importante planearlas adecuadamente. Se pueden generar códigos simbólicos para que sea el propio estudiante quien se corrija, es decir, se le pueden marcar los errores y ofrecerle una explicación para que pueda revisarlos y reflexionar sobre ellos; de esta forma, al no escribir la solución directamente, se fomenta la conciencia metalingüística del error (Ruiz Herrero, 2015).

Asimismo, es importante decidir qué errores se van a señalar, porque no hay peor sensación que la de recibir un documento completamente inundado de comentarios y que ninguno sea sobre el contenido o de refuerzo positivo. Incluso se pueden proponer correcciones anónimas con los errores más documentados, llevarlos a clase y que entre todos busquen la forma correcta.

En suma, es fundamental tener claro qué errores se van a señalar y planificar su corrección adecuadamente para no coartar la comunicación y el aprendizaje, y, sobre todo, para que sirva de algo, ya que el mero hecho de marcar un error no ofrece ningún tipo de información ni aclaración.

> ¿Qué formas de corregir has experimentado como estudiante? ¿Cuáles te parecieron mejores y cuáles peores? ¿Por qué?

✱ Ideas clave:

La corrección que interrumpe abrupta y severamente la expresión oral suele provocar ansiedad en el alumnado, quien, ante la posibilidad de quedar expuesto públicamente, puede tomar una actitud pasiva.

ELEteca **42.** ¿Cómo puedo corregir los errores en clase?

043 ¿Cómo elijo los manuales para usar en mis clases?

Rompiendo el hielo: ¿Qué manuales de ELE conoces?

Entre las competencias que se le presuponen al profesorado de ELE (13), está aquella relacionada con ser capaz de preparar un currículo escolar y unas secuencias didácticas (27), así como analizar todos los materiales y recursos que tiene a su disposición para adaptarlos a las necesidades específicas de su alumnado.

En función del centro donde se trabaje, puede darse la situación de que a) no se emplee un manual y se deban preparar todos los materiales de clase, b) se emplee el manual que el centro elige o c) se deje a la libertad del docente elegir qué libro quiere usar en el aula. Los medios didácticos, es decir, las publicaciones ya diseñadas como herramientas de clase suelen estar mejor preparadas, seleccionadas y graduadas que los recursos espontáneos que puedan querer adaptarse para llevar a clase (anuncios de la televisión, un folleto, etc.). Todos estos materiales se pueden usar y presentan sus ventajas y desventajas.

Los manuales ayudan a organizarse tanto a los estudiantes como al profesorado y resultan especialmente útiles para los docentes con poca experiencia laboral, dado que los contenidos se presentan sistemáticamente periodizados. Además, en muchos contextos el manual es el único *input* de la lengua meta, con lo que tenerlo como referencia puede aportar una sensación de mayor control o calidad del aprendizaje.

> ¿Qué ventajas e inconvenientes puede presentar el uso de manuales en el aula?

En ciertos contextos los manuales se diseñan específicamente para cierto nivel educativo y esto ayuda a ejercer la docencia de un modo más eficaz, porque responden a los objetivos que el sistema establece con estos estudios. Pongamos, por ejemplo, el caso de un manual pensado para la secundaria y orientado a aprobar un examen previo a la universidad: es útil que los libros traten los temas, los contenidos gramaticales y léxicos, los pragmáticos y culturales, etc., que son claves para poder enfrentar ese examen determinado.

Pensemos ahora en materiales tan específicos como los manuales de preparación de exámenes oficiales (47) o los manuales para la enseñanza con fines específicos (61). Estos, además, suelen venir acompañados de cuadernos de actividades, bancos léxicos, ejercicios complementarios en plataformas digitales, etc., que permiten fomentar un trabajo autónomo

y también aumentar la exposición a la lengua meta. Por último, y de modo general, cabría señalar que los manuales suelen estar mejor diseñados y suelen presentar unos contenidos que se ajustan perfectamente a cada nivel de referencia, porque pasan por un proceso editorial de revisión que garantiza un control de calidad.

Las desventajas de los manuales es que pueden ser demasiado generalistas y no corresponder a las necesidades del alumnado sobre los contenidos o los temas de conversación, o puede que sus imágenes y ejemplos no representen a la totalidad del grupo, etc. Por poner un ejemplo de discordancia, el alumnado de edad avanzada puede no encontrar interesantes los temas que se tratan en manuales de adolescentes.

En ocasiones, los libros pueden ser etnocentristas y solo presentar una variedad de la lengua distinta a la que el alumnado quiere aprender; es decir, si en los audios, los textos, las explicaciones, etc., se usa el *vosotros* y, sin embargo, los estudiantes son un grupo de jubilados que quieren viajar a Canarias, sería más útil que se familiarizaran con el *ustedes* (9). En esta línea los manuales pueden reflejar –con las imágenes, los ejemplos de textos y las cuestiones que tratan– una sociedad plana, sin aristas, nada representativa, por evitar temas que en ciertos países pueden considerarse tabú. Por poner un ejemplo, en los manuales que se venden en países muy religiosos, pueden eludirse referencias al alcohol, a las relaciones homosexuales, al divorcio, etc. En este caso, entra en la libertad del profesorado incorporar temas a la enseñanza que considere interesantes.

Por todo lo expuesto, si podemos elegir el manual para nuestras clases, conviene que analicemos todas las opciones en profundidad. A continuación, listamos una serie de preguntas, basadas en el trabajo de Ezeiza (2009), que deberían tomarse en consideración cuando haya que decidirse por un manual:

- Adecuación: ¿Responde al nivel del curso? ¿Sigue los planes curriculares de referencia en ese contexto geográfico?
- Funcionalidad: ¿Responde a los objetivos del curso (español general, fines específicos, preparación de un examen, etc.)? ¿Sigue la metodología de enseñanza que consideramos apropiada para lograr esos objetivos?
- Competencias: ¿Se desarrolla una competencia comunicativa completa (gramatical, léxico-semántica, ortoépica, fonética, sociolingüística, pragmática, etc.)? ¿Se trabajan aspectos como el lenguaje corporal? ¿Se aborda la competencia intercultural?
- Autenticidad: ¿Los modelos de lengua que se ofrecen responden a un uso natural y frecuente del idioma y se adaptan al canal, registro y situación, o presentan estructuras anómalas que no van acompañadas de explicaciones pragmáticas?
- Contextualización: ¿Se presentan las actividades integradas y dentro de un contexto significativo de comunicación o son frases aisladas, sin relación y con ejemplos peregrinos?
- Rigor: ¿Proporciona buenas explicaciones?, ¿son coherentes? ¿Los ejemplos son etnocentristas o representan la lengua y la cultura meta sin caer en estereotipos? ¿Se ofrece en la introducción una reflexión sobre la visión que se tiene de la lengua?, ¿se explican los principios didáctico-técnicos que se han seguido?
- Congruencia: ¿Responde a las necesidades, a los intereses y al perfil del alumnado que tenemos?
- Coherencia: ¿Responde a los objetivos que plantea en su introducción? ¿Está bien organizada la estructura de los contenidos?, ¿se relacionan entre unidades?
- Accesibilidad: ¿Es fácil encontrar los contenidos?, ¿están bien señaladas las relaciones entre el manual, el cuaderno de actividades y otros materiales complementarios?
- Atractivo y calidad: ¿Es llamativo?, ¿está bien diseñado?, ¿tiene colores?, ¿está pensado para las personas de esa edad? ¿Es una edición de buena calidad, con imágenes adecuadas, nítidas, etc.?
- Autonomía: ¿Promueve el trabajo autónomo del alumnado? ¿Hay tareas complementarias en plataformas u otro tipo de soportes? ¿Se enseñan estrategias de aprendizaje?

- Temporalización: ¿El número de horas para el que está diseñado responde al número de horas del curso? ¿Las actividades están bien segmentadas o hay cierto desequilibrio entre ellas?
- Maleabilidad: ¿Permite trabajar los contenidos de diversos modos?
- Aspectos motivacionales y afectivos: ¿Responden los temas que se tratan a los intereses del alumnado? ¿Se promueve una interacción respetuosa y abierta entre los miembros del curso? ¿Se tienen en cuenta los aspectos afectivos de los estudiantes, su lengua y cultura de origen? ¿Tienen la opción de participar con sus experiencias personales?
- Gestión del grupo: ¿Está planificada la interacción grupal? ¿Se proponen diversos modos de agrupación que fomenten la interacción y el conocimiento?
- Disponibilidad: ¿Es posible acceder a él en ese país sin grandes dificultades? ¿Supone un gasto asumible?
- Digital: ¿Permite y planifica la interacción o uso de plataformas digitales? ¿Usa las redes sociales u otras aplicaciones como fuente de lengua?

✱ Ideas clave:

Elegir un manual adecuado al perfil del alumnado, los objetivos del curso y el método de enseñanza es fundamental para lograr un proceso de aprendizaje eficaz.

ELEteca 43. ¿Cómo elijo los manuales para usar en mis clases?

044 ¿Qué materiales —además de los manuales— puedo usar en el aula?

Rompiendo el hielo: ¿Qué tipo de materiales extra se pueden llevar a un aula de idiomas?

Es muy frecuente que en las clases de idiomas se empleen manuales (👁 43) por las ventajas que conllevan: rigurosidad, adecuación al nivel, calidad de contenidos y actividades, sistematicidad, etc. No obstante, no son pocas las ocasiones en que el profesorado puede necesitar complementarlos con otro tipo de actividades y materiales.

> ¿Qué necesidades se pueden cubrir llevando al aula recursos distintos al manual?

Dado que se ha demostrado que la lectura extensiva (33) es muy eficaz para la mejora de la competencia del alumnado, es interesante programar eventos y actividades relacionados con ella. Por ejemplo, se pueden organizar clubes de lectura complementarios que aprovechen las lecturas graduadas que proponen las editoriales. Se trata de textos que, o bien se han elaborado específicamente para aprendientes de español, o bien ya existían y se han adaptado al nivel de dominio lingüístico del alumnado. Suelen venir acompañados de notas explicativas, imágenes, ejercicios de comprensión, glosarios, un CD con diferentes recursos e incluso el audiolibro, etc. Por lo tanto, son una buena forma de complementar los temas tratados en el aula y de favorecer el interés por la lengua sin tanto control por parte del docente.

En la línea de estos materiales, también se han lanzado, en los últimos años, otro tipo de recursos como videojuegos para aprender español, aplicaciones para el móvil, revistas específicamente pensadas para aprendientes, plataformas de noticias (por ejemplo, la ofrecida por la Agencia EFE y el Instituto Cervantes, llamada Practica Español), etc.

Además de estos materiales, que están pensados exclusivamente para la docencia, es posible llevar al aula otros recursos que forman parte de la vida diaria de los hablantes de un idioma y que pueden aportar algo en la clase. Dentro de esta categoría entrarían periódicos, revistas, billetes, monedas, mapas, memes, notas, canciones, folletos, documentos personales, publicidad, manuales de instrucciones, juegos de mesa, etc., que pueden emplearse para ejemplificar la lengua real o llamar la atención del alumnado sobre un objeto propio de la cultura meta (por ejemplo, un DNI, que no existe en todos los países), etc. Estos se pueden usar para captar el interés de los aprendices al principio de la clase e introducir el tema (contenido léxico, gramatical, cultural, etc.), como objeto manipulable, como ejemplo de lengua, como material para una actividad en sí misma, etc.

Las puertas que abre la tecnología (48) son innumerables y, por ejemplo, invitar hispanohablantes a clase, hecho que antes podía resultar muy complejo, es mucho más factible en la actualidad. Es más, se pueden preparar intercambios entre clases de español de diversos países para que los alumnos interactúen entre sí. Este tipo de proyectos pueden organizarse gracias a plataformas institucionales como Etwinning.

Las películas y recursos audiovisuales ayudan, especialmente en contextos de no inmersión, a reconfigurar cognitivamente la información de las lenguas que dominamos. Por ello, el uso de cortometrajes es muy recomendable, porque favorecen el desarrollo de la competencia audiovisual (32) y, además, suelen ser muy motivadores para los aprendices.

✳ Ideas clave:

Cualquier material o recurso que sirva para representar y llevar al aula la cultura o la lengua meta puede ser útil y motivador, siempre que se haga la adaptación didáctica necesaria para que encaje en el nivel y perfil del alumnado.

ELEteca **44.** ¿Qué materiales –además de los manuales– puedo usar en el aula?

045 ¿Es recomendable usar la lengua materna de los estudiantes en clase?

Rompiendo el hielo: ¿En qué lengua te daban las explicaciones cuando no entendías algo en tus clases de idiomas?

No son pocos los centros, las campañas de *marketing*, los programas de inmersión y las escuelas que destacan el uso exclusivo de la lengua meta para atraer a más estudiantes, convencidos de que eso es lo que quieren escuchar. Con frecuencia la idea que subyace en estas actitudes es que usar ambos idiomas provoca que estos se mezclen o que se aprenda menos. Cierto es que aumentar el número de horas de exposición a la lengua meta ayuda a aprenderla, pero prohibir y demonizar el uso de la L1 parece, a estas alturas de la historia de la didáctica de LE, algo obsoleto.

Una consigna paralela a la poco práctica prohibición del uso de la lengua materna es la de maximizar el uso de la lengua meta, especialmente siguiendo preceptos del enfoque comunicativo (54), y moderar el de la L1. No obstante, esta percepción es completamente subjetiva: para algunos docentes, un uso moderado puede implicar más horas que para otros. La moderación depende, pues, de las necesidades que en cada momento se den en el aula.

Estas creencias de los efectos adversos del uso de la L1 en el aula han creado en el profesorado una serie de complejos, como pensar que si la usan no son buenos docentes y sentirse culpables cuando recurren a ella. Otros, como recoge Galindo Merino (2012), consideran que solo está justificado emplearla en los niveles más bajos, ya que la comprensión es muy limitada y el uso de la L1 podría acelerar el proceso; algunos opinan justamente lo contrario: es más necesaria en los niveles avanzados, porque las explicaciones son más complejas. En todo caso, es importante tener claras las directrices del centro educativo y las expectativas del alumnado, así como explicar el primer día las reglas que se vayan a seguir.

Las tendencias que valoran el cambio de lengua como algo natural durante una clase van un paso más allá: el alumnado puede alternar entre L1 y L2, porque esta es la situación real a la que suele enfrentarse y, aunque se intenta maximizar el uso de la lengua meta, el uso de la L1 no implica ningún tipo de castigo o violación de las normas. En estos casos, el hecho de que un grupo de estudiantes empleen la L1 o combinen ambas para preparar una actividad, por ejemplo, y que luego la expongan en L2 se entiende como un modo de desarrollar la destreza de mediación (36).

Es más, existe una tendencia educativa que promueve la competencia plurilingüe, esto es, la capacidad de expresarse y mediar comunicativamente usando dos o más idiomas o dialectos. Esto se integra educativamente en una enseñanza bilingüe donde todas las asignaturas, y no solo alguna, se imparten en diferentes idiomas. Yendo más allá, existe una postura más moderna que defiende el *translanguaging* (García y Kleyn, 2016) como fenómeno natural y herramienta didáctica. Así, esa alternancia entre idiomas forma parte de las actividades: se presentan ejercicios de vocabulario en los que hay que contestar no solo en la L2, sino también en la L1 e incluso en una L3. Si se trabaja con niños, se pueden identificar lenguas con colores y pedir que dibujen, pinten o coloquen pegatinas; se pueden tener canciones de bienvenida o situaciones dadas (el rincón del español). Es una cuestión de graduación, pero la perspectiva más ecológica defiende que los dos o tres idiomas fluyan de manera natural en todo momento.

Desde el punto de vista de los estudios cognitivos, parece que esta postura es la que mejor se sostiene en términos de naturalidad, ya que los idiomas están coactivados, así que no hay lugar para decir que se van a confundir y nunca se van a aprender bien. En los contextos de enseñanza reglada con menores, esta valoración de las lenguas maternas pueden ser un recurso muy útil para dignificar los idiomas de los estudiantes migrantes en las escuelas. Su lengua es digna de usarse en clase o de aparecer en un cartel del centro y, aunque estén en un país extranjero y su exposición a la lengua familiar sea poca, todavía pueden lograr cierto grado de competencia en ella (2). Todos los idiomas son, de ese modo, parte del acervo de la sociedad y no hay unos mejores que otros.

> ¿Conoces algún proyecto para introducir y valorar positivamente las lenguas de migración en los contextos de enseñanza reglada?

✱ Ideas clave:

El rechazo al empleo de la lengua materna en el aula es una actitud obsoleta, ya que utilizarla no conlleva un peor aprendizaje. Su uso puede tomar dos vertientes: una pedagógica, para dar explicaciones, apoyos, etc., o una más ecológica, que considera que la situación más realista en la vida diaria es la alternancia entre ambas y que, para desarrollar una competencia plurilingüe más natural, es necesario aprender de este modo.

ELEteca **45.** ¿Es recomendable usar la lengua materna de los estudiantes en clase?

046 ¿Cómo debo evaluar?

Rompiendo el hielo: ¿Qué tipo de recursos se pueden usar para evaluar al alumnado?

La evaluación es la valoración del rendimiento y los conocimientos. Así, se diferencia entre evaluación formativa o de rendimiento, en la que se mide el progreso del aprendizaje, esto es, lo que se va aprendiendo, y la evaluación sumativa o final, en la que se constatan los logros alcanzados.

> ¿Para qué evaluamos? ¿Cómo debe ser una buena evaluación?

La evaluación formativa o de rendimiento se centra en calcular cuánto de lo enseñado se ha aprendido, lo que puede valorarse a partir de los criterios exclusivos del curso, sin descriptores externos y oficiales. Por otra parte, la evaluación sumativa, final o de consecución puede realizarse de manera interna, en un curso, o de manera externa (Álvarez Piñeiro, 2007). En estos exámenes, que evalúan el dominio de un idioma, no se tiene en cuenta el progreso del alumnado, sino solamente su nivel de proficiencia. Este tipo de pruebas se utilizan, por ejemplo, para expedir certificados oficiales (47) y para demostrar, en la solicitud de becas o trabajos, que se tiene un determinado nivel en un idioma.

Las pruebas de proficiencia deben estar estandarizadas, es decir, tienen que evaluar realmente lo que se pretende (validez) y ser consistentes, esto es, garantizar que los resultados no varían en función de factores contextuales (fiabilidad). Por ejemplo, en un examen en que se pretenda medir la expresión oral, se debe tener en cuenta no solo la corrección, sino todos los descriptores que el *MCER* (24) indica: fluidez, alcance, coherencia (37, 38, 40). Si solo se valora la corrección gramatical, el examen no está cumpliendo los estándares internacionales que determinan todo lo que se debe dominar para medir la competencia en las destrezas orales.

Para garantizar la homogeneidad de la evaluación y evitar que cada profesor desarrolle sus propios criterios, en los exámenes oficiales y en muchos centros se emplean parrillas de evaluación. En ellas se describen los factores que se van a tener en cuenta (fluidez, coherencia, corrección y alcance, por ejemplo) y se detalla para cada nivel qué conocimientos y capacidades se deben dominar. En muchos casos, además de esas escalas analíticas, también se ofrecen valoraciones holísticas, que manifiestan la sensación general sobre el dominio del contenido evaluado. De este modo,

se combinan mediciones más objetivas y valoraciones subjetivas con el fin de dotar a la evaluación de mayor precisión.

De hecho, para lograr que todo el profesorado evalúe del mismo modo, en algunos centros e instituciones se organizan sesiones de estandarización. En ellas se explica el formato del examen, los objetivos y el desarrollo de cada prueba, las instrucciones para administrarlas, el contenido de las parrillas de evaluación, etc. Por último, también se hacen simulacros de exámenes; así, cada docente debe compartir la nota que le daría al estudiante en función de la escala que corresponda y justificar su respuesta. Con este tipo de acciones, se pretende que la evaluación de proficiencia sea una garantía de igualdad, precisión y fiabilidad. En este sentido, por ejemplo, existen cursos para ser examinador de los exámenes DELE (47).

DELE B2. EXPRESIÓN E INTERACCIÓN ESCRITAS. ESCALA ANALÍTICA

Adecuación al género discursivo	
3	El texto es adecuado para la situación planteada. Tiene en cuenta al destinatario y se ajusta al estilo y a las convenciones del género, tanto en situaciones formales como informales. Las argumentaciones son sólidas y están bien organizadas: se destacan las ideas más importantes y se ofrecen detalles que sirven de apoyo a sus argumentos. Desarrolla con eficacia todos los puntos de orientación dados.
2	El texto responde a la situación planteada. Tiene en cuenta al destinatario y en general se ajusta al estilo y a las convenciones del género, aunque puede presentar alguna inconsistencia en el grado de formalidad, en el tono, en el nivel de detalle o en el léxico, especialmente si la situación es formal. Puede presentar alguna alteración en la organización que, en cualquier caso, no afecta de forma significativa al registro o a la estructura. Las argumentaciones están bien desarrolladas y la información bien sintetizada, aunque en algún caso resultan poco detalladas o se echa en falta algún ejemplo o argumento para darle al texto mayor claridad y fluidez. Desarrolla con claridad la mayoría de los puntos de orientación dados, aunque falte uno o no esté desarrollado suficientemente.
1	El texto responde a la situación planteada y tiene en cuenta al destinatario, pero no mantiene el registro, no se ajusta al estilo o a las convenciones del género. El grado de formalidad, el tono, el nivel de detalle o el léxico no son apropiados. Las argumentaciones no están suficientemente articuladas (carecen de algún elemento importante: argumentos principales, ejemplos o conclusiones), lo que afecta a su efectividad. Menciona solo alguno de los puntos de orientación dados o no los desarrolla suficientemente.
0	El texto no se corresponde en registro, estilo o estructura con la situación planteada. El grado de formalidad, el tono, el nivel de detalle o el léxico no son adecuados para el contexto. Las argumentaciones presentan serias deficiencias en su construcción que no permiten seguir los razonamientos del candidato (interpretar las intenciones del candidato). El texto no sigue los puntos de orientación dados o se aleja de ellos, ni se ajusta a la extensión indicada: Tarea 1: menos de 100 palabras. Tarea 2: menos de 100 palabras.

Además de las pruebas de proficiencia oficiales, que suelen abarcar todas las destrezas (comprensión e interacción oral, comprensión e interacción escrita, comprensión lectora, comprensión auditiva) (31), también se puede realizar una evaluación formativa como parte de un curso. En estos casos las herramientas de medición pueden valorar otros aspectos y no necesariamente todas las destrezas.

Es importante entender que la evaluación de un curso no solamente puede y debe llevarse a cabo mediante una prueba final, dado que son numerosos los recursos disponibles para ir comprobando el progreso del alumnado. Así, la evaluación continua puede hacerse a través de diversos instrumentos, como los diarios de aprendizaje (Galindo Merino, 2007), o a través de la observación del docente. También se pueden distribuir pruebas de autoevaluación, hacer actividades en el aula encaminadas al control del aprendizaje, etc.

Para lograr un diseño coherente de las pruebas, se deben establecer objetivos claros y una forma de medición concreta. Los diarios de aprendizaje son un instrumento muy completo, pero requieren constancia y no permiten medir el dominio de una competencia al instante. Así pues, se puede optar por otra alternativa, como hacer un test puntual de vocabulario. En este caso, el profesorado debe revisar los criterios de las parrillas del alcance establecidos por el *MCER* (24) y los detalles de nivel del *PCIC* (25) para orientarse.

Asimismo, es preciso que el docente ponga en práctica la prueba para comprobar su eficacia e ir perfeccionándola cada vez. Por ejemplo, puede que convenga cambiar la forma en que se presentan los ítems o se dan las instrucciones, ya que, si todos los estudiantes se equivocan en el mismo apartado, es posible que esté mal formulado. De este modo también se comprueba su viabilidad, es decir, si el tiempo reservado es el adecuado, si surge alguna dificultad durante su distribución, si pueden aparecer complicaciones para que personas con necesidades especiales puedan realizarlo, etc. Así, gracias a la reflexión y a la revisión constantes, la prueba será mejor en años posteriores.

La tipología de actividades que se pueden llevar a cabo en un examen son múltiples. Para una comprensión lectora o auditiva se pueden proponer actividades de respuesta cerrada (*a/b/c; verdadero/falso/no se dice*; relacionar una frase con el párrafo al que haga referencia; organizar ideas, etc.), semiabierta (responder con una frase, transferir información, completar una oración, etc.) o abierta (responder brevemente, identificar y justificar la respuesta, citar algún fragmento o parafrasearlo, etc.). Las opciones deben presentarse desorganizadas y las preguntas deben distribuirse siguiendo el orden de aparición de los contenidos en el texto o audio.

Las tareas de interacción escrita (35) pueden consistir en dar respuesta a un estímulo de comprensión lectora o auditiva (por ejemplo, contestar un mensaje) y las de expresión escrita, en general, pueden centrarse en la redacción de un texto argumentativo, descriptivo, ensayístico o narrativo sobre un tema o una idea que se presente. La prueba de expresión oral (34) puede partir de la descripción de unas imágenes o de un texto que se ha leído y se debe comentar. En el caso de la interacción oral, se pueden reproducir situaciones frecuentes o comentar las impresiones ante un estímulo que se tiene delante.

* Ideas clave:

La evaluación puede medir el progreso del aprendizaje o el dominio de la lengua. Las pruebas de progreso pueden realizarse de manera continua o puntual. La valoración de los logros se puede realizar mediante escalas objetivas, como las parrillas, o subjetivas, como las listas de control de ítems. En todo caso es necesario asegurarse de que realmente se evalúa lo que se pretendía, que la prueba es viable y que se adapta a las necesidades concretas del contexto.

ELEteca **46.** ¿Cómo debo evaluar?

047 ¿Qué exámenes oficiales existen?

Rompiendo el hielo: ¿Por qué hacemos exámenes?

Los exámenes oficiales son aquellos que expide un organismo gubernamental, educativo o institucional. Su importancia reside en que se reconoce su estandarización, validez, fiabilidad y control, es decir, son pruebas que realmente evalúan los niveles de lengua de una forma probada y exacta. Por ello, estos exámenes son los que se requieren en muchos procesos de selección de personal, oposiciones, ingreso en universidades, petición de becas e incluso pruebas para obtener la nacionalidad de un país. Por supuesto, cada centro educativo o cada docente puede hacer exámenes de evaluación a final de su curso (46), pero estos no tienen por qué tener reconocimiento fuera de ese centro. El resultado de estos exámenes puede tener una validez determinada, es decir, se puede aceptar como prueba de dominio durante un número de años determinado y después caduca.

Los exámenes oficiales de español expedidos por España son los DELE (Diploma de Español como Lengua Extranjera), a través del Ministerio de Educación, Cultura y Deporte, y el Instituto Cervantes, y el SIELE (Servicio Internacional de Evaluación de la Lengua Española), a través de la Universidad Autónoma de México, la Universidad de Salamanca y la Universidad de Buenos Aires.

Los exámenes DELE se crearon en 1988, en el marco de los programas gubernamentales para promover la lengua española (10). En sus inicios solo se ofrecían dos niveles, inicial y superior, pero en 1992 se añadió el nivel elemental. Después de la publicación del *MCER* (24) y del *PCIC* (25), el examen se adaptó a los nuevos estándares y, por ello, actualmente, los niveles del examen son A1, A2, B1, B2, C1 y C2. Estos están dirigidos a personas mayores de 16 años que quieran demostrar su dominio del español; sin embargo, también existen los exámenes DELE A1 y DELE A2/B1 para escolares, dirigidos a menores. Hay múltiples convocatorias a lo largo del año y su calendario se puede consultar en la página web oficial del Instituto Cervantes. En cuanto a los centros de examen, hay más de 1000 repartidos por 100 países.

En España tener este certificado es un requisito para las personas que quieren obtener la nacionalidad y se les exige, como mínimo, un DELE A2. Asimismo, las personas que quieren hacer el mir (médico interno residente) o el FIR (farmacéutico interno residente) deben demostrar su conocimiento de español mediante un DELE C1 o C2. El reconocimiento en otros países e instituciones debe consultarse directamente a estos mismos, aunque es cierto que los DELE son los exámenes de español con más reconocimiento a nivel internacional. Esto se debe a que el Instituto Cervantes es una institución oficial del Gobierno español y a que forma parte de las asociaciones internacionales de certificación más reconocidas: Asociación Europea de Entes Certificadores de la Competencia Lingüística (ALTE, por sus siglas en inglés), Sistema Internacional de Certificación del Español como Lengua Extranjera (SICELE) y Asociación Europea para la Calidad de Servicios de Idiomas (EAQUALS).

En la web del Instituto Cervantes se puede consultar la descripción de cada examen, su duración, su puntuación y demás detalles, así como algunos modelos. En cuanto a las salidas laborales del profesorado de español, conviene recordar que existen cursos especiales para formarse como examinadores de la parte oral de los DELE, ya que se corrigen y evalúan *in situ*. La parte escrita, en cambio, se manda a corregir a una sede central. Estos cursos los organiza periódicamente el Instituto Cervantes en sus diferentes sedes, en muchas ocasiones en formato digital.

Los exámenes SIELE (Servicio Internacional de Evaluación de la Lengua Española), de titularidad pública y administración privada (Fundación Telefónica), nacieron en 2016 para llenar una necesidad certificativa por sus características particulares. Entre las principales diferencias que existen entre los DELE y los SIELE, cabe destacar que estos últimos pueden hacerse por destrezas (👁 31), es decir, en lugar de examinarse de las cuatro obligatoriamente, puede hacerse solo un examen de expresión e interacción oral o de expresión e interacción escrita. Esto resulta útil en casos puntuales en que las personas solo necesiten o quieran certificar su nivel de dominio en una de las destrezas, como puede pasar con los hablantes de herencia (👁 2). Además, mientras que en los exámenes DELE una persona se matricula en un nivel dado, es decir, se registra para hacer el nivel A2, por ejemplo, en los SIELE el examen es progresivo y los resultados son los que determinan el nivel. Los exámenes DELE no tienen caducidad, pero los SIELE sí, de 5 años. Los certificados del DELE llegan en aproximadamente dos meses y los del SIELE en máximo tres semanas.

> ¿Deberían tener fecha de caducidad todos los exámenes de certificación de idiomas?

La variación dialectal del español está más integrada desde niveles bajos en el SIELE, ya que su principal característica es la neutralización de los rasgos identificables como propios de un área geográfica determinada. De hecho, como señalan Amorós Negre y Moser (2019), aunque actualmente se incluyen referentes de diversas variedades en los exámenes oficiales, no es menos cierto que la tendencia general radica en emplear un español neutro con el que nadie se identifique.

A nivel universitario, la Asociación de Centros de Lenguas en la Enseñanza Superior de España ha desarrollado sus propias pruebas, los exámenes CertAcles. Las instituciones encargadas de administrarlos son las universidades que logran certificarse como centro examinador. Los precios para la comunidad de estudiantes suelen ser más asequibles que los de los exámenes oficiales expedidos por los institutos internacionales de idiomas (British Council, Instituto Camões, etc.).

Argentina constituye otro de los países hispanohablantes que cuenta con su propia certificación internacional, el Certificado de Español: Lengua y Uso, también conocido como *CELU*. Es el único reconocido por el Ministerio de Educación y el Ministerio de Relaciones Exteriores y Culto del país. Presenta dos niveles: intermedio (B2 según el *MCER*) y avanzado (C1 según el *MCER*). En el certificado se hace constar, además del nivel, una mención que indica si el dominio es bueno, muy bueno o excelente. El examen no tiene fecha de vencimiento.

México, a través del Centro de Enseñanza para Extranjeros (CEPE), desarrolla el Certificado de Español como Lengua Adicional

(CELA). Este se ofrece en tres niveles y el candidato debe elegir a cuál se presenta: independiente, que se corresponde con el nivel B1; avanzado, con el nivel B2; y competente, con el C1. Se debe lograr una puntuación mínima de 70 sobre 100 y se examinan contenidos de expresión escrita, competencia lingüística, comprensión lectora, comprensión auditiva y expresión oral. Los resultados se obtienen 10 días después del examen y la autoridad que expide los certificados es la UNAM.

Los exámenes oficiales pueden llevarse a cabo en cada país siguiendo las normas gubernamentales o de instituciones culturales y, por ello, es imposible presentar un listado completo. Por ejemplo, la Sociedad Hispánica de Japón organiza exámenes (スペイン語技能検定) con el auspicio del Ministerio de Educación, Cultura, Deportes, Ciencia y Tecnología del país nipón. Hay varias convocatorias al año y se presentan de manera graduada (de primer a sexto grado).

Todos estos exámenes son de español general, pero existen también exámenes con fines específicos (61), como los que ofrece la Cámara de Comercio de Madrid (España): español de los negocios (B2, C1 y C2), español del turismo (B2, C1 y C2) y español de la salud (B2, C1 y C2). La Fundación FIDESCU, que cuenta con el apoyo del Ministerio de Educación, Cultura y Deporte, también examina el nivel de español en estos ámbitos concretos con su DIE (Diploma Internacional de Español) para fines específicos.

Desde el punto de vista académico, es de interés para el profesorado saber que, de cara a la preparación de cualquiera de estos exámenes, suelen organizarse cursos para que los interesados se familiaricen con el formato, el tiempo disponible, los temas, etc., y desarrollen estrategias que les ayuden a obtener los mejores resultados posibles. Desde el punto de vista laboral, o para optar a becas, es recomendable que el profesorado no nativo de español acredite su dominio del idioma con alguno de estos certificados, ya que, sobre todo si desea trabajar en instituciones públicas, esto será probablemente un requisito.

✱ Ideas clave:

Los exámenes oficiales son importantes para acreditar, ante instituciones laborales o educativas, que se tiene un determinado nivel de un idioma. Las pruebas disponibles son numerosas, por lo que hay que saber elegir la más adecuada según las necesidades particulares de cada persona.

▶ ELEteca **47**. ¿Qué exámenes oficiales existen?

048 ¿Cómo pueden ser útiles las nuevas tecnologías para enseñar una lengua?

Rompiendo el hielo: ¿Has usado alguna vez una aplicación o un recurso tecnológico para aprender un idioma?

La competencia digital de los docentes (13), aunque considerada transversal (86), se ha vuelto imprescindible para la docencia. Esto se debe a que la ubicuidad de la tecnología ha cambiado profundamente nuestra forma de vivir, de comunicarnos y de trabajar (Redecker y Punie, 2017). No obstante, a pesar de este uso masivo, no se puede inferir que tengamos un desarrollo instintivo o inconsciente de una competencia digital completa y apropiada, sino que esta requiere una instrucción explícita (Hockly, 2016). Es más, la competencia digital que podemos desarrollar en nuestra vida diaria como usuarios no se corresponde necesariamente con los conocimientos y las destrezas que se desarrollan en el ámbito profesional docente. De hecho, la Unión Europea (Redecker y Punie, 2017) ha publicado un documento de referencia al respecto: *European Framework for the Digital Competence of Educators. DigCompEdu*. En él se explica cómo la tecnología puede ayudar a los docentes a mejorar su perfil profesional y educativo.

Las ventajas del uso de la tecnología en el aula de ELE se pueden formular desde diferentes ópticas. En primer lugar, facilitan una mayor exposición a la lengua meta, que, sobre todo en un contexto de no inmersión, se limita a unas horas de clase a la semana (Moreno García, 2015; De Santiago Guervós y Fernández González, 2017). Además, ciertas aplicaciones y herramientas permiten el contacto directo con nativos de manera síncrona o asíncrona, algo que antes resultaba especialmente difícil (y, si se conseguía, solía ser esporádico), lo que puede redundar en una mayor motivación del alumnado (Pastor Cesteros, 1999; Escribano Ortega y González Casares, 2014; Concheiro Coello, 2017*b*; Méndez Santos y Concheiro Coello, 2018). Esta misma ventaja puede ayudar a desarrollar la competencia intercultural (85) del alumnado (Jin y Cortazzi, 2009), así como a reducir los estereotipos de las personas nativas (Hockly, 2016).

Además, el uso de la tecnología puede rebajar la ansiedad en el aula, ya que muchas herramientas permiten una participación anónima o incluso introducen la ludicidad, con lo que los estudiantes pueden estar más dispuestos a producir en español, aunque tengan inseguridades o les dé vergüenza (Alejaldre Biel, 2018). Asimismo, la tecnología permite abarcar más temas de los que aparecen en los manuales, por lo que ofrece la posibilidad de personalizar la enseñanza, proporcionar muestras de lengua de diversas variedades dialectales e incluso atender al alumnado ausente. Es imposible

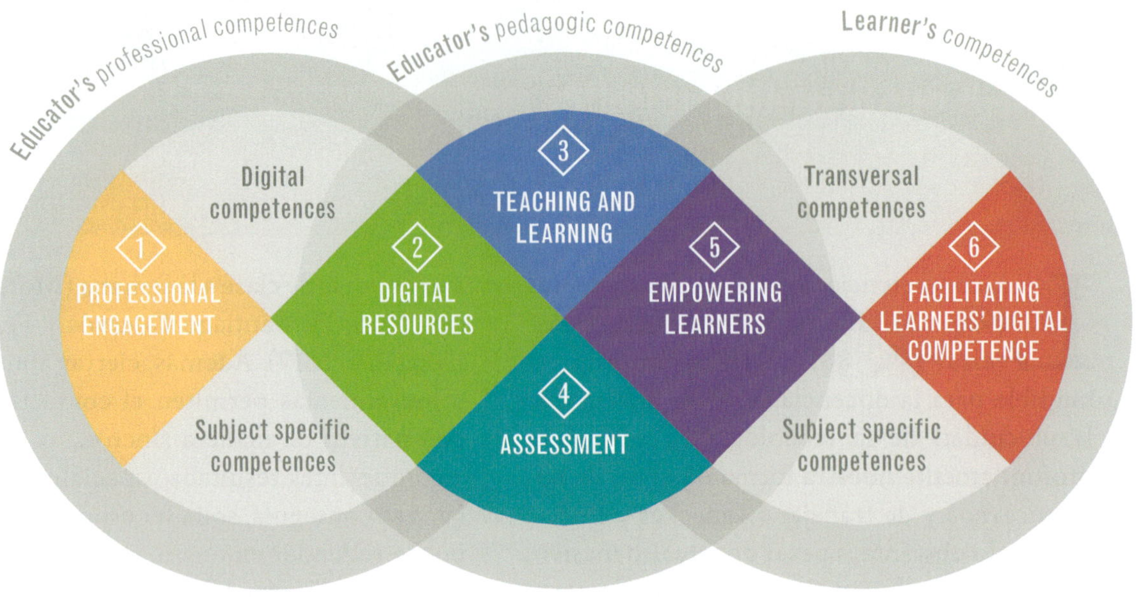

hacer un listado exhaustivo de páginas y recursos, y todavía parece más inviable que este se mantenga actualizado y no desaparezca en la inmensidad de la red, pero esta presentación pretende ofrecer unas primeras pistas.

Si seguimos el orden de desarrollo de las competencias del profesorado, conviene comenzar por los recursos más básicos: actividades ya preparadas. Son numerosos los bancos de actividades disponibles en la red, aunque no siempre están etiquetadas de manera eficaz. El Instituto Cervantes pone a disposición de los docentes la sección «Didactiteca», en la que se organizan las actividades y se permite la búsqueda por palabras clave, por destreza, etc. TodoELE también ofrece un buscador. El Ministerio de Educación y Formación Profesional, a través de sus consejerías, publica revistas en las que el profesorado comparte unidades didácticas, experiencias, investigaciones, etc. La de Portugal, con la revista *Azulejo para el aula de español*, es muy activa, al igual que la de Reino Unido e Irlanda con la revista *Tecla*. Este panorama de revistas didácticas se completa con *RedELE* y con *marcoELE*; esta última, que constituye otra referencia en el campo, publica trabajos de investigación y ofrece diferentes actividades, monografías y gramáticas en abierto.

La Agencia EFE, en colaboración con el Instituto Cervantes, proporciona una plataforma donde las noticias se tratan por niveles y se complementan con diversas actividades: Practica Español. Por supuesto, el alumnado también puede descargarse aplicaciones móviles, como Duolingo, para practicar su español o hacerse sus propias *flashcards*. El Instituto Cervantes tiene un canal de pódcast con reportajes de sus eventos, entrevistas, etc., que quizá pueden usarse para actividades de comprensión auditiva en el aula.

Si avanzamos un nivel y pretendemos diseñar o introducir herramientas digitales en el aula, conviene tener precaución con el estrés digital. A veces el empleo de una aplicación implica muchos minutos de explicación y su resultado didáctico puede ser más bien prescindible. Por ello, es preciso elegir herramientas fáciles, intuitivas y que puedan reutilizarse para varios objetivos; de esta forma, la segunda vez que se usen ya no habrá que explicar de nuevo el funcionamiento. Dicho esto, cabe tener presente que todo en exceso aburre y, por lo tanto, es importante también conocer las actitudes y creencias del alumnado con respecto al uso de la tecnología en clase (Román Mendoza, 2001, 2018).

Existen plataformas de diseño de actividades digitales que pueden usarse como repaso o complemento para los viajes en autobús o para momentos de espera del alumnado. Tal es el caso de Educaplay, Socrative y otras herramientas parecidas. Hay aplicaciones muy dinámicas que permiten diversas funcionalidades, como hacer votaciones, elaborar *rankings*, señalar el grado de acuerdo con diferentes afirmaciones, poner respuestas abiertas, etc. Estas sirven para introducir temas en el aula o para pedir la opinión sin que nadie se pueda sentir cohibido a la hora de participar. Por ejemplo, Kahoot! o Mentimeter son muy conocidas y las usan muchos docentes.

Hay herramientas que permiten la escritura colaborativa de manera digital, como los documentos Word compartidos, que se pueden tener con una cuenta de correo electrónico de Google, o las que directamente están pensadas para ello, como Padlet, que puede usarse de forma interactiva para ponerse en contacto con hispanohablantes de manera asíncrona. Las videollamadas permiten hacerlo en directo y se pueden llevar a cabo entrevistas a personas que puedan tener especial relevancia para el tema de la clase; si, además, se prepara a los aprendices debidamente, pueden ser ellos mismos quienes formulen las preguntas al invitado.

Las redes sociales son otra opción para acercar el mundo al aula. Pueden abrirse grupos, canales o cuentas para el grupo de clase o usar etiquetas para gestionar el aula, de manera que cada vez que quieran compartir algo con los compañeros empleen una etiqueta determinada. También pueden usarse de manera más pasiva, enseñando la cuenta de alguna persona famosa o llevando pantallazos de publicaciones de nativos para analizarlas o responderles de manera ficticia. Esto quizás sea más adecuado para menores de edad.

¿Qué otras aplicaciones conoces que podrían tener un uso didáctico en el aula de ELE?

Un paso más allá es usar materiales reales para trabajarlos en clase. Las plataformas de vídeos como YouTube o Vimeo ponen a disposición de los internautas una cantidad ingente de material audiovisual que se puede explotar didácticamente. Ahí podremos encontrar la tipología de géneros discursivos (👁 99) que se pueden incluir en el aula según el *MCER* (👁 24): anuncios, entrevistas, reportajes, retransmisiones deportivas, debates, noticias. Son muy interesantes también los cortometrajes, ya que permiten introducir el cine en el aula sin que implique una inversión de tiempo excesiva. De hecho, el Ministerio de Educación de España tiene un portal de cortometrajes llamado AulaCorto.

En lo que se refiere a las clases propiamente en línea, Méndez Santos y Pano Alamán (2019) constatan que el 44,7 % del profesorado utiliza Skype frecuentemente, aunque combina su uso con otras plataformas como Zoom, Appear.in, YouTube y Hangouts. La mayoría (el 72 %) utiliza otros recursos en línea cuando imparte clases, como Google Drive, plataformas de alojamiento de vídeos, entornos virtuales pensados para la enseñanza (Google Classroom, Schoology, ClassIn), pizarras digitales y muros (RealtimeBoard, NoteBookCast, Padlet, Linoit), aplicaciones para manipular vídeos (PlayPosit) o para visualizar vídeos sincronizados que se pueden comentar (Watch2Gether) y juegos y otras actividades con soportes como Kahoot!, Quizlet o LearningApps.

✱ Ideas clave:

La tecnología puede servir como fuente de contenidos para el aula o como recurso para enseñar más o mejor, introducir nuevas modalidades de trabajo o estudio, ofrecer más *input* y de más variedades geográficas e incluso atender estudiantes ausentes. El desarrollo de la competencia digital docente es una habilidad básica.

▶ **ELEteca** **48.** ¿Cómo pueden ser útiles las nuevas tecnologías para enseñar una lengua?

049 ¿Qué es el discurso docente?

Rompiendo el hielo: ¿Por qué levantamos la voz a alguien que no habla español pensando que nos entiende mejor?

Los métodos didácticos más tradicionales (53) tenían al docente como centro del aprendizaje, ya que era quien proporcionaba la información, pautaba las actividades, otorgaba los turnos de palabra y dirigía las sesiones de clase, en muchos casos, mediante explicaciones monológicas. Las primeras reflexiones sobre ese discurso docente, o discurso didáctico, se derivaban precisamente de dicha situación, dado que se consideraba que había un abuso de protagonismo. Es más, se cuestionaba si eso, lejos de beneficiar el aprendizaje, podía impedirlo, porque quien de verdad necesitaba practicar el idioma era el estudiante y en esas condiciones lo hacía más bien poco.

Así, el tiempo de habla del docente *(teacher talking time)* se concibió como algo que debía reducirse al mínimo para maximizar la participación estudiantil *(student talking time)*. Algunos cálculos decían que lo adecuado era que el tiempo del docente ocupase menos del 30 % de la sesión de clase y que sería perfecto si se acercase más al 10 %. Estas cábalas no dejaban de ser generalizaciones que realmente querían apuntar a un cambio en el modo de enseñar.

De hecho, los cambios en la didáctica de lenguas extranjeras, y en general en los enfoques pedagógicos más modernos, proporcionaron al alumnado un rol más activo. En el marco de este desplazamiento del foco, se produjo una consecuencia secundaria y es que, si el estudiante tenía que ser más participativo y menos pasivo, esto conllevaba que el profesorado dejara de ser el centro de atención y ocupara menos tiempo de la clase. Esta estrategia de incrementar la producción del alumnado es lícita si se comparte también la creencia de que el *output* (65) es fundamental para desarrollar la competencia comunicativa (80). Esto puede lograrse pidiendo resúmenes orales al alumnado de lo revisado en la clase anterior, parafraseando textos, haciendo preguntas abiertas, promoviendo el trabajo en grupos e interacciones significativas, etc. En este sentido, se ha demostrado que el enfoque por tareas es un método que permite más producción oral que la presentación, práctica, producción (PPP) (Yukako, 2014).

Las metodologías didácticas más innovadoras optan por ir un paso más allá y desplazar la lengua como objeto de estudio. En ellas, esta pasa a ser instrumento de comunicación para desarrollar un aprendizaje basado en proyectos (60) o un aprendizaje basado en contenidos (58), por ejemplo. En estos casos, el debate no se centra en si debe reducirse el tiempo de habla del profesorado, sino en cómo debe transmitir los conocimientos: el aprendizaje debe emplear la lengua como medio, de manera que se aumenta el uso de la L2, pero el contenido puede ser aprender historia o ciencias naturales.

Sea como fuere, en cualquiera de estas perspectivas (tradicional, comunicativa o por contenidos), el docente sigue participando en el aula con sus discursos. Como recomendación de análisis para el profesorado, es aconsejable grabar algunas clases, sobre todo si se emplean métodos comunicativos u orientados a la acción, para comprobar si se ha superado el exceso del tiempo de habla del docente y si realmente se está enseñando de una manera comunicativa. En casos en los que la enseñanza se produce en contextos sin inmersión lingüística o con baja presencia del español, es posible que las intervenciones del docente sean uno de los pocos momentos en los que el alumnado está en contacto con el idioma. Así, conviene tener esto en mente y maximizar las posibilidades de exposición al *input* (64).

¿Cómo debe ser la forma de hablar del docente?

Finalmente, y desde el punto de vista práctico, entre las estrategias disponibles para el profesorado a fin de evitar los bloqueos comunicativos y facilitar la comunicación en el aula durante sus explicaciones, es posible listar las siguientes: simplificar la lengua (evitar sintaxis compleja, acortar las frases, etc.), reelaborar (resumir y parafrasear para volver a explicar), hacer elipsis (evitar una palabra para que sea el alumnado quien la diga y así llamar la atención sobre ella), entonar las palabras de manera exagerada (para enfatizar o marcar transiciones), pronunciar y vocalizar de una forma más clara o, directamente, repetir (González Argüello, 2011). La repetición, al igual que la elipsis, puede ser útil para cohesionar el discurso, marcar la continuidad de lo que se está diciendo si ha habido interrupciones, aclarar, reafirmar o enfatizar. Además, los grandes marcadores, muy explícitos, ayudan al alumnado a seguir mejor las explicaciones. Por ello es más deseable emplear expresiones como *ahora vamos a pasar al segundo punto, cambiamos de actividad para estudiar ahora más el léxico*, etc., que las microguías como *ok*, *vale*, *ahora*. Todo ello debe apoyarse con lenguaje corporal, que ayuda enormemente a que el mensaje se comprenda.

✱ Ideas clave:

El discurso del docente en el aula es un modelo de lengua, en muchas ocasiones, una de las pocas muestras reales a las que el alumnado está expuesto. No obstante, esto no puede llevar a que el docente abarque todo el tiempo de clase, ya que los estudiantes deben poder practicar lo máximo posible.

ELEteca **49.** ¿Qué es el discurso docente?

050 ¿Cómo se gestiona un aula?

Rompiendo el hielo: ¿Son importantes las relaciones entre las personas que estudian juntas?

La enseñanza formal de lenguas extranjeras puede producirse en muy diversos contextos: en centros educativos públicos o privados con aulas dotadas de la última tecnología y grupos reducidos o en centros cuyos recursos disponibles son escasos y la ratio de estudiantes por aula, mayor. No obstante, en todas estas situaciones podemos identificar un elemento común: el factor humano, es decir, el docente y los estudiantes.

En un grupo de clase se fraguan relaciones personales, es decir, se establecen unos vínculos que constituyen un elemento más de la experiencia de aprendizaje: si hay conflictos, desprecios o inseguridades, la dinámica de las clases se verá afectada negativamente y, por ende, también el aprendizaje. Por el contrario, si se consigue propiciar un clima de cooperación positiva, el alumnado se sentirá libre y dispuesto a aprender sin pasar vergüenza, ansiedad o miedo a equivocarse, con ganas e ilusión por el estudio, etc. Esta habilidad docente se encuentra registrada como una de las competencias clave del profesorado (13), ya que se requiere que sepa fomentar «un espacio seguro en el que todos participen y trabajen en colaboración», así como «dinamizar el grupo seleccionando el tipo de agrupamiento más adecuado para cada actividad, asignando roles a los alumnos cuando convenga [...]» (Instituto Cervantes, 2012, p. 14).

Desde el punto de vista psicológico y motivacional, el ser humano tiene una vocación social y «el hecho de tener amistades y disfrutar de la compañía es una importante fuente de bienestar y salud» (Oblitas *et al.*, 2008, p. 349). Esto redunda en una implicación pedagógica clara que recogía, por ejemplo, Vigotski: que el aprendizaje «estimula y activa una variedad de procesos mentales que afloran en el marco de la interacción con otras personas» (Carrera y Mazzarella, 2001, p. 43). De hecho, esa interacción social positiva es adictiva, casi como una droga, por eso repetimos experiencias en las que nos sentimos alegres, relajados, en confianza. Este fenómeno se materializa en que un estudiante aprende cuando tiene la ocasión de usar la lengua a través de interacciones significativas. Emerge, pues, un concepto fundamental para el aprendizaje: la *interacción*.

Desde el punto de vista lingüístico, si tenemos en cuenta las teorías del procesamiento de la información, entendemos que la interacción oral entre pares puede proporcionar contextos significativos y, por ende, una mayor cantidad de *output* (65). Por ello, aprovechar las dinámicas de grupo para aumentar la producción oral puede paliar la falta de exposición en contextos de no inmersión, ya que el tiempo de docencia es limitado y con frecuencia se reduce a unas horas de clase a la semana (De Santiago Guervós y Fernández González, 2017). En otras palabras, la dinámica de grupos tiene consecuencias tanto cognitivas como metodológicas, afectivas y sociales.

Como indica Wlodowski (1985), un grupo es un conjunto de personas que interactúan de manera recíproca. Es fundamental entender que cada uno es único y genera sus relaciones, reglas, rutinas y límites. Así, la dinámica que se establece en cada curso es «el resultado del contacto entre los estilos interactivos del profesor y de los alumnos, las experiencias que surgen sobre la marcha en el proceso y los agrupamientos que se hayan constituido para facilitar la enseñanza y el aprendizaje» (Richards y Lockhart, 1998, p. 142). El objetivo es, pues, contribuir a que el ambiente de clase haga sentir, tanto al alumnado como al profesorado, que son respetados y que están conectados entre sí (Ginsberg y Wlodkowski, 2000). Promover este sentimiento hará que los miembros perciban que es mejor permanecer en el grupo que dejarlo (Wlodkowski, 1985), ya que, si se logra alcanzar esa cohesión grupal, la experiencia de aprendizaje se vive con una actitud positiva (Clément *et al.*, 1994).

La primera consecuencia didáctica que debemos tener clara es que es necesario reflexionar sobre lo que ocurre en el aula; en otras palabras, hay que entender cómo funciona el grupo para potenciar o mejorar sus relaciones en la medida de lo posible. Un grupo eficaz en el que el aprendizaje fluya puede surgir de una forma espontánea o puede ser el resultado de una planificación proactiva y pormenorizada. Para alcanzar ese estado de aprendizaje prodigioso, la relación entre las personas de la clase no puede ser tensa y, por ello, debe lograrse una «armonía interpersonal» (Goleman, 2014, p. 13) que garantice que los integrantes coordinan sus esfuerzos para ser más productivos.

> ¿Mediante qué técnicas, estrategias y actividades podemos marcar las reglas del curso?

Esta dinámica armónica debe conseguirse a través un trabajo de largo recorrido, desde la primera clase (51) hasta la última, en el que se tenga en cuenta qué fluctuaciones suelen darse en el tiempo. Al principio, conviene comenzar con una estrategia clara para establecer la filiación al grupo, desarrollar actitudes positivas y enriquecer las actividades haciéndolas significativas y fomentando la cooperación entre aprendientes (Méndez Santos, 2018).

En una etapa intermedia del curso, las actividades deben centrarse más en promover la sensación de progreso y aprendizaje, y, cuando los miembros del grupo tengan una autoestima bien formada, podrán introducirse ya actividades de competición, aunque con cautela, porque pueden generar conductas defensivas. Si no se limitan a señalar quién sabe más o quien sabe menos, los concursos pueden servir para darle un toque de diversión al ambiente, pero siempre con la seguridad de que los «perdedores» no se lo tomen demasiado en serio (Dörnyei, 2008). Asimismo, durante este período es importante manejar emocionalmente las anécdotas y los momentos divertidos del curso, ya que, al recuperar los recuerdos, se fomenta esta unión de grupo. Para generar esta sensación, los aprendices también pueden poner en común las dificultades y apoyarse entre ellos; por ejemplo, pueden formar el Club de las estudiantes que amaban el participio irregular *escrito*.

Tan importante como el inicio y el desarrollo es preparar el final y la disolución del grupo. El alumnado ha compartido vivencias que les habrán hecho sentirse parte de un todo. Conviene que la última sesión se dedique a hacer una retrospección de lo vivido, disfrutado y aprendido. Un mal recuerdo puede comprometer nuestra disposición a seguir tomando cursos en el futuro.

✱ Ideas clave:

Las relaciones interpersonales que se establecen entre docentes y alumnado, así como entre los propios estudiantes, condicionan la experiencia de aprendizaje y sus resultados, por lo que es importante trabajar de manera planificada para lograr una buena dinámica de grupo.

ELEteca **50.** ¿Cómo se gestiona un aula?

051 ¿Cómo preparo el primer día de clase?

Rompiendo el hielo: ¿Qué sentimientos nos invaden el primer día en que asistimos a un curso?

Durante las primeras sesiones, el docente debe ser un ejemplo de actitud positiva y debe transmitir claridad sobre las reglas, el modo de trabajo durante el curso, las normas administrativas (deberes, fechas de evaluación, control de asistencia, matrícula, etc.) y los objetivos que se buscan, ya que «casi todo lo que hace un profesor en el aula influye en la motivación de los alumnos» (Dörnyei, 2008, p. 56). Es conveniente que la primera impresión haga sentir a los aprendices seguros, exitosos e interesados, y que lo aprendido tenga relevancia personal (Ginsberg y Wlodkowski, 2000). Por ello, conviene realizar previamente un análisis de necesidades (26) exhaustivo que nos indique el perfil personal y académico del alumnado: día de su cumpleaños –para poder celebrarlo en clase–, temas de interés, idiomas que domina, qué contacto tiene con el español fuera del aula, etc.

En primer lugar, para alcanzar una zona de seguridad emocional donde los aprendices se sientan tranquilos, conviene minimizar –si no eliminar–, durante los primeros días especialmente, la exposición pública negativa, como cuando se corrigen los errores (42) individualmente y personalizándolos, dado que esto puede provocar desmotivación y ansiedad, afectar a su autoestima, perjudicar su imagen pública, etc. (Oxford, 2000). Una persona debe tener una fuerte autoestima y mucha seguridad en sí misma para no sentirse cohibida si en la primera clase se lanza a participar y lo primero que se hace es corregirla delante de todos de una manera poco adecuada. En su lugar, la corrección debería llevarse a cabo de manera grupal o mediante una elicitación. Además, para ayudar a los estudiantes a ganar seguridad y aumentar su motivación, las actividades pueden partir de los conocimientos de español que ya tengan; de esta forma, no se sentirán como contenedores vacíos.

Por otra parte, es necesario buscar la relevancia personal de los contenidos. Parece que la única respuesta viable para lograrlo con todo el alumnado es que se dé la posibilidad de elegir, ya que lo que puede resultar motivante para unos aprendices puede ser desmotivante para otros. La oportunidad de escoger el tema o el modo de trabajo, por ejemplo, ofrece una flexibilidad y un alto grado de relevancia personal.

Además, en esas primeras jornadas, en la mayoría de las ocasiones, los miembros del grupo no se conocen y pueden sentir suspicacia, inseguridad, incertidumbre, etc., por lo que evitarán quedar en evidencia y se irán formando una opinión de sus compañeros (Dörnyei y Malderez, 2000). Por ello, en esta primera etapa deben establecerse las normas del grupo. Estas pueden ser las culturales, las institucionales o las particulares del aula. En lo que respecta a cuestiones académicas y burocráticas, es necesario explicitarlas y dejarlas claras; asimismo, es mejor escribirlas en algún sitio al que se pueda acceder fácilmente para poder consultarlas en todo momento (programas, corcho del aula, documentos en su correo o plataformas sobre el calendario de exámenes, matrículas, etc.).

En lo que respecta a las normas culturales, es importante tener en cuenta que el alumnado puede no ser consciente de la dimensión intercultural al comunicarse con compañeros del aula que provengan de otras comunidades étnicas, lingüísticas, etc. Así pues, en los primeros días se podría plantear una propuesta didáctica orientada a evitar malentendidos que podrían crear un ambiente hostil; por ejemplo, podría centrarse en las normas culturales sobre los comportamientos que se consideran aceptables e inaceptables durante las clases.

Por otra parte, es importante que no se creen subgrupos cerrados y se desencadene

un ambiente tenso. Esto se consigue, durante los primeros días, cambiando la dinámica de agrupación con frecuencia. El tamaño medio de un grupo debería rondar las 4 o 5 personas, ya que de esta forma todos los estudiantes tienen oportunidad de hablar y se evita la ansiedad que provoca intervenir en un gran grupo (Horwitz, 2017). Los agrupamientos pueden hacerse mediante distintas técnicas didácticas: con tarjetas, numerándolos, etc., pero también juntándolos de manera más significativa: por ejemplo, como elemento unificador se pueden usar temas de interés comunes (*¿qué deportista te gusta más?*); así, se pueden colgar fotos en las paredes del aula y pedir a los aprendices que se agrupen en torno a ellas para contestar unas preguntas sobre esas personas; de este modo se habrán agrupado de una manera más natural.

¿Mediante qué técnicas podemos lograr que los estudiantes se reagrupen de formas diversas?

Por último, otra opción para explicitar las normas consiste en hacer un contrato de aprendizaje en el que tanto el profesor como el alumnado se comprometan a mantener una determinada actitud o una forma de proceder concreta, y que posteriormente deba firmarse y guardarse.

✳ Ideas clave:

Durante los primeros días de clase, se debe informar claramente de todas las cuestiones de carácter administrativo y burocrático que puedan ser relevantes. Desde el punto de vista didáctico, es necesario llevar a cabo un análisis de necesidades completo para adaptar la planificación del curso de la mejor manera posible. Desde el punto de vista social, se debe procurar que el alumnado se conozca y se valore, y así se genere un ambiente de confianza mutua que permita un aprendizaje cómodo y fluido.

ELEteca **51.** ¿Cómo preparo el primer día de clase?

052 ¿Qué es un método, un enfoque y un procedimiento?

Rompiendo el hielo: ¿Cómo se enseñan los idiomas no maternos en las clases?

La forma de enseñar una lengua que no es la materna debe partir de una base teórica sobre cómo se considera que ocurre este proceso. Las teorías lingüísticas, psicolingüísticas y neurolingüísticas (1) buscan dar respuesta a cómo se procesa un idioma segundo o tercero, a si se aprende de manera diferente en función de la edad (76) o a si se necesita la instrucción explícita para interiorizarlo (Leow, 2015).

Las diferentes perspectivas que se tienen sobre este proceso se denominan *enfoques*. Cada enfoque puede dar lugar a diferentes aplicaciones. Así, el enfoque natural (55), aquel que defiende que una L2 se aprende como la L1, dio lugar al método directo (53) y al método natural (55).

Los enfoques, además de dar una base teórica al proceso de aprendizaje, también determinan qué implica conocer un idioma. En función de ello, se describirán los elementos de la competencia para hablarlo. En el caso del método gramática-traducción (53), se consideraba que hablar un idioma era conocer su gramática, porque su enfoque sobre las lenguas era estructuralista. En otras palabras, para las personas que defienden que un idioma se domina cuando se conocen las reglas gramaticales, la forma de aprender pasa por un método basado en las explicaciones explícitas sobre la gramática, la revisión de estructuras, la traducción y los ejercicios de rellenar huecos.

Los enfoques, como planteamientos teóricos, buscan su materialización en diversos métodos que siguen un diseño concreto y marcan una serie de procedimientos para aplicarlos. Los diseños determinan los objetivos que se pretenden alcanzar, el tipo de actividades que se consideran adecuadas, el rol del profesorado y del alumnado, y la presencia de la L1, por ejemplo. Una vez se tienen claros todos los principios y criterios sobre estos factores, se deciden los procedimientos de enseñanza, es decir, se eligen las técnicas concretas y se describen los comportamientos esperados. En el caso del método comunicativo (56) se recomienda, por ejemplo, evitar el uso de la L1 y fomentar la comprensión del alumnado repitiendo la misma frase con ejemplos, mímica, imágenes, etc., tantas veces como haga falta hasta que se comprenda el mensaje.

Cierto es que el concepto de *método* ha sido y es complicado de concretar. En el caso del método comunicativo, por ejemplo, se puede considerar que su enfoque teórico es funcionalista. No obstante, en lugar de llamarlo *método*, hay una corriente que prefiere denominarlo

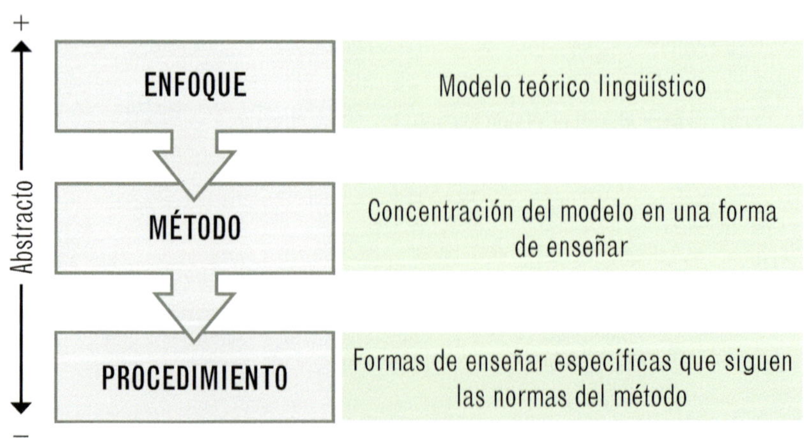

paradigma, pues, más que un método concreto, se trata de un modelo que tiene diferentes ramificaciones y concreciones. A veces, su empleo también es confuso, porque en ocasiones el término *método* se ha utilizado para referirse a una colección de manuales de una editorial, aunque esta acepción parece estar en desuso. Hay personas que confunden las palabras *método* y *metodología*; sin embargo, esta última es la disciplina que estudia todos los aspectos relacionados con los métodos y la forma de enseñar. Así, es un concepto diferente y, en cierto modo, más general.

¿Qué características tienen los métodos más comerciales como el Berlitz o el Vaughan?

En suma, el término *enfoque* hace referencia a las teorías lingüísticas, psicolingüísticas y neurolingüísticas que explican cómo se aprende una lengua. Basándose en esa información, se pueden diseñar diferentes formas de enseñar, conocidas como *métodos*. Cada uno de ellos tendrá sus particularidades y modos de aplicación, denominados *procedimientos*. En la actualidad no hay un método más aceptado que otro a nivel mundial, ya que, de hecho, lo que suele llevar al aula es una combinación de diferentes procedimientos que se consideran útiles en el contexto dado. Esta nueva situación se conoce como *era posmétodo* (Kumaravadivelu, 1994) y la forma de enseñar, *método ecléctico* (Baralo y Estaire, 2010). Esta moderación en los procedimientos es una reacción a los principios de muchos métodos del siglo xx, que, a pesar de que solían suponer un obstáculo para la enseñanza-aprendizaje (por ejemplo, al rechazar rotundamente el uso de la L1), eran inflexibles e inamovibles.

✱ Ideas clave:

Antes de enseñar un idioma, el docente debe reflexionar sobre cómo se aprende una lengua y familiarizarse con una corriente teórica (o varias) y sus propuestas. Asimismo, tiene que ser crítico y escoger, en función del alumnado, los objetivos y el contexto, la forma de enseñanza más adecuada.

ELEteca 52. ¿Qué es un método, un enfoque y un procedimiento?

053 ¿Qué métodos han existido para enseñar lenguas extranjeras?

Rompiendo el hielo: ¿Qué formas de enseñar idiomas conoces?

La enseñanza de lenguas está documentada desde tiempos inmemoriales y su objetivo ha ido cambiando con el tiempo. Al principio, los motivos primordiales por los que se aprendían otros idiomas eran el comercio y las relaciones diplomáticas. Con el paso de los años, el prestigio social asociado al dominio de idiomas creció exponencialmente, dado que solo las personas de nivel socioeconómico alto tenían acceso a la alfabetización y a la educación.

En el Renacimiento europeo, el objetivo de conocer un idioma, a nivel más general (salvando las personas de las cortes que se dedicaban a las relaciones internacionales u otras situaciones particulares), consistía en poder leer los clásicos latinos y griegos. En consonancia con esta meta, la formación que se daba se centraba básicamente en la exposición de las reglas gramaticales y del léxico necesario para entender la lectura, y se dejaba de lado aquel que, por ejemplo, se pudiera usar en la vida diaria. Así se extendió el método de gramática-traducción. Este estuvo vigente de manera generalizada hasta finales del siglo XIX y comienzos del XX, cuando surgieron las críticas a su nula efectividad, ya que la forma como se aprendían los conocimientos no preparaba a los aprendices para mantener interacciones orales (Richards y Rodgers, 2009).

De este modo, nació el método directo, que primaba lo oral sobre lo escrito, evitaba el uso de la L1, prohibía la traducción y trataba temas de la vida cotidiana. Posteriormente, y ya otorgando plena importancia a la interacción, surgió el enfoque oral. Este, aunque también relegaba la parte escrita, promovía una selección ordenada y nivelada de los contenidos que se debían aprender en clase, a diferencia del método directo, que ignoraba el concepto de gradación de la dificultad. El enfoque oral, por ejemplo, seleccionaba las palabras que enseñar de entre las más frecuentes y después, se valoraba su dificultad a partir de diferentes criterios, las graduaba y las clasificaba. Una variante de este enfoque fue la situacional, que hacía más hincapié en contextualizar las situaciones de la comunicación.

Paralelamente al desarrollo de estas formas de enseñar, pensadas para la población en general, también se fomentaron otros métodos con objetivos muy específicos. Así, en Estados Unidos, y en el marco de la Segunda Guerra Mundial y el espionaje, se necesitó formar a hablantes competentes en otros idiomas. Para lograr instruir a muchas personas en poco tiempo, se optó por imitar el acento nativo, exponer a los aprendices a materiales reales, evitar el uso de la L1, practicar de manera intensiva y repetir patrones para adquirir nuevos hábitos.

Esta forma de enseñar, basada en principios conductistas (estímulo-respuesta) (Griffin, 2011), dio lugar al método audiolingüe. Con la misma base estructural, se pensaba que aprender un idioma pasaba por reproducir repetidamente diálogos predefinidos, identificar estructuras y hacer ejercicios de huecos y de sustitución para memorizar. No obstante, esta adquisición de hábitos mediante conductas repetitivas no permitía a los aprendices comunicarse en los contextos reales, ya que presentaban muchas limitaciones. La falta de flexibilidad restaba posibilidades de autonomía para resolver problemas comunicativos o para adaptarse a las circunstancias específicas de cada acto comunicativo (registro, intención del hablante, etc.).

En esos años, como reacción, surgió el enfoque comunicativo (56), que ha sido uno de los grandes referentes de la enseñanza de idiomas en el siglo XX. También aparecieron métodos alternativos como el enfoque natural (55), la respuesta física total (*total physical response*), la sugestopedia o el método

silencioso. La respuesta física total se basaba, por un lado, en la idea de que había que realizar movimiento físico mientras se aprendía para que los conocimientos dejaran una huella indeleble en la memoria y, por otro, en el enfoque conductista del aprendizaje, centrado en el estímulo-respuesta. La sugestopedia proponía un control del ambiente de la clase, la iluminación y los colores, contemplaba el uso de técnicas de relajación y promovía la escucha y la repetición de diálogos. El método silencioso abogaba por una enseñanza estructurada de las reglas gramaticales, aunque de manera inductiva; de esta forma, reducía al mínimo el papel del docente, que debía adoptar una actitud pasiva, y dotaba de protagonismo a los aprendices, que debían estar más activos, producir más y tomar sus propias decisiones.

Esta trayectoria histórica de idas y venidas, de diferentes concepciones sobre el significado de conocer un idioma, evidenció la necesidad de abordar todas estas cuestiones desde un punto de vista científico. Así, en la década de 1970, surgieron los primeros estudios de lingüística aplicada a la enseñanza de lenguas extranjeras y se acuñaron conceptos clave como *competencia comunicativa* (80) o *interlengua* (67). Todo ello favoreció el desarrollo de nuevos métodos y enfoques (54).

* Ideas clave:

La concepción sobre qué implicaba hablar un idioma y cómo se aprendía una lengua extranjera condicionó los primeros modelos de enseñanza, que se basaban en una perspectiva estructuralista. Según esta, dominar un idioma radicaba en conocer sus reglas gramaticales y buscar la corrección, principalmente en textos escritos o traducidos.

ELEteca **53.** ¿Qué métodos han existido para enseñar lenguas extranjeras?

054 ¿Qué formas de enseñar están más extendidas en la actualidad?

Rompiendo el hielo: ¿Qué se destaca en los anuncios sobre cursos de idiomas que has visto últimamente?

Después de la eclosión de la destreza oral, la idea sobre qué implica conocer un idioma varió sustancialmente y, por ello, se acuñó el término *competencia comunicativa* (80), que no solo consiste en conocer las reglas del idioma, sino también en saber usarlas en función del contexto y la situación del acto comunicativo. Dada esta prevalencia surgieron métodos que, como el enfoque nociofuncional, no organizaban los contenidos de enseñanza a partir de la gramática, sino de las funciones (89) que se alcanzan con la comunicación.

El método comunicativo (56) defiende que debe existir un vacío de información para que los aprendices desarrollen una competencia real del idioma; asimismo, la lengua materna se evita en la medida de lo posible y las explicaciones gramaticales se reducen. Esta perspectiva diseña los programas detallando las funciones comunicativas que se deben dominar (pedir información, rechazar un argumento o mostrar escepticismo, entre otras). Esta forma de enseñar y de entender para qué sirve una lengua se ha generalizado a nivel global, aunque en muchos contextos educativos todavía siguen predominando las clases de corte estructuralista que se basan en la presentación de reglas gramaticales, la traducción, los ejercicios de rellenar huecos o la repetición de diálogos.

El método comunicativo, desde su enfoque funcionalista, dio lugar a otras versiones. El enfoque por tareas (57), de hecho, va más allá que el método comunicativo y defiende que el objetivo de las clases no debe ser alcanzar el dominio de ciertos contenidos lingüísticos y funciones, sino realizar actos equivalentes a los que se llevan a cabo en la vida cotidiana que implican el uso del lenguaje. En este enfoque, se desarrollan una serie de tareas previas en las que se trabajan los contenidos y las destrezas necesarios para elaborar una tarea final que, por ejemplo, podría consistir en escribir una reseña de un restaurante.

El enfoque natural (55) –y su materialización en el método natural, en el que se defiende que la L2 se aprende como la L1 y que, por lo tanto, lo único que se necesita es estar expuesto a una gran cantidad de *input* (64)– ha dado lugar a ciertas matizaciones y especializaciones teniendo en cuenta los hallazgos científicos sobre el procesamiento del *input*. Así, se defiende la preparación, más o menos intrusiva, de los contenidos que se deben adquirir, lo que supone, entre otras medidas, garantizar un número mínimo de contactos que empleen cierto vocabulario o cierta estructura.

Las críticas, tanto al método natural como al comunicativo, se basan en que en ambos se requieren muchos años para desarrollar una competencia comunicativa completa y que esta, aunque pueda desarrollarse con más fluidez, carece en muchas ocasiones de corrección (39) y presenta muchas estructuras fosilizadas (68) por la falta de intervención consciente sobre ciertas formas. A modo de respuesta, surgieron propuestas didácticas, como la atención a la forma (91), que eran perfectamente compatibles con los métodos comunicativo y por tareas, y quizá un poco menos con el natural.

En relación con la idea de que un idioma se aprende como la L1, en edades tempranas funciona especialmente bien el método basado en la enseñanza de contenidos (58), en el que el idioma se convierte en un canal de transmisión, pero no en el foco del aprendizaje. De este modo, se puede enseñar historia en inglés o ciencias naturales en español. Esta forma de enseñanza, que puede resultar más intuitiva y espontánea para los niños, puede derivar en ciertas complicaciones con adultos que tienen otras expectativas sobre cómo debe aprenderse un idioma y pueden requerir explicaciones formales similares a las de la propuesta de la atención a la forma.

En los comienzos del siglo XXI, el método comunicativo, el enfoque por tareas y la enseñanza basada en contenidos parecen ser los modelos didácticos más extendidos; no obstante, al mismo tiempo, se considera que la enseñanza de lenguas se encuentra en un momento posmétodo en que el docente, en su contexto inmediato del aquí y el ahora, es quien decide qué enseñar, cómo enseñar y qué estrategias que se han probado eficaces de cada método le sirven en su desempeño.

¿Qué ventajas e inconvenientes presentan los diversos métodos de enseñanza?

✱ Ideas clave:

El desarrollo de una competencia comunicativa en la lengua meta implica una enseñanza que promueva su uso activo y otorgue un papel relevante al *input*. El enfoque por tareas y la enseñanza basada en contenidos, así como el método comunicativo, son los modelos más extendidos.

ELEteca **54.** ¿Qué formas de enseñar están más extendidas en la actualidad?

055 ¿Qué es el enfoque natural?

Rompiendo el hielo: ¿Por qué no se enseña igual una LE que una L1?

El enfoque natural, descrito por primera vez por Stephen Krashen y Tracy Terrell, se centra en el aprendizaje de la lengua sin recurrir a la L1 y sin dar explicaciones gramaticales explícitas. Por ello, en su modelo de comprensión sobre el procesamiento del idioma se pondera, sobre todo, la exposición al *input*, que, según ellos, es más importante que el *output* (64, 65). Su concepción de la enseñanza-aprendizaje se basa, en esencia, en poder comprender los mensajes. Así, uno de los rasgos fundamentales es que los textos de entrada, ya sean orales o escritos, presenten una dificultad equilibrada con el nivel del alumno e, incluso, un poco más elevada, para fomentar el salto al siguiente nivel. Esto se denomina *i+1*.

Según este enfoque, cuando hay mucho *input*, este se interioriza sin necesidad de explicaciones metalingüísticas en el aula, de modo que este proceso se asemeja más a la adquisición –proceso inconsciente– que al aprendizaje –proceso consciente– propio de la educación formal, conducida con otros métodos y enfoques. Esto lleva a un debate sobre si el conocimiento aprendido de manera declarativa, es decir, mediante explicaciones formales en el aula, se puede automatizar y almacenar de una manera procedimental en la memoria a largo plazo (76). Según Krashen (1982), el aprendizaje declarativo solo sirve como controlador de la forma o corrección de lo que ya se tiene interiorizado.

Se establece así la dicotomía *adquisición* (natural) y *aprendizaje* (formal), que todavía se sigue teniendo en cuenta, aunque el debate actual ha superado en cierto modo esta dualidad extrema, pues las posiciones más moderadas reconocen la importancia de la exposición al *input*, pero también valoran los resultados de dominio logrados mediante la enseñanza formal y comprenden la importancia del *output* para la automatización y rutinización del uso de la lengua. Desde el punto de vista neurolingüístico, esta hipótesis también ha quedado obsoleta, porque los trabajos de Ullman (2015) demuestran que hay interacción entre la memoria a largo plazo declarativa y la procedimental, de manera que el mismo contenido puede interiorizarse de los dos modos.

Otra de las consecuencias de considerar que la explicación explícita en clase no es necesaria es que se cree que el *input* se interioriza por estadios que son inalterables y predecibles. Esta adquisición en fases de manera natural y sin explicaciones gramaticales explícitas tiene éxito si el alumnado está predispuesto a aprender y no sufre la tensión propia de la ansiedad o la inseguridad, que coartan o bloquean su proceso. Por ello, es importante trabajar los aspectos afectivos y apoyar la autoestima de los estudiantes en el aula (73). Asimismo, no se les debe forzar a producir en la segunda lengua, a menos que se sientan preparados para ello, y la corrección de los errores no debe hacerse en clase (42). De considerarlo necesario, el trabajo formal de la gramática se puede presentar como deberes para casa. En esta línea, la gramática no debe ser el elemento que marque la periodización de los contenidos ni el centro de la clase.

El desarrollo de la adquisición de modo natural se resume en ofrecer todo el *input* que sea posible, acorde con el nivel, y acompañarlo de todos los recursos y las ayudas necesarios para facilitar la comprensión. Así, en clase se debe trabajar mucho la lectura y la audición, y dejar que la producción oral surja de manera espontánea cuando toque. Además, con el fin de favorecer un clima afectivo adecuado, se recomienda restarle importancia a la corrección y centrarse más en el significado.

Las actividades prototípicas del método natural comienzan con una exposición a un *input* comprensible en la lengua meta. El docente habla con claridad y despacio, y no interpela directamente a los estudiantes; de requerir una respuesta, esta comenzaría por cuestiones sencillas (de *sí* o *no*). Las actividades se basan en órdenes, mímica, gestos y representaciones teatrales. En cambio, en las aulas en las que se sigue este método se evitan las explicaciones específicas sobre las formas gramaticales, porque no se consideran necesarias, y tampoco sobre las funciones, porque se supone que estas se deducen instintivamente.

¿Qué limitaciones presenta el método natural?

Este enfoque se sitúa en las antípodas de la metodología tradicional de gramática-traducción y también entra en conflicto con otras hipótesis como la de la importancia del *output* (65) –en especial, el forzado– que, desde este enfoque, prácticamente se desdeña como elemento condicionador de un mayor aprendizaje. En la actualidad la importancia del *input*, planteada originalmente por Krashen, tiene su recepción en las teorías que valoran su procesamiento.

✱ Ideas clave:

El enfoque natural defiende que la L2 se aprende del mismo modo que la L1. Por lo tanto, el método que concreta esta perspectiva intenta reproducir las mismas circunstancias: procurar una gran exposición al *input*, que debe ser comprensible, presentar la gramática de manera implícita y evitar la corrección del error.

ELEteca **55.** ¿Qué es el enfoque natural?

056 ¿Qué es el método comunicativo?

Rompiendo el hielo: ¿Qué debe pasar en un aula de idiomas para que la gente hable libremente?

La evolución de los métodos de enseñanza en el siglo XX reflejaba la preocupación por superar la idea de que conocer un idioma consistía en dominar las reglas gramaticales, como en el método clásico de gramática-traducción (53). Por ello, surgieron enfoques conductistas, como el método audiolingüe, que buscaba incorporar la importancia de la destreza oral basándose en la repetición, de manera que una persona debía escuchar un modelo de diálogo y reproducirlo repetidas veces. La flaqueza de esa opción era que, a pesar de que aportaba mucha seguridad en entornos controlados, la realidad es que la comunicación podía seguir otros patrones y, como no había conciencia de cómo usar la lengua, la competencia desarrollada no era natural ni flexible. El método directo, que defiende un aprendizaje natural, del mismo modo que ocurre con la L1, se vio comprometido en su aplicabilidad porque se vetaba la lengua materna en el aula, lo que provocaba grandes dificultades de aprendizaje, frustración y abandono. Además, defendía una instrucción implícita de la gramática, con lo que el tiempo necesario para desarrollar un conocimiento profundo de la lengua era mayor.

Con los acontecimientos históricos y la creación de un espíritu europeo, sin fronteras y multilingüe, surgió la necesidad imperiosa de desarrollar la competencia comunicativa (80). Así, se cambió el concepto de organizar el currículo en torno a la gramática y se priorizaron, sobre todo, las nociones y funciones (89). Esto dio lugar al establecimiento y la gradación de todos los contenidos en diferentes niveles (22). La gramática pasó a un segundo plano y también el docente, ya que las lecciones no provenían solo de él y la lengua se construía con el uso y no solamente con sus explicaciones gramaticales. Cuando se dan este tipo de explicaciones, de manera muy esporádica y dosificada, se incide en el valor comunicativo que entraña la gramática sin pretender ofrecer un conocimiento meramente teórico sobre esta. Por ello, la interacción en el aula se multiplica y la gestión del grupo cobra especial relevancia.

En consonancia con esta perspectiva, la comunicación no surge de bloques prefabricados, sino que se construye. Para lograrlo debe haber una necesidad real, lo que se denomina *vacío de información*, y ambos interlocutores

van creando la conversación sin seguir un guion cerrado. De hecho, con esta toma de relevancia del papel del alumnado, también surgen las primeras investigaciones sobre el papel de la afectividad y la motivación en el aula (73). El uso de la L1 ocupa un lugar reducido y, si bien puede emplearse como una forma de que los aprendices se frustren al no comprender algo, casi se podría decir que se deja como última opción (45).

Dentro de esta apuesta por una comunicación real, los proyectos suelen ser una forma de trabajar muy satisfactoria y adecuada, porque dan la oportunidad de trabajar sobre los contenidos deseados, sin constreñir la libertad individual y la creatividad. Así, por ejemplo, también destacan los juegos de rol que representan situaciones reales. De hecho, la idea de introducir materiales reales en el aula es crucial: cortos, textos breves de noticias, fragmentos de programas de radio, etc.

La evaluación (46) de la competencia aprendida no solo se produce al final, como solía ser tradicionalmente, sino que se valora el proceso; además, si bien se sigue teniendo en cuenta la corrección gramatical, este no es el único factor ni el más importante, ya que comparte protagonismo con la fluidez (37) y el alcance (40).

Una clase típica basada en los preceptos comunicativos –la expresión *método comunicativo* se queda corta, porque cada vez se ha ido ampliando más y ramificando en algunas especializaciones (enfoque por tareas, enfoque léxico)– se centra en una necesidad nociofuncional (presentarse, hablar del tiempo, describir a alguien, etc.). Esta suele comenzar con un rompehielos, una tarea de relajación del ambiente y preparación de la clase, dado que los estudiantes pueden venir de otros cursos o de trabajar y necesitan recentrarse y cambiar el chip. Después se presenta el tema central mediante imágenes, describiendo lo que se ve o respondiendo preguntas, y esto da paso a la presentación y al uso del vocabulario que se va a necesitar.

> ¿Qué tipo de actividades comunicativas pueden usarse como rompehielos?

Mientras se van realizando estas primeras actividades, que pueden ser comprensiones auditivas o lectoras, las estructuras gramaticales que se consideran claves van apareciendo y, si conviene, se explican breve y sucintamente. Una vez alcanzados los objetivos comunicativos, se pasa a otro contenido.

Sin embargo, esta perspectiva se quedaba un poco coja y, en cierto modo, seguía teniendo la lengua como centro del aprendizaje, por lo que, a raíz de estas carencias, surgió el enfoque por tareas (57), que contemplaba una tarea final y presentaba un vacío de información más auténtico.

* Ideas clave:

El método comunicativo supuso una revolución en cuanto a qué supone hablar un idioma. La enseñanza se organiza por funciones que se debe ser capaz de desempeñar y la lengua es el objeto de estudio. El papel del alumnado es mucho más activo que en métodos anteriores.

ELEteca **56.** ¿Qué es el método comunicativo?

057 ¿Qué es el enfoque por tareas?

Rompiendo el hielo: ¿Qué tipo de acciones realizas cada día que implican el uso de la lengua?

Como se puede deducir, este enfoque, derivado del método comunicativo, prioriza la producción oral real en detrimento de la reflexión sobre la lengua como objeto de estudio. En este enfoque, el orden de los factores implicados en el diseño de una sesión está alterado, ya que no se parte de un contenido lingüístico o una función, sino que se elige un acto de comunicación y, mientras este se desarrolla, se van explicando los contenidos lingüísticos que emergen.

Para alcanzar esta tarea de comunicación real, se pueden plantear actividades preparatorias: las tareas posibilitadoras. Estas sirven para que el alumnado tenga disponibles todos los conocimientos necesarios para desarrollar la tarea final, como podría ser interactuar con hispanohablantes en un foro para comentar una película. Estas tareas previas, pues, deben orientar al alumnado para que sea capaz de cumplir los objetivos finales. En este caso, las tareas previas podrían consistir en leer un foro, reconocer estructuras y vocabulario importantes para expresarse, ver una película, comentarla en clase y preparar un pequeño resumen. Son los propios alumnos quienes deciden cuáles hacer para lograr hacer la tarea final. La atención al significado es prioritaria y los momentos dedicados a la forma, pocos. Esto podría encajar con una visión restrictiva de la atención a la forma (91), que podría integrarse perfectamente en este tipo de enseñanza.

> ¿Qué tipo de tareas llevas a cabo a lo largo del día en las que usas la lengua?

La organización de los contenidos de la clase es mucho más flexible y casual que la de las clases estructuradas en torno a contenidos gramaticales o funcionales. Esto se refleja en el ambiente, que se asimila más al de una reunión que no al de las aulas que tenemos en mente. Esto da al alumnado un rol todavía más activo que en el enfoque comunicativo original, dado que tiene total libertad para establecer su contenido de aprendizaje, lo que se materializa en mayor autonomía.

Como consecuencia, los docentes no preparan un plan exacto de vocabulario o estructuras que deban aprenderse, sino que plantean un objetivo y acompañan al alumnado a alcanzarlo. Esto puede ser difícil de llevar a cabo para el profesorado acostumbrado a una docencia

más estructurada, pero también puede serlo para los estudiantes, que pueden rechazar esta forma de enseñanza porque la sienten demasiado desorganizada y les falta la seguridad que les proporciona tener unos contenidos de aprendizaje claros. Para contrarrestar esta sensación, es importante que las instrucciones sean claras, aparezcan numeradas y siempre estén visibles. Además, se puede marcar el progreso con barras de avance y se pueden especificar los objetivos que se pretenden alcanzar en cada una de las tareas posibilitadoras.

Antes de finalizar, es necesario señalar que el concepto de *tarea* en este enfoque es muy particular y se refiere a los actos de comunicación reales que tienen lugar cada día; por lo tanto, no deben identificarse con ejercicios o actividades de tipo tradicional. Si bien es cierto que en el español general *tarea* puede ser sinónimo de estas dos últimas palabras, conviene tener en mente este matiz de significado en las lecturas especializadas.

✱ Ideas clave:

El enfoque por tareas va más allá que su predecesor, el método comunicativo, porque sitúa en el foco del aprendizaje las tareas comunicativas, no la lengua como objeto. En este enfoque se pretende que el alumnado, que goza de mucha autonomía, entrene las habilidades y los conocimientos necesarios para cumplir un objetivo.

ELEteca **57.** ¿Qué es el enfoque por tareas?

058 ¿Qué es el aprendizaje basado en contenidos?

Rompiendo el hielo: ¿Cómo se aprenden idiomas en los colegios?

En la educación obligatoria de diversos países (👁 5, 6) se estudian lenguas extranjeras porque es un objetivo de las instituciones que su ciudadanía sea plurilingüe por cuestiones migratorias, culturales, económicas, diplomáticas, comerciales o laborales. Así pues, suele elegirse un idioma de preferencia, que suele corresponderse con el inglés y, de manera adicional, en la mayoría de los casos, una segunda lengua extranjera, que puede corresponderse con el árabe, el chino, el español, el japonés, el portugués, etc. Todo depende del área geográfica o país donde se enseñe y su posición geoestratégica con respecto a otros.

El español suele despertar menos recelos por parte de los estudiantes y, además, tiene connotaciones culturales que les suelen parecer interesantes: música, deportes, cine, etc.; por ello, es común que se elija como lengua extranjera. De hecho, la docencia debería usar estos temas como reclamo para motivarlos. No obstante, en muchas ocasiones el estudio en la secundaria se lleva a cabo de forma muy pasiva y con frecuencia se orienta a lograr un conocimiento abstracto y teórico de la lengua o a aprobar un examen de graduación en un nivel educativo dado. Todavía se suele enseñar mediante la reflexión gramatical pura y la traducción, y la competencia que se desarrolla es más similar a la de experto que a la de hablante.

Otra tendencia didáctica, bastante extendida también –incluso, de manera optimista, podríamos decir que más que la anterior– es dar un enfoque comunicativo (👁 56) a las clases. En estos casos, se emplean manuales

que tienen un contenido gramatical, léxico o funcional como idea central y, a partir de ahí, se estructuran las clases; sin embargo, el verdadero foco del aprendizaje es la lengua: se busca entenderla, practicarla, aprender a usarla, etc.

Esto contrasta con el aprendizaje integrado de contenidos y lenguas extranjeras (AICLE), en español, o *content and language integrated learning* (CLIL), en inglés (el empleo de ambas siglas está muy extendido). En este, el contenido sí es importante, de hecho, lo es tanto como la lengua. Por ello, no se escogen temas aleatorios que sirvan como muestra del idioma en un contexto concreto o para una estructura determinada.

Esta forma de enseñar se engloba en una perspectiva más amplia, el aprendizaje basado en contenidos. En concreto, esto significa que se enseña un contenido de la educación obligatoria con una lengua extranjera como lengua vehicular. Se puede aplicar a cualquier asignatura, aunque las más comunes son Música, Educación Física, Ciencias Naturales o Historia, ya que en muchos contextos se considera que el aprendizaje de ciertos contenidos mediante una LE puede complicar el entendimiento sobremanera, por ejemplo, en Matemáticas. Así, se considera que el desafío cognitivo debe ser alcanzable, porque, si no, se acaba fracasando en el aprendizaje de contenidos y también en el de lengua.

Queda mucho trabajo de investigación por hacer para demostrar que el aprendizaje lingüístico no afecta al aprendizaje de contenidos; con todo, se podría argumentar que, aunque se aprenda menos sobre el contenido, si ayuda a naturalizar una LE, ya es un objetivo lícito. En la docencia universitaria, la denominación que se emplea es *English as a medium of instruction* (EMI), porque es la lengua internacional que se suele enseñar, y también queda por demostrar que no afecte al aprendizaje de contenidos. Esta es una de las reticencias más extendidas entre profesorado y alumnado, junto con el hecho de que la dificultad del aprendizaje se incrementa. En un nivel universitario, en que la educación cuesta dinero y un suspenso empeora el expediente, estas dudas son determinantes para decidir estudiar una asignatura con una LE como lengua vehicular (Méndez Santos, 2020*a*).

El concepto *CLIL*, acuñado por David Marsh (Marsh, 1994), se ha aplicado como modelo para la enseñanza bilingüe, que en España, por ejemplo, se lleva a cabo en muchas escuelas con el inglés como lengua extranjera, mientras que en Bulgaria, Rumanía, China y otros países se suele optar por el español (6). La gran ventaja de esta forma de enseñar es que se asemeja a un contexto natural de aprendizaje de la L1, por lo que el uso de una LE se normaliza mucho más que cuando se emplea solo cuatro horas a la semana y en un contexto de no inmersión donde la comunicación suele ser bastante artificial. Este paraguas metodológico es flexible y permite su combinación con aprendizajes más clásicos, pero también con el aprendizaje basado en tareas o proyectos, el *flipped classroom* o algunas propuestas de gamificación (60).

Para llevar a cabo este tipo de programación y de enseñanza doble que busca el bilingüismo activo con una LE, se tienen que tomar varias decisiones en el centro educativo. En primer lugar, se debe pautar que la duración abarque varios cursos e incluso una etapa educativa entera, si no todas, para que dé tiempo a desarrollar una verdadera competencia bilingüe; de hecho, esta es la decisión que se toma de manera más generalizada. Es importante, asimismo, determinar el papel de la L1 y la L2, ya que hay materias que se imparten al cien por cien en la LE y en otras solo la mitad del tiempo. De hecho, la alternancia de código continua presenta más similitud con respecto al procesamiento natural del bilingüismo; por ello, en propuestas metodológicas más avanzadas se aboga por el *translanguaging* (45) o cambio entre los idiomas de manera natural, espontánea y constante, como ocurriría al interactuar en una sociedad en la que con unas personas se habla en español y con otras en inglés.

Este nivel de interacción diferencia contextos macro, medio y micro. Si la lengua extranjera no se habla en el contexto social inmediato, el AICLE tendría un alcance micro, porque, al fin y al cabo, seguiría presentándose solo en el aula. Por consiguiente, con el objeto de ampliar las exposiciones a la lengua, se recomienda participar en actividades sociales, ver la televisión y hacer intercambios cuando sea posible.

El diseño de secuencias didácticas (27) bajo el amparo de la metodología AICLE comienza con una fase 0 de preparación en la que se seleccionan los contenidos de la programación de alguna materia (de Educación Física, por ejemplo) y se analizan críticamente para ver qué necesidades lingüísticas podrían surgir. Con ello, se determinan los contenidos críticos (estructuras gramaticales, léxico, funciones, etc.) desde el punto de vista lingüístico. A continuación, se buscan materiales y temas atrayentes que permitan aportaciones experienciales y un aprendizaje significativo y cooperativo.

> ¿Qué tipo de eventos y actividades se pueden organizar en los centros escolares para promover el interés por la lengua?

Hay que acotar qué destrezas (31) se van a desarrollar y buscar la manera de planificar el andamiaje (30) para que el alumnado pueda llevar a cabo las tareas comunicativas que se le exijan. Se recomienda preparar e introducir el vocabulario de forma clara y realista, en función de la capacidad de los aprendices, para que puedan entender los textos y vídeos que se presenten. Dentro de los contenidos también se espera que se desarrolle la competencia intercultural (85), con lo que es aconsejable detectar aquellos aspectos que puedan facilitarlo (el origen de un deporte, la persona que más ha destacado en él, variantes tradicionales, etc.). Además, conviene añadir tareas de reflexión sobre lo aprendido, hacer repasos y, en futuras unidades, recuperar lo aprendido para garantizar su interiorización.

La formación del profesorado para desempeñar este tipo de docencia es fundamental, porque no solo debe conocer su campo de especialización (historia, ciencias del deporte, etc.), sino que debe tener un dominio lingüístico de la LE o contar con un docente de LE en el aula con el que trabaje simultáneamente *(team teaching)*. Este panorama es menos habitual, ya que implica costos que no todos los sistemas educativos pueden soportar.

Suele ocurrir con más frecuencia que los especialistas en una disciplina deben alcanzar el nivel lingüístico del idioma y, además, formarse en didáctica de una LE de la que suelen desconocer los fundamentos. Este camino es ideal para personas que quieren reciclarse y tienen una licenciatura en una carrera que no es de letras, ya que, si cursan un máster de ELE, serán candidatos ideales para ejercer este tipo de docencia. A nivel estructural, D'Angelo (2011) detecta limitaciones para poder implementar la metodología AICLE, como los límites de espacio y tiempo, la amplitud de las programaciones, la falta de formación adecuada, la excesiva burocracia, el esfuerzo docente no reconocido o la actitud rígida de la administración, entre otras.

En suma, el aprendizaje basado en contenidos toma como centro de la enseñanza un tema a partir del cual se engarza el aprendizaje de un idioma. Esto puede darse en el ámbito escolar, mediante la aplicación de la metodología AI-

CLE, o en el universitario, con EMI. En estas dos perspectivas los contenidos no son aleatorios o solo culturales, sino que forman parte de la enseñanza reglada del sistema educativo. Sus beneficios lingüísticos están casi unánimemente aceptados, no tanto así en cuanto al aprendizaje de los contenidos. El profesorado suele ser especialista en la disciplina que estudia el idioma extranjero y se forma para la didáctica, aunque también hay proyectos en los que profesores de contenido y de lengua trabajan y colaboran en la misma aula.

✱ Ideas clave:

La enseñanza AICLE en las escuelas intenta lograr un aprendizaje de una LE que se asemeje lo más posible a un aprendizaje natural, ya que de esta forma se aumenta el número de horas de exposición y se gana naturalidad.

ELEteca **58.** ¿Qué es el aprendizaje basado en contenidos?

059 ¿Qué son los enfoques léxicos?

Rompiendo el hielo: Cuando decimos que conocemos una palabra, ¿qué queremos decir realmente?

Hablar una lengua no consiste solo en conocer su gramática, porque, como explicaba Wilkins (1972), sin gramática se puede comunicar muy poco, pero sin vocabulario no se puede comunicar nada. El papel central de la gramática en la enseñanza se deriva de la tradición clásica y de los métodos de la época clásica (53), por el hecho de que las lenguas se estudiaban para la traducción, la lectura de textos literarios o simplemente por el placer del conocimiento. Desde el siglo XIX, y con el estructuralismo como teoría de referencia y el análisis contrastivo entre idiomas como práctica habitual, las tareas para aprender vocabulario solían centrarse en hacer listas o aprender palabras aisladas relacionándolas con imágenes; sin embargo, su enseñanza no se planificaba ni se graduaba por niveles de frecuencia, utilidad o dificultad.

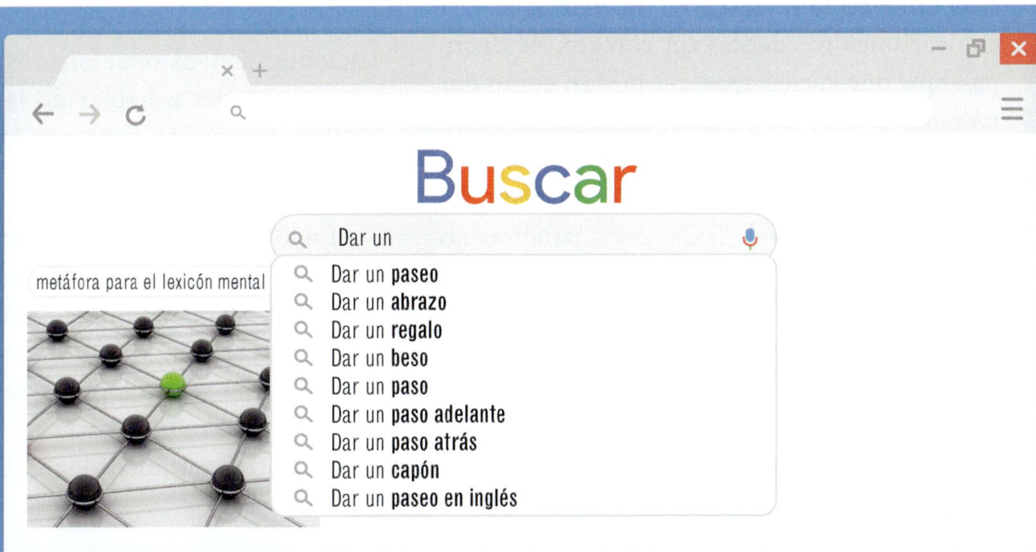

En el siglo XX, con la industrialización y la globalización, entre otros procesos, el objetivo de aprender lenguas cambió y la percepción de qué implica hablarlas también, así que conocer un idioma ya no consistía solo en saber las reglas gramaticales (80): había que comunicarse de verdad y con propiedad. Con ese cambio de rumbo nació un fuerte interés por el léxico que dio lugar a lo que se llamó *enfoque léxico* (Lewis, 1993, 1997), es decir, la concepción del vocabulario y sus consecuencias para su enseñanza partiendo de otras teorías generales sobre el lenguaje y su procesamiento. Como son varios los autores que han abordado este tema, podemos emplear el plural *enfoques léxicos*, porque no hay una única perspectiva sobre cómo implementarlo; no obstante, todos ellos convienen en que hay unos aspectos básicos que tener en cuenta.

> ¿Qué estrategias usas tú para aprender vocabulario? ¿Qué haces cuando no conoces todas las palabras en otro idioma? ¿Recuerdas alguna ocasión en que quisiste recordar una palabra y no pudiste?

El primero de ellos es el replanteamiento de qué es el léxico y cómo se organiza. Si decíamos que las listas de palabras tenían lógica porque se pensaba que era así como el cerebro recuperaba la información, los enfoques léxicos entienden que el vocabulario se almacena en el cerebro a modo de red, lo que se conoce como *lexicón*. El hecho de que esa información léxica en el cerebro (el lexicón mental) se almacene en redes cambia la forma de entender cómo hay que enseñarla. Por ello, en el aula no solo se deben trabajar palabras aisladas *(ordenador)*, sino también multipalabras (Higueras, 1997): colocaciones frecuentes (el cotexto, es decir, palabras que suelen aparecer juntas, como *dar un paseo* o *antiguas pesetas*), expresiones institucionalizadas *(¡que aproveche!)* y expresiones idiomáticas, como los refranes y las frases hechas (*me vale madre*). Todas estas palabras no tienen significado por sí solas, por eso es necesario enseñarlas en bloques (*chunks*) (Pérez Serrano, 2017). Por todo ello, vamos a dejar de emplear el concepto *palabra* para hablar de *unidades léxicas*, que es más apropiado para hablar de todas ellas de forma global.

Estas unidades léxicas se pueden conocer de manera pasiva (conocimiento receptivo), es decir, se reconocen y más o menos se pueden entender, pero no se usan al hablar o escribir; y de manera activa (conocimiento productivo). Pero ¿qué implica conocer una unidad léxica? En esencia, conocer su forma (cómo suena, cómo se pronuncia, cómo se escribe, qué partes tiene), su significado (qué denotación y qué connotación tiene, en qué otras palabras nos hacen pensar, etc.) y su uso (con qué otras palabras suele aparecer, con qué frecuencia se usa, en qué registro, etc.).

> Piensa en cuántas veces usas palabras que suelen ir juntas y lo útil que es, porque mejora la fluidez, la precisión y la expresividad de tu mensaje: ¿se te ocurren ejemplos de colocaciones, expresiones institucionalizadas y expresiones idiomáticas que hayas usado hoy?

Todo este conocimiento puede aprenderse de forma incidental o de forma explícita en el aula porque así lo ha planificado el profesorado. Hay investigadores que defienden posturas excluyentes al respecto –o de un modo o del otro–, pero normalmente los términos medios suelen funcionar mejor. No parece práctico dejar a la casualidad el que los estudiantes aprendan las unidades léxicas que se den en cada clase, pero tampoco puede centrarse toda la enseñanza en el léxico y descuidar otras facetas de la competencia comunicativa. Su enseñanza debería ser integrada y desarrollarse de una manera fluida, de modo que todo se desencadene de forma natural: al tratar un tema dado, se puede trabajar una estructura gramatical o un léxico y, con ellos, se pueden presentarse también los usos pragmáticos, culturales y sociolingüísticos relacionados. En suma, conviene aprender a hablar de la manera menos artificiosa posible, pero con las ventajas de la planificación.

En lo que atañe a la enseñanza de léxico, es preciso tener en mente una serie de recomendaciones. En primer lugar, las unidades léxicas se pueden seleccionar por su frecuencia y por su dificultad según lo marquen los planes curriculares de referencia (25), pero elegir unas u otras también dependerá de las necesidades personales y afectivas del alumnado (alguien alérgico a los berberechos necesita aprender esa palabra antes que otras, por ejemplo), lo que se deberá tener en cuenta cuando se diseñen las actividades. Por otra parte, se debe evitar enseñar una unidad de forma aislada y mostrar con qué palabras acostumbra a aparecer, en qué contextos se usa (formales o informales) y cuáles suelen ser sus usos pragmáticos (como los usos irónicos). Además, hay que explicar al alumnado que el vocabulario del español puede funcionar de un modo diferente al de su lengua materna, aspecto que hay que tener presente en las actividades (no todas las lenguas tienen las mismas categorías de colores o de partes del cuerpo, por ejemplo). Asimismo, es necesario proporcionarle estrategias y técnicas de aprendizaje para entender los textos incluso cuando no se conozcan todas las palabras, así como enseñarle a usar bien un diccionario (96).

Por último, es fundamental entender que el aprendizaje del vocabulario no se produce por explicarlo un solo día en clase (95): es crucial presentar al alumnado las unidades léxicas que consideramos clave en repetidas ocasiones, de diferentes modos (audios, lecturas, produciéndolas oralmente, etc.) y a lo largo del tiempo, porque, si no se hace así, las olvida. Es más, Barcroft (2012, 2015) demostró que la diversidad de voces ayudaba a crear una imagen mental del vocabulario más robusta, esto es, que el vocabulario se interiorizaba mejor si se estaba expuesto a él a través de hablantes diferentes.

✱ Ideas clave:

Enseñar vocabulario no consiste solo en presentar palabras aisladas en clase y en forma de listas. Es necesario diseñar actividades que seleccionen el léxico con criterios de frecuencia, utilidad personal, dificultad, nivel, etc. Estas deben hacerse con diferentes formatos, de manera cíclica y reiterada, para ayudar a la memorización.

▶ ELEteca 59. ¿Qué son los enfoques léxicos?

060 ¿Qué otras propuestas pedagógicas se pueden aplicar en el aula de ELE?

Rompiendo el hielo: ¿Qué modelos pedagógicos pueden seguirse al enseñar un idioma?

La enseñanza de lenguas extranjeras no deja de englobarse en un marco didáctico más general, es decir, la instrucción formal se produce en aulas presenciales o virtuales con un docente. Así, el modelo puede ser propio de los métodos pensados para enseñar lenguas (54), pero también se puede combinar con los principios de otros modelos pedagógicos que puedan ser aplicables.

Una modalidad de enseñanza que puede tener su hueco en la enseñanza de idiomas es el *learning by doing*, es decir, aprender haciendo. El trabajo en grupo se plantea con un objetivo que se debe resolver y la experimentación ensayo-error lleva al aprendizaje. Esta forma de enseñar funciona especialmente bien en las clases con niños, dado que es más fácil plantear experimentos, vivencias, excursiones, manipulación estética y creación artística, etc. Este modelo de enseñanza se ramifica y concreta en otras propuestas, como el *flipped classroom* o el aprendizaje basado en proyectos.

Flipped classroom

El *flipped classroom* o clase invertida es un modelo pedagógico que transfiere fuera de las clases cierto tipo de tareas que se suelen hacer en el aula. La preparación de un tema se hace antes de asistir a clase y esta se dedica a un aprendizaje más activo y reflexivo, y no tanto a la transmisión de la información. Se defiende que de esta manera se maximiza la eficiencia del tiempo de aula y mejora la implicación del alumnado. Este modelo se materializa en que los docentes preparan una explicación previa a la clase, normalmente mediante vídeos, y los aprendices comienzan a interiorizar los contenidos, de modo que cuando llegan al aula el tiempo se dedica a la práctica, la consolidación y la resolución de dudas. Esta forma de enseñar, empleada en el pasado de manera puntual, en la actualidad ha alcanzado una mayor difusión y se usa de forma sistemática.

El aprendizaje basado en proyectos (ABP/PBL, *project-based learning*) busca que los aprendices investiguen y respondan de manera activa a una pregunta o a un problema que se plantea para después elaborar un producto que normalmente tiene relevancia en su contexto social más inmediato. Al final, se debe hacer una puesta en común. La forma de trabajo es más autónoma, más activa y promueve más la socialización que la de las clases tradicionales; además, puede dar pie a la interdisciplinariedad entre asignaturas. Este tipo de enseñanza encaja muy bien con los principios del enfoque por tareas y encuentra su máximo esplendor y adaptabilidad en los cursos de español con fines específicos (61).

> ¿Qué tipo de proyectos se podrían llevar a cabo en el aula de español de los negocios?

En estas metodologías más constructivistas, el trabajo en grupo y la gestión de las relaciones interpersonales son fundamentales, por lo que crear dinámicas y buen ambiente es crucial para que funcionen (50).

* Ideas clave:

Las propuestas pedagógicas generales sobre la enseñanza también son aplicables a la enseñanza de lenguas extranjeras, ya que no deja de ser un proceso de aprendizaje más.

ELEteca **60.** ¿Qué otras propuestas pedagógicas se pueden aplicar en el aula de ELE?

061 ¿Qué es el español con fines específicos?

Rompiendo el hielo: ¿Hablamos del mismo modo cuando hacemos negocios que cuando hablamos de la salud o hacemos turismo?

La enseñanza del español con fines específicos (EFE) se centra en dotar al alumnado de la competencia comunicativa necesaria para desenvolverse en situaciones concretas laborales o profesionales, que se caracterizan por presentar rasgos diferentes a las interacciones no especializadas (Méndez Santos y Gil del Moral, 2019).

Esta enseñanza comenzó a crecer a mitad del siglo XX para el inglés, a la par que el *boom* de la internacionalización y la globalización de la economía y el mercado europeo se abría paso. En España tomó fuerza desde los noventa, con la creación de la Asociación Europea de Lenguas para Fines Específicos (AELFE), pero no fue hasta el año 2000 cuando se celebró en Ámsterdam el I Congreso Internacional de Español para Fines Específicos (CIEFE), organizado conjuntamente por la Consejería de Educación y Ciencia, y el ABC (Advies en Begeleiding Centrum). De hecho, con el paso de los años, cada vez son más las publicaciones centradas en esta enseñanza especializada. En la misma línea, se formaron grupos de investigación dedicados al EFE, como el Grupo de Estudio e Investigación en Español de Especialidad (GERES), nacido en 2006, que celebra un congreso anual y publica sus actas.

Uno de los aspectos que más interesan al abordar esta enseñanza es cómo llevarla a cabo: qué metodología puede resultar más efectiva o cómo diseñar programas específicos. Como ya se ha explicado, y en este caso cobra incluso más relevancia, uno de los pasos fundamentales es realizar un buen análisis de necesidades objetivas y subjetivas (26). Se considera necesario seguir un enfoque orientado a la acción (Celayeta Gil, 2014) y hay cierta tendencia a emplear la enseñanza basada en proyectos (60) o el enfoque por tareas (57). Se confiere gran importancia al léxico y a las estructuras tipo que deben dominarse para cumplir las fórmulas estereotipadas y esperadas para la comunicación. Asimismo, suelen llevarse a cabo actividades de representación teatral, como los *role play*.

Es crucial, durante este tipo de cursos, ayudar al alumnado a diferenciar entre registros solemnes, formales, informales y coloquiales, pues los negocios pueden dar pie a todo este tipo de situaciones. La adecuación (40) es fundamental para no provocar malentendidos u ofender a nadie (por ejemplo, si se emplea una palabra informal en una reunión formal). Asimismo, en esta enseñanza cobra aún más importancia la competencia intercultural (85), ya que los patrones de com-

portamiento cambian entre culturas y lo que es esperable en una reunión de profesionales hispanohablantes puede no serlo en una de coreanos. De hecho, la mediación intercultural es, por sí misma, una profesión.

El EFE se subdivide en español con fines profesionales (EFP) y español con fines académicos (EFA): en el primer caso la lengua se emplea como instrumento de trabajo y en el segundo, como medio de aprendizaje (por ejemplo, estudiar una carrera de Ingeniería en inglés).

Es imposible hacer una lista exacta de todos los posibles ámbitos para los que elaborar un curso de español con fines profesionales, ya que serían tantos como profesiones hay. No obstante, sí que es cierto que hay mayor tradición en algunos sectores. Por ejemplo, el español de los negocios y para empresas es muy demandado. En este sentido, en un trabajo de Long y Uscinski (2012) sobre los cursos de fines específicos ofrecidos por 183 universidades estadounidenses, se concluye que el 59 % se centran en el español de los negocios, seguidos del español para los servicios médicos. De hecho, hay exámenes oficiales certificados para poder demostrar esta competencia comunicativa especializada (47). El español del turismo también está muy solicitado, ya que es una industria muy potente. Así, son numerosas las publicaciones dedicadas a cómo desenvolverse trabajando en un hotel o como guía. Otros ámbitos que han llamado la atención y requieren formación específica son el español del derecho y la justicia o el español de la diplomacia.

La formación del profesorado de EFE es triple, porque se requiere conocimiento de didáctica de la lengua, competencia metalingüística y, a la vez, formación específica en el campo del saber especializado. Es aquí donde personas que quieran reciclarse pueden encontrar su camino si desean dedicarse a la enseñanza del español como lengua extranjera. Aun así, en muchas ocasiones, dada la falta de profesorado especializado y la particularidad de algunos temas, los cursos se preparan bajo demanda *ad hoc* y los docentes se van formando por la propia experiencia.

> ¿Qué manuales de español con fines específicos hay en el mercado?

✱ Ideas clave:

La enseñanza de español con fines específicos busca proporcionar al alumnado una competencia comunicativa restringida al ámbito laboral o académico que sea de interés. La enseñanza es mucho más especializada y concreta.

ELEteca **61.** ¿Qué es el español con fines específicos?

062 ¿Qué particularidades tienen las clases en línea?

Rompiendo el hielo: ¿Alguna vez has aprendido un idioma con una aplicación o con un docente en línea?

La introducción gradual de las tecnologías de la información y la comunicación (TIC) en el siglo XX y su difusión acelerada en las primeras décadas del XXI permiten hablar hoy en día de contextos tecnológicos que se solapan con los contextos formales e informales de aprendizaje. De hecho, la pandemia de la COVID-19 aceleró esa incorporación en muchas áreas geográficas donde la digitalización aún estaba pendiente. La docencia durante esos meses de crisis sanitaria se denominó EDE (*emergency distance education*, 'educación a distancia de emergencia').

En todo caso, ya sea una decisión meditada o fruto de las circunstancias, el docente debe formarse para desarrollar su competencia digital (13, 19). Así, no solamente debe conocer el idioma y saber de didáctica, sino también familiarizarse con las herramientas y los condicionamientos relacionados con la enseñanza digital. Así, es posible diferenciar dos usos de la tecnología: como recurso didáctico o como canal de enseñanza. En este último caso se puede plantear un curso mixto (*blended learning*, con una parte presencial y otra virtual) o completamente digital.

Los cursos mixtos suelen formar parte de una oferta de escuelas o centros que permiten al docente disponer de una plataforma de enseñanza con herramientas como foros, mensajería instantánea, calendarios, etc. Asimismo, algunas cuentan con un servicio de videoconferencia, que constituye el canal exclusivo de los cursos cien por cien virtuales.

En el caso de la docencia digital autónoma, es decir, cuando los docentes ofrecen sus servicios de manera individual, se puede llevar a cabo de dos modos: a través de plataformas formales, como Verbling o Italki, que están pensadas para poner en contacto docentes de idiomas con estudiantes, o de manera informal, mediante publicidad propia en grupos de redes sociales, tirando de contactos, etc. Esto lleva al docente a registrarse legalmente como trabajador autónomo para pagar sus impuestos, o bien a ofrecer sus servicios de modo irregular. De hecho, la competencia internacional por la globalización de estos servicios provoca que los precios estén desregulados y que la lucha por conseguir estudiantes sea feroz. Esta es una de las grandes desventajas, ya que posicionarse y lograr tener una bolsa de alumnos es complicado, máxime si se trabaja fuera de las plataformas mencionadas.

La ventaja de esta modalidad, desde el punto de vista personal, es que muchos docentes

pueden dar clases a estudiantes a los que, de otro modo, no podrían (por distancia física, por ejemplo) o que esta forma de enseñar les permite la conciliación familiar. Asimismo, se ahorra tiempo en desplazamientos, hecho que en grandes ciudades con un servicio deficiente de transporte público facilita mucho la gestión de la vida diaria. También influye enormemente la flexibilidad de horario, ya que cada docente puede autogestionar su calendario de trabajo. Desde el punto de vista laboral, muchos profesores emplean las clases en línea como sobresueldo o para atender a antiguos estudiantes que quieren seguir aprendiendo una vez acabados los cursos en las escuelas donde estudiaron formalmente. De hecho, en muchas ocasiones el salario percibido por clase es más alto que el de la hora pagada en algunos centros; esto se ve como una ventaja, aunque sea de modo informal y no implique el pago de impuestos y, por ello, no se tenga protección sanitaria o legal. Desde el punto de vista didáctico, las ventajas de este tipo de enseñanza giran en torno a la individualización y personalización de los recursos y temas, hecho que repercute en una calidad de enseñanza teóricamente mejor.

No obstante, estos aspectos también tienen un lado negativo: la excesiva flexibilidad genera que muchos estudiantes cambien los horarios o cancelen las clases a última hora. Para prevenir una pérdida económica se recomienda pautar un protocolo de cancelación de clases con los estudiantes. Desde el punto de vista personal, las relaciones son más difíciles de establecer y el docente puede llegar a sentirse aislado o solo –y también los estudiantes–. Por ello se recomienda establecer un horario laboral claro y que contemple diariamente tiempos de descanso, ocio, socialización y deporte. La media de estudiantes que suelen manejarse es de seis a la semana, considerando que suelen tener más de una clase y que suelen durar una hora u hora y media. A estas horas de interacción hay que sumarles las horas de preparación y de corrección de actividades para poder diseñar el horario de trabajo con precisión. De media se calcula que se emplean unas dos horas de preparación para cada hora de clase.

> ¿Qué habilidades debe desarrollar un docente que imparta sus clases en línea?

Las plataformas de videoconferencia más usadas son Skype, Hangout, Zoom o Jitsi, entre otras. Suelen complementarse con herramientas como pizarras digitales (Realtimeboard, Notebookcast, Padlet, Linoit) o Google Drive para poder escribir en tiempo real, en el caso de que la plataforma no disponga de chat incorporado o se requiera una explicación más visual, detallada, etc. Son muchas las herramientas digitales (48) que se pueden emplear para hacer tareas interactivas. En la mayoría de los casos, no se emplean manuales de apoyo; sin embargo, las editoriales ofrecen sus libros en versión digital en plataformas especiales que incluso permiten llevar el control de asistencia, de tareas entregadas, etc. Esta opción es recomendable especialmente para quienes se planteen la docencia virtual de manera exclusiva y profesionalizada, ya que minimiza el gasto de tiempo de gestión, facilita la organización, ofrece muchos materiales ya diseñados y el esfuerzo puede centrarse en personalizar las clases y no en preparar todos los materiales desde cero. Todo ello será necesario, claro está, cuando la docencia no se centre solo en mantener charlas informales, que es una modalidad que algunos estudiantes solicitan.

✱ Ideas clave:

La enseñanza digital puede formar parte del curso de un centro o ser una iniciativa personal de un docente. En este último caso, este debe gestionar aspectos laborales, didácticos y personales. Una buena planificación será clave para poder dedicarse profesionalmente a la enseñanza en línea.

ELEteca **62.** ¿Qué particularidades tienen las clases en línea?

BLOQUE IV

ASPECTOS LINGÜÍSTICOS

063 ¿Cómo se aprende una lengua extranjera?

Rompiendo el hielo: ¿Cómo has aprendido idiomas?

Aprender una lengua extranjera pasa inequívocamente por estar expuesto al *input* (64). Partiendo de esta base, las formas de enseñanza varían en función de cómo se considera que se aprende mejor: de una forma natural, equivalente al modo en que aprendemos la L1; mediante la preparación de un *input* estructurado, o combinando el aprendizaje implícito con la instrucción explícita. Según lo que se crea, se elegirá el método de enseñanza (53, 54) que se considere más oportuno. Muchas personas piensan que el mejor modo de aprender una lengua es de forma autodidacta y en un contexto de inmersión; este tipo de estudiantes, por ejemplo, pueden presentar actitudes poco cooperativas en las sesiones formales, si es que en algún momento llegan a matricularse en algún curso.

También es importante ser conscientes de qué creencias tenemos sobre lo que ocurre en una buena clase de idiomas, ya que la discordancia entre las expectativas del alumnado y del docente pueden desmotivar y desembocar en el abandono. En función de cada contexto socioeducativo, muchos estudiantes consideran que en una buena clase se habla mucho o se promueve una reflexión gramatical explícita, como se cree en aulas occidentales o de la Europa oriental, respectivamente. Asimismo, algunas personas pueden considerar que los juegos o la visualización de cortometrajes en clase son una pérdida de tiempo. Conocer las creencias y los intereses del alumnado es fundamental para poder planificar un curso con éxito. Es básico, también, tener claro si se quiere usar un manual (43) como guía y apoyo del aprendizaje o si se decide diseñar materiales propios que, quizá, se adapten más a los intereses y necesidades del contexto social.

> ¿Cómo crees que es una buena clase de idiomas?

Las expectativas sobre la actitud del alumnado pueden condicionar nuestra reacción y el grado de atención que les prestemos a los aprendices. Hay docentes que consideran que los estudiantes habladores, que hacen los deberes, que asisten regularmente a clase, que no tienen miedo a equivocarse y que estudian e intentan estar expuestos fuera del aula a la lengua meta son los aprendices ideales. Cuando se topan con estudiantes más tímidos o que no suelen hacer deberes, se frustran y consideran que algo no está funcionando bien, en lugar de pensar que las diferencias individuales (69) condicionan el proceso de aprendizaje.

Asimismo, los estudiantes también tienen expectativas sobre la figura del docente: tal como se recoge en el informe del Instituto Cervantes (2011), esperan que tenga una buena formación; que gestione el proceso de aprendizaje; que tenga paciencia y simpatía, dotes para la comunicación y humor; que sepa motivar al alumnado y que tenga un buen núcleo emocional, esto es, que sea una persona respetuosa y enérgica.

Ser consciente de la complejidad y multiplicidad de factores implicados en el proceso de enseñanza y aprendizaje es fundamental para poder reflexionar sobre qué tipo de docencia se quiere llevar a cabo. Este ejercicio de análisis puede favorecer la conciencia de los profesores y redundar en una mejor calidad de la educación.

Por todo ello, consideramos que es fundamental que cada docente dedique tiempo a pensar cómo abordará todos los aspectos citados: método, rol del alumno, tipos de actividades, dinámicas de grupo, importancia de los factores afectivos, sociales, etc. A partir de ahí, podrá enfrentarse a la docencia de una forma coherente.

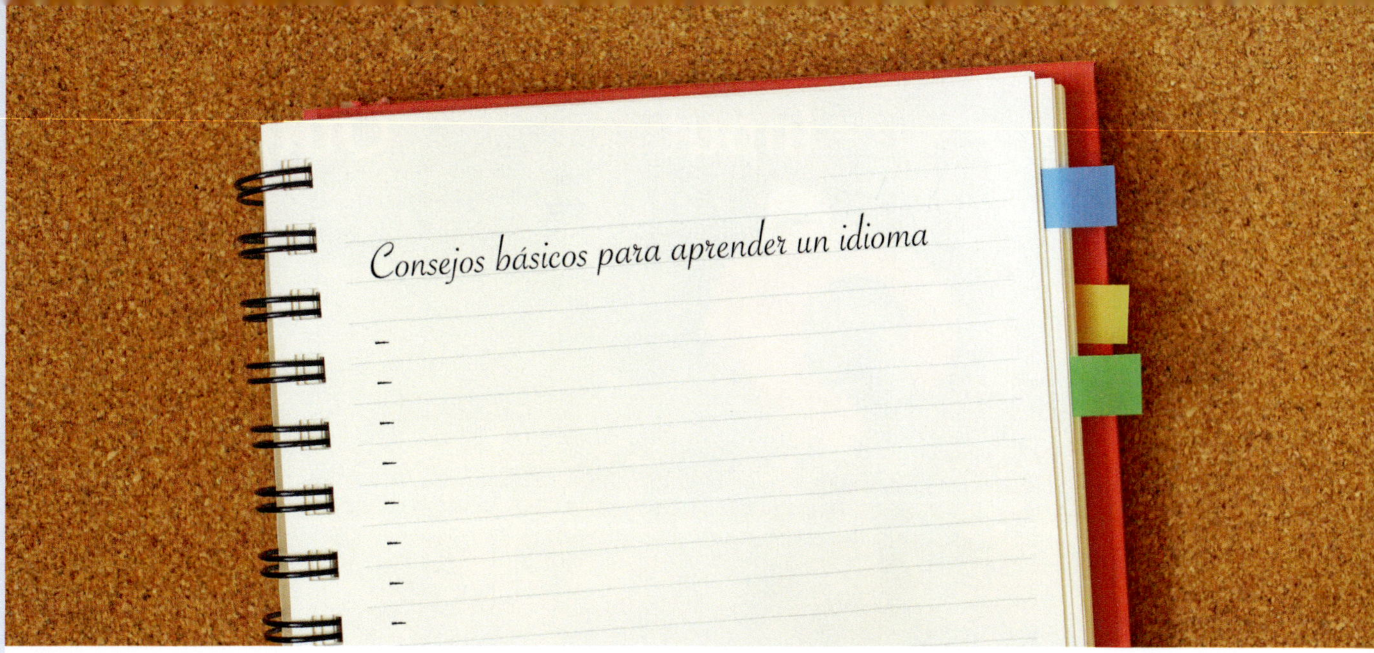

✱ Ideas clave:

Para decidir cómo enfrentar la enseñanza de una lengua extranjera, el primer paso es formarse en lingüística aplicada a fin de encontrar un marco teórico que ofrezca apoyo e instrucciones sobre las estrategias y técnicas más eficaces para llevar al aula.

▶ ELEteca **63.** ¿Cómo se aprende una lengua extranjera?

064 ¿Qué son el *input*, el *intake* y el *uptake*?

Rompiendo el hielo: ¿Qué se necesita para aprender un idioma?

Por *input* (en español, aducto) lingüístico se entiende toda la información en L2 a la que está expuesta una persona. Esa información puede recibirse de manera oral, escrita o (audio)visual. En la vida cotidiana, en un contexto de inmersión lingüística, casi en cualquier momento hay una exposición al *input* en la lengua meta; sin embargo, en casos de no inmersión puede ocurrir que este *input* solo se ofrezca durante las clases, aunque probablemente se complemente con música, series, conversaciones con amistades hispanohablantes, etc., fuera del aula. Cualquier recurso o material que se emplee, así como el discurso del docente (49) y la interacción con otros compañeros de aula, también se consideran *input*.

La principal diferencia entre el *input* con el que un aprendiz se puede topar espontáneamente y el ofrecido en clase es que este último puede haberse preparado y adecuado a sus capacidades con la idea de apoyarlo en el proceso de interiorización. Es importante entender que no todo lo que se expone en clase se aprende; entre otras razones, porque puede no percibirse. Si no hemos escuchado algo, por mucho que se haya explicado, no lo hemos

interiorizado; es más, aun habiéndolo percibido esto no quiere decir que necesariamente se haya entendido. Esto marca la diferencia entre información ofrecida/aparecida *(input)*, información comprendida *(intake)* y lo que realmente se interioriza y aprende *(uptake)*.

El papel que cada metodología y teoría lingüística del aprendizaje de lenguas extranjeras le ha dado al *input* ha ido variando. En los enfoques naturales (55) la importancia era máxima y se consideraba que la forma más eficaz de enseñar era anegar al alumnado de *input*, si bien es cierto que este debía elegirse bien para que fuese asimilable según el nivel del alumnado. Posteriormente, otras propuestas reflexionaron sobre el modo en que se maneja ese *input*, no solo sobre su valor *per se*. Así, algunas posturas defienden que este se debe presentar de una forma especial para percibirse. Es decir, se debe realzar (66) (Sharwood Smith, 1993; Doughty y Williams, 1998) para que se faciliten las condiciones de aprendizaje; este realzado puede darse de múltiples formas (repetición visual, colores, tamaño, tipografía, etc.).

> Revisando los prólogos de los manuales o mediante su análisis, ¿puedes encontrar ejemplos de diferentes técnicas de realzado?

Hay quienes van un paso más allá y creen que las aclaraciones, nuevas explicaciones y reformulaciones que se producen durante la interacción promueven el aprendizaje. Esta idea de la construcción del conocimiento, desde el punto de vista pedagógico, obtiene su correlato teórico en el interaccionismo de Vigotski. En ese momento adquiere relevancia no solo el *input*, sino también el *output* (65). En los enfoques naturalistas, la producción forzada del *output* se desaconseja y reprocha, pero en este punto lo que importa es que el *output* (no necesariamente forzado) parece ayudar a la reestructuración de la competencia lingüística y al aprendizaje.

✱ Ideas clave:

No toda la información ofrecida en clase *(input)* se comprende *(intake)* ni se interioriza *(uptake)*. Por ello es fundamental desarrollar estrategias didácticas que ayuden al alumnado a almacenar los nuevos conocimientos.

ELEteca **64.** ¿Qué son el *input*, el *intake* y el *uptake*?

065 ¿Qué es el *output*?

Rompiendo el hielo: ¿Qué crees que nos impide o dificulta hablar una lengua extranjera?

Al aprender un idioma, es totalmente indiscutible la importancia de estar expuesto a información en la lengua meta. Esta puede recibirse mediante textos escritos, orales o audiovisuales. El *input* lingüístico es, pues, crucial.

No obstante, la importancia de producir mensajes en lengua meta (*output* o, en español, educto) no está tan aceptada. Desde posturas del enfoque natural, como la de Krashen (👁 55), el *output* puede esperar a que el aprendiente se sienta preparado para ello, sobre todo porque entiende que la presión por hablar desencadena una serie de reacciones emocionales negativas que pueden dificultar más que favorecer el aprendizaje (👁 73). Por lo tanto, se considera que mucha gente no tiene predisposición para hablar y para arriesgarse cuando inicia su aprendizaje. Según su perspectiva, la producción es secundaria, que no intrascendente.

> ¿Qué factores pueden provocar que los aprendices no quieran participar activa y oralmente en las clases?

El postulado de Swain (1993) defiende, por el contrario, que la producción sí cumple una función importante para el aprendizaje, ya que se negocia la comunicación, tanto la forma (la gramática) como el significado. En otras palabras, mientras una persona va hablando, aprende a escoger sus palabras y modular sus mensajes, y toma conciencia de los errores que comete porque el interlocutor manifiesta de algún modo la falta de comprensión.

Los estudios que valoran la importancia de la producción oral defienden que esta puede ser beneficiosa, porque ayuda a familiarizarse con ciertas estructuras, así como a rutinizar su uso mediante el empleo repetido en las aulas (Gass y Mackey, 2015). Los detractores califican estas producciones de artificiosas e inútiles para una interiorización real. No obstante, los partidarios mantienen que esta producción adaptada a su nivel de dominio puede repercutir positivamente en la comprensión y, a su vez, en la autoestima de las personas, que se ven como hablantes eficaces. Además, el hecho de tener que comunicarse puede favorecer el desarrollo de estrategias para que, cuando realmente deban enfrentarse a la necesidad de hablar, tengan forma de desempeñarse adecuadamente. Estas estrategias (👁 84) deben estar presentes en la enseñanza de manera explícita.

En todo caso, las posturas intermedias parecen las más razonables. Asumir que ninguna

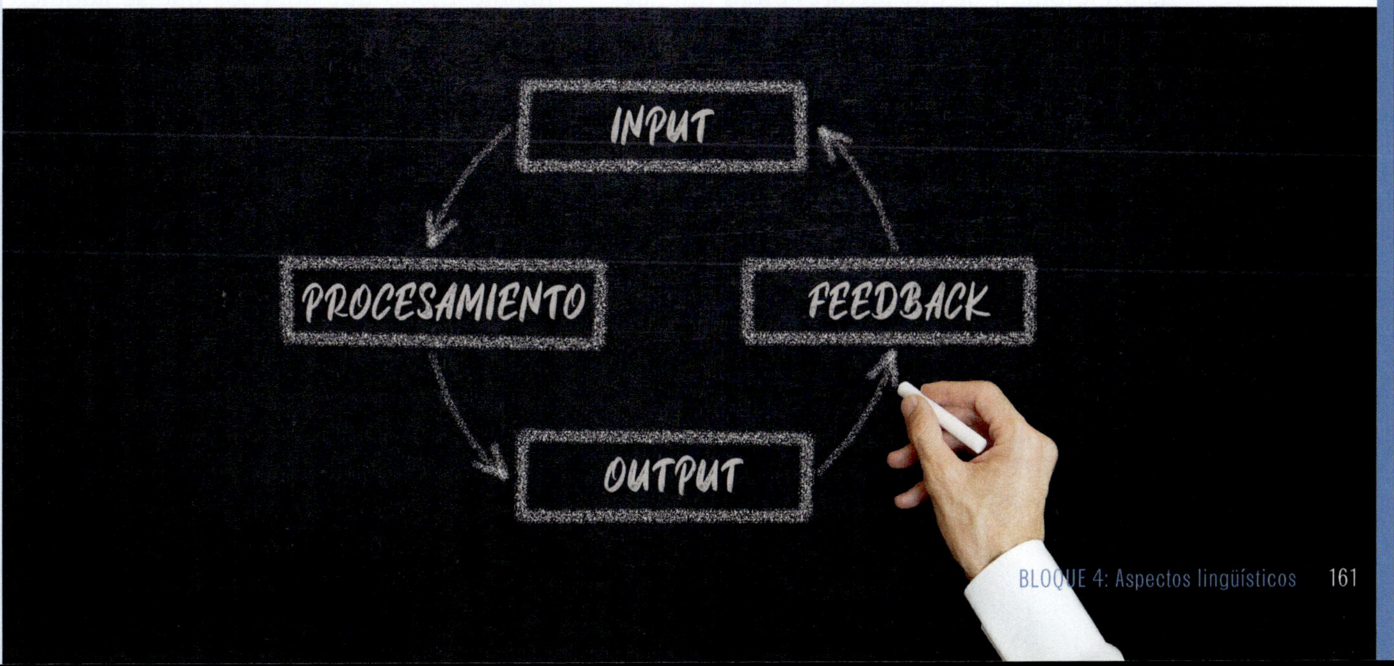

persona llega a clase con deseos de hablar y arriesgarse es poco realista, al igual que pensar lo contrario. Sin negar la importancia primordial de una buena calidad y cantidad de *input* –suficiente, comprensible, significativo, interesante, motivador, apropiado–, la enseñanza en el aula y el apoyo a la producción, tanto forzada como espontánea, también pueden tener sus beneficios. Por ejemplo, algunos estudios encuentran resultados a largo plazo más permanentes en cuanto a la corrección entre quienes produjeron un *output* forzado (Donesch-Jezo, 2011).

✱ Ideas clave:

La producción, tanto escrita como oral, del alumnado se denomina *output*. Hay investigaciones que defienden que su práctica ayuda a la interiorización del aprendizaje y favorece la rutinización del uso de la lengua.

ELEteca **65.** ¿Qué es el *output*?

066 ¿Qué es el *noticing*?

Rompiendo el hielo: ¿Qué es lo que te llama la atención cuando ves la portada de un periódico?

Desde los primeros métodos de enseñanza tradicionales, basados en la simple imitación y repetición (👁 53), hasta los métodos más modernos, que se centran en la creación y construcción del significado (👁 54) por parte de cada aprendiente, han cambiado las perspectivas de cómo se aprende un idioma y de qué factores están implicados en ello. La reflexión y los estudios sobre el procesamiento de la información y el almacenamiento en la memoria han señalado una serie de pistas sobre cómo se puede mejorar el aprendizaje.

La hipótesis del *noticing* de Schmidt (1990, 1993) postula que la simple exposición al *input*, por mucho que este sea, no implica la adquisición del idioma, sino que la persona aprendiente debe percibirlo para procesarlo. En otras palabras, si no hay un entendimiento del *input* de manera consciente, este no se convertirá en *intake* (👁 64). Esta teoría contradice hasta cierto punto la perspectiva naturalista de investigadores como Krashen y Terrell (👁 55). Este debate trae de nuevo a colación la incerteza de que los conocimientos aprendidos de manera declarativa se procesen y almacenen del mismo modo que aquellos que se adquieren mediante la memoria procedimental (👁 71). Esta diferencia entre aprendizaje y adquisición establecida por Krashen sienta en cierto modo una preferencia por la mejor calidad y naturalidad de la exposición al *input* sin mayor instrucción.

No obstante, el papel de la atención es fundamental: lo que no se percibe no puede ser aprendido. Por esta razón, en los últimos años la discusión se ha centrado en determinar si puede haber transferencia de conocimiento

entre la memoria declarativa y la memoria procedimental y, por lo tanto, si puede haber automatización de lo que se aprende razonando.

De aceptar la importancia de la conciencia sobre el *input* para poder trabajar con él *(intake)* y aprenderlo de manera significativa *(uptake)*, es crucial decidir cómo se va a promover esa percepción, es decir, cómo se va a realzar el *input* para que sea más perceptible *(input enhancement)* (64). Quienes defienden esta estrategia como una forma de captar la atención ofrecen diversas modalidades para destacar el *input*, a saber: hablar más despacio, entonar de una manera más fuerte cierta palabra o expresión, repetirla muchas veces, usar gestos para llamar la atención sobre ella o, por escrito, emplear técnicas gráficas como la negrita, el subrayado, el tamaño de fuente, las mayúsculas o códigos de colores.

Uno de los enfoques de la enseñanza de la gramática que consideran esta hipótesis como válida es la atención a la forma *(focus on form)* (91). La cuestión desde esta óptica es decidir qué contenidos se resaltarán para no acabar volviendo a una enseñanza tradicional solo centrada en las formas gramaticales. Además, es importante saber cómo se van a presentar las tareas y cuánto *input* se debe realzar. No obstante, Ellis (2018) considera que el *noticing* por sí solo no garantiza que lo que se convierta en *intake* y se maneje en la memoria de trabajo pase a la memoria a largo plazo. Este autor defiende que el *noticing* debe combinarse con otras estrategias didácticas que fomenten el aprendizaje intencional y consciente.

Quienes consideran que la enseñanza formal, la instrucción explícita y la conciencia sobre la forma no son opciones válidas de enseñanza, desatienden que estas estrategias, aunque no alteren el orden de aprendizaje, sí lo aceleran y promueven una mayor corrección. Sus defensores no proponen volver a las explicaciones gramaticales extensas, sino realizar intervenciones puntuales sobre aspectos conflictivos que favorezcan la conciencia lingüística con el fin de evitar la fosilización (68) de algunos errores propios de la interlengua (67).

> ¿Sobre qué aspectos puntuales llamarías la atención?

✱ Ideas clave:

La percepción del *input* y su manipulación es fundamental para interiorizarlo. Algunas posturas van más allá y defienden que este proceso debe producirse de manera consciente y no solo de forma incidental.

ELEteca **66.** ¿Qué es el *noticing*?

067 ¿Qué es la interlengua?

Rompiendo el hielo: ¿Aprendemos una lengua de un día para otro y sin cometer errores?

Las lenguas son sistemas de comunicación que se desarrollan según se va incorporando información al conocimiento del hablante. Esto es un proceso que requiere tiempo, tanto si se trata de una lengua materna como de una extranjera. Selinker (1972) estableció el concepto de *interlengua* para hacer referencia a todas esas etapas intermedias y sucesivas por las que pasa una persona cuando aprende un idioma. Estos sistemas aproximados e intermedios se reestructuran constantemente, es decir, cada vez que se aprende y se interioriza algo, cambia el sistema de la lengua extranjera que estamos conformando. Esta concepción del aprendizaje como proceso implica que debemos ser conscientes de que, entre el punto en el que nos situamos cuando comenzamos a estudiar una LE hasta el punto en el que se considera que hemos alcanzado el nivel deseado, tienen lugar una serie de etapas sucesivas, a modo de continuo: en otras palabras, no comenzamos a hablar perfectamente una LE desde el minuto uno de nuestra primera clase; esto, si bien parece obvio, no siempre se ha visto así.

Si partimos de esta perspectiva, debemos tener en cuenta que conviene adoptar otra actitud ante la enseñanza, por ejemplo, con respecto a los errores (👁 41, 42). Esta concepción considera que el error es una parte natural del proceso y deja atrás pensamientos negativos de corte estructuralista que intentaban evitarlo a toda costa y lo censuraban. La corrección del error era incisiva y esto afectaba de manera negativa el estado de ánimo del alumnado. Además, las correcciones no provocaban necesariamente la mejora de la competencia, dado que esas etapas de evolución son naturales y no se pueden saltar. La enseñanza formal puede mejorar la precisión léxica o la corrección (👁 39) en ciertos aspectos, pero no puede alterar el proceso evolutivo de aprendizaje: no existe un método mágico que permita aprender una lengua en dos semanas.

Por ello, lo primero que se debe tener en cuenta como docente es que el error es una parte natural del aprendizaje que demuestra que el estudiante está practicando y reajustando su competencia. Otra de las consecuencias didácticas que tiene que quedar clara es que, si el aprendizaje es progresivo, no se puede pretender que el alumnado domine los contenidos presentados solamente por el hecho de comentarlos en clase: explicar algo y no fomentar la participación activa, la práctica, los ejercicios y la reflexión o no favorecer un uso repetido a lo largo del tiempo no garantiza que la información se interiorice: una forma lingüística no tiene por qué adquirir de manera automática estatuto de entrada simplemente por presentársela al alumnado en clase (Corder, 1967).

> ¿Alguna vez te han preguntado algo en clase inmediatamente después de explicarlo y no has sabido responder a la cuestión? ¿Qué crees que ha fallado en esta situación didáctica?

Es cierto que, teniendo en cuenta la lengua materna del alumnado, se puede hacer una predicción de posibles problemas a los que se va a enfrentar un aprendiz a través del análisis contrastivo, es decir, comparando las estructuras de ambas lenguas. No obstante, esto solo apunta a tendencias frecuentes, porque no considera el hecho de que un estudiante puede simplemente inhibirse y no producir esas estructuras, con lo cual no hay error ni interiorización. Asimismo, se ignora que los estadios de la interlengua no solo se rigen por cuestiones relativas a la lengua materna, ya que influyen otros muchos factores, como el aprendizaje de una tercera lengua durante el

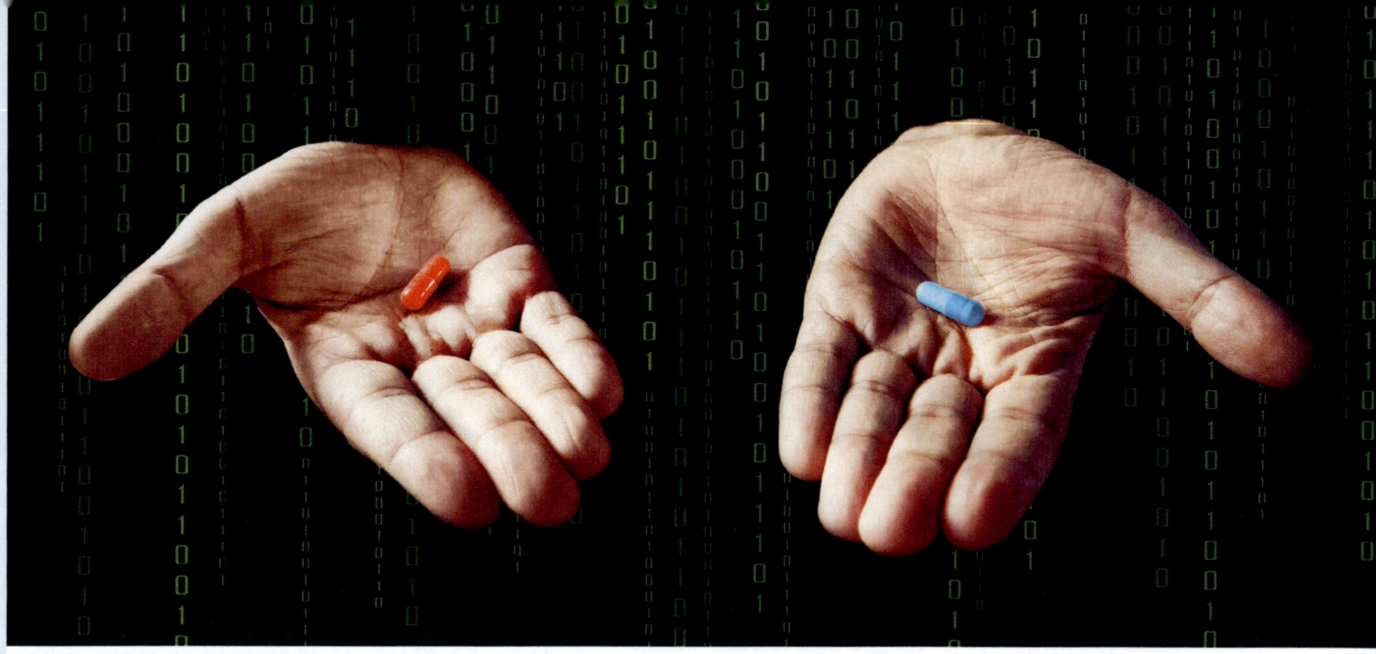

proceso. Además, es difícil determinar en qué nivel se le debe prestar atención a qué contenido y de qué modo para facilitar el aprendizaje; se necesitan muchos más estudios científicos al respecto. En muchas ocasiones llevar a cabo actividades en el aula sirve para incrementar la conciencia lingüística (92) sobre los contenidos específicos elegidos y para generar en el alumnado un sentimiento de control sobre el aprendizaje que poco a poco percibirá que va puliendo.

Las sucesivas etapas de la interlengua se caracterizan por su flexibilidad y cambio, ya que a veces, incluso dentro de las propias reglas creadas, se pueden producir excepciones, es decir, si un estudiante italiano cree que en español se dice **estoy a casa* por influencia de su L1 puede llegar a reproducir esta estructura para otros valores de estar que no implican localización. Además, y esto es algo realmente crucial para el aprendizaje, puede haber errores que no se superen nunca: este fenómeno se denomina *fosilización* (68). Esto indicaría que ese error sigue produciéndose a pesar de que se lleve años estudiando la lengua. En este sentido, hay un gran debate sobre hasta qué punto la instrucción en clase puede evitar que esto pase. Las producciones estructuradas, como las redacciones, sí suelen ayudar a corregir estos errores, pero las interacciones más espontáneas, regidas por la inmediatez, pueden facilitar su reaparición.

✱ Ideas clave:

Aprender una lengua es un proceso que avanza en etapas sucesivas que van reestructurando el conocimiento y que incluye los errores como una parte natural del aprendizaje.

ELEteca **67.** ¿Qué es la interlengua?

068 ¿Qué es la fosilización?

Rompiendo el hielo: ¿Conoces alguna persona que, después de muchos años aprendiendo una lengua extranjera, siga usando estructuras ajenas a la lengua meta?

Cuando Selinker (1972) estableció el concepto de *interlengua* (👁 67) para acotar los sucesivos estadios de reorganización del sistema lingüístico del estudiante a lo largo del proceso de aprendizaje, describió también una serie de rasgos que lo caracterizaban. Entre ellos estaba el de la *fosilización*, que ha tenido una gran aceptación entre el profesorado, porque refleja la intuición de que, a pesar de que en ocasiones se trabaje mucho con cierto contenido, este parece no aprenderse y el error (👁 41) se resiste a desaparecer.

La versión más radical del análisis contrastivo defiende que se pueden predecir todas las dificultades comparando la L1 y la LE. No obstante, con la perspectiva del tiempo, se sabe que no es así. En primer lugar, no es posible controlar la inhibición como mecanismo para evitar las estructuras conflictivas. Además, aunque hay parte de las particularidades de las etapas de la interlengua que están directamente condicionadas por la L1, también hay otros factores que la afectan y, por ello, es posible afirmar que hay variedades individuales más difíciles de sistematizar. En particular, la falta de oportunidades o los errores de instrucción, entre otros, pueden conducir a estructuras que se consolidan. De hecho, algunas propuestas posteriores para denominar este mínimo fenómeno fueron *errores estabilizados*, *dificultades persistentes*, etc. Ahora bien, ¿cómo es posible determinar cuáles de ellos realmente están fosilizados? ¿Lo están en todos los registros de la lengua? Como señalaba Tarone (1983), al hablar se le presta menos atención a la forma y más si es en un contexto informal (no en una presentación de trabajo, por poner un ejemplo). Posteriores matizaciones y reelaboraciones del concepto reservan el término *fosilización* para errores de largo recorrido, es decir, consideran la variable temporal, y reservan la idea de *estabilización* para los que pueden llegar a fosilizarse.

Lo que no es discutible es que dominar una lengua extranjera como una lengua materna no suele ser la situación más frecuente, de hecho, el índice de fracaso en el aprendizaje de idiomas a nivel mundial es muy alto. Entre otras muchas razones, por la insuficiente exposición al *input* y su tipología, por la falta de recursos para la docencia, por la escasa formación del profesorado tanto nativo como no nativo, etc.

En todo caso también conviene reflexionar sobre qué significa *hablar como un nativo*, lo que suele asociarse al hablante ideal. ¿Qué nivel tienen los hablantes nativos? Recordemos que, normalmente, en los manuales de enseñanza, se emplea como referencia la variedad estándar establecida por alguna institución de la lengua, pero eso no quiere decir que las formas que se escapan a ella sean incorrectas, sino simplemente características dialectales. Pensemos que, si alguien aprende español cometiendo laísmos, está empleando una estructura usada por los propios nativos: ¿es censurable?, ¿debe corregirse, aunque logre comunicarse y eso le identifique como parte de una comunidad de habla? (👁 41).

> ¿A qué modelo deben aspirar los estudiantes?
> ¿Qué actitudes transmitimos como docentes?

Por otra parte, además de las reticencias sobre qué significa *hablar como un nativo*, también se presentan otras con respecto a qué nivel necesitan los aprendientes: ¿deben todos alcanzar un nivel de perfeccionamiento alto? La respuesta es no; de hecho, muchos aprendientes, al alcanzar los niveles intermedios (B1

o B2), no continúan aprendiendo porque ya han logrado independencia comunicativa suficiente para cubrir sus necesidades. De hecho, para el inglés se ha atestiguado la formación de una variedad simplificada denominada *globish* (Nerrière y Hon, 2009), que lo que quiere decir es que para lograr comunicarse basta con un sistema intermedio y no hace falta seguir aprendiendo.

Además, si seguimos con el razonamiento, ¿es posible aprender una lengua como si se fuera nativo? Epistemológicamente la respuesta es no. Si no eres nativo, no puedes hablar como tal, pero sí que es posible alcanzar una competencia muy similar. También podría darse el caso del aprendizaje de una LE a edades muy tempranas y con gran exposición que, de hecho, podría llegar a hacer olvidar la L1.

En suma, conviene incidir de nuevo en que el aprendizaje es un fenómeno procesal caracterizado por una progresión en la interiorización de los contenidos; y que los errores son parte natural de este fenómeno, por lo que es necesario, como docentes, entender qué es fosilizable y qué está fosilizado, e intentar determinar cuándo es realmente necesaria y eficaz nuestra intervención didáctica.

✳ Ideas clave:

Algunos rasgos de la interlengua de los aprendices que no se corresponden con la lengua meta permanecen en ella durante un tiempo prolongado e incluso se pueden fosilizar. Analizar la pertinencia del tratamiento didáctico es fundamental para no afectar negativamente la autoestima y el sentimiento de eficacia del alumnado a causa de una sobrecorrección.

▶ **ELEteca** **68.** ¿Qué es la fosilización?

069 ¿Qué factores que condicionan el aprendizaje debo tener en cuenta?

Rompiendo el hielo: ¿Cómo crees que es el prototipo de persona a la que se le da bien aprender lenguas extranjeras?

Cuando se produjo el cambio de foco de interés de los métodos de enseñanza –del rol central de la gramática y la traducción hacia una comprensión del aprendizaje de una manera más global–, comenzaron a considerarse todos los factores envueltos en el proceso. De hecho, a partir de los paradigmas comunicativos, el rol y las características del alumnado cobraron gran importancia.

Ya no se estudiaba el aprendizaje como un proceso abstracto, sino como algo que implicaba personas en un aquí y ahora determinados, esto es, con sus factores individuales en juego. Era necesario, pues, entender qué necesitaba el estudiante para aprender e incluso ir un paso más allá, determinar qué condicionaba que los estudiantes, ante los mismos estímulos, no tuvieran los mismos resultados.

Esta nueva situación, en la que las circunstancias de los aprendices empezaban a valorarse en los diseños curriculares y en los modelos teóricos, dejaba la puerta abierta a la incorporación de conocimientos aplicados sobre aspectos que condicionaban su aprendizaje, tales como factores socioculturales y contextuales, cognitivos, afectivos o motivacionales.

De un modo simultáneo a esta ampliación de la perspectiva de la metodología de la enseñanza de lenguas extranjeras, también surgieron otras teorías generales sobre pedagogía, como el constructivismo (Bruner, 1960), el humanismo (Rogers, 1969) o el interaccionismo (Vigotski, 1962, 1978), que atribuían valor a las relaciones del aula, los sentimientos de los estudiantes o los factores personales de los aprendientes. Por todo ello, y poco a poco, las dimensiones individual y social fueron entrelazándose con las teorías sobre aprendizaje de lenguas extranjeras y dieron lugar al estudio de las diferencias individuales.

Entenderemos por *diferencias individuales* las características o rasgos en los que los individuos divergen entre sí (Dörnyei y Ryan, 2015). No obstante, esta definición es tan amplia que cabrían en ella desde los rasgos heredados hasta los resultados de la interacción con el ambiente. Como explican Dörnyei y Ryan (2015), la mayoría de los trabajos se han ceñido a una docena de ellos y esto se debe a que es necesario que estos rasgos tengan una estabilidad que los haga sistematizables para que su análisis sea factible. Las categorías analizadas van desde la personalidad hasta la aptitud lingüística, pasando por la motivación, la creatividad de las personas o el deseo por comunicarse.

> ¿Qué diferencias individuales crees que pueden afectar el proceso de aprendizaje de una LE?

Skehan (1989) diferencia entre factores afectivos y cognitivos, la aptitud lingüística, las estrategias de aprendizaje y la motivación. Robinson (2002) considera la edad (76), la ansiedad (73), la inteligencia, la aptitud lingüística (70), la motivación (72) y la memoria de trabajo (71). Dörnyei (2005) describe la aptitud lingüística, los estilos de aprendizaje y cognitivos, las estrategias de aprendizaje, la personalidad y la motivación, y otros, como las creencias del alumnado, la autoestima o la ansiedad. Por cuestiones prácticas vamos a subdividir las diferencias individuales en cognitivas, afectivas, motivacionales, culturales y sociales. Los factores que más se han estudiado y que se han mostrado como mayores predictores del éxito son, como señalan Dörnyei y Skehan (2003), la aptitud lingüística (factor cognitivo) y la motivación.

✱ Ideas clave:

El cambio de rol del alumnado a un papel más activo en las metodologías más modernas dio pie al estudio de las razones por las que no todas las personas aprenden igual ante los mismos estímulos.

ELEteca **69.** ¿Qué factores que condicionan el aprendizaje debo tener en cuenta?

070 ¿Qué son los factores cognitivos?

Rompiendo el hielo: ¿Crees que hay gente con un don para los idiomas?

La categorización de las variables individuales que pueden condicionar el aprendizaje de una LE no es más que una entelequia que facilita su análisis. De hecho, en función de la perspectiva que se tenga dentro de cada categoría, se recogen diferentes aspectos (69).

La aptitud lingüística ha sido foco de interés, porque se considera un factor que determina en gran medida el nivel de éxito durante el aprendizaje de una LE; como señala Ortega (2009), una persona con una buena aptitud aprende más rápido, con menos esfuerzo y con mejores resultados finales. Los modelos teóricos sobre las características y los componentes de una buena aptitud lingüística han ido evolucionando desde los primeros acercamientos hasta las perspectivas actuales, más complejas. La cuestión principal reside en determinar qué aspectos se consideran claves y constituyentes de esa aptitud. Esto varía en función del enfoque y, en consecuencia, también los test de medición. Uno de los más modernos y precisos es el Hi-LAB *(high-level language aptitude battery)* (Doughty *et al.*, 2007), que valora el control inhibitorio, la memoria fonológica, la memoria asociativa, la memoria a largo plazo y la rapidez de procesamiento, entre otros. Como señalan Dörnyei y Ryan (2015), este modelo tiene unas bases teóricas mejor fundadas, porque recoge la importancia de la memoria (71) a corto plazo, que, como señala Wen (2016), ha tomado un rol central en las reflexiones sobre la composición de la aptitud lingüística.

Los estudios sobre la relación entre personalidad y lenguaje enfrentan la dificultad de identificar si esta es un factor estático (es siempre así) y polarizado (es o no es). MacIntyre y Charos (1996) constataron que los rasgos de personalidad, junto con el contexto social, son claros predictores del éxito en el aprendizaje. De hecho, la personalidad tiene conexión con la aparición de la ansiedad (73) y el nivel de competencia percibida. En concreto, Dewaele (2017) estudió la ansiedad en relación con el perfeccionismo y documentó que cuanto más perfeccionista se es, más ansiedad se experimenta y, en particular, más preocupados se muestran los estudiantes por los errores y las dudas sobre las acciones. Wakamoto (2000) encontró una correlación fuerte entre la extraversión y el empleo de estrategias socioafectivas y de uso de la lengua: las personas extravertidas puntuaron más alto en la afirmación sobre animarse a uno mismo a hablar, en ese caso, inglés, incluso a pesar de los errores, por lo que parece que toman más riesgos. Ehrman (2000) encontró una diferencia de actitud entre quienes tenían un ego más fuerte y quienes lo tenían débil: los primeros se defienden de la ansiedad racionalizando y rechazando la nueva información que desequilibre su sistema; los segundos tienen una ansiedad consciente considerable. Dewaele (2004) constató que los extravertidos emplean más vocabulario coloquial, lo que podría estar relacionado con menores niveles de ansiedad, menos inhibición y falta de miedo al castigo.

El constructo teórico de los estilos de aprendizaje intenta explicar cómo la gente aprende de diferentes modos y cómo todos tenemos una forma preferida –que no implica necesariamente que no se tengan o puedan desarrollar otras– y, por lo tanto, más efectiva de hacerlo (Dörnyei y Ryan, 2015). Los primeros estudios establecieron preferencias por diversas formas de aprendizaje: visual, auditiva, táctil, kinestésica, grupal e individual. Didácticamente las implicaciones de este constructo teórico conllevan la toma de conciencia sobre las posibles diferencias entre el estilo del profesorado y las preferencias del alumnado, entre las preferencias del alumnado y el programa del curso, y sobre las discordancias entre las tareas y las creencias del alumnado, sus estrategias, etc. La principal reflexión que se puede inferir es que se debe ofrecer una amplia variedad de actividades para atender las expectativas de todo tipo de alumnado.

El concepto de *estrategias de aprendizaje* (84) nació al calor del prototipo imaginado del buen aprendiente de LE en un intento de entender por qué algunos tenían más éxito que otros durante el proceso y acotar estas estrategias para poder extenderlas a todos los aprendices. No obstante, sobre todo es importante entender que estas no son universalmente útiles, sino que deben adaptarse a cada situación –de aula y de cultura– y oscilan también en su eficacia en función de otras variables individuales. En todo caso estas han sido objeto de reflexión y categorización. En líneas generales, se reconocen las estrategias cognitivas (memorizar, clasificar, esquematizar, repetir, usar imágenes), metacognitivas (controlar el propio aprendizaje, planificarlo, etc.), sociales (movilizar la LE para comunicarse y tener el mayor número de oportunidades de práctica) y afectivas (ser consciente y controlar las experiencias emocionales para ganar eficacia en el aprendizaje).

La teoría de las inteligencias múltiples de Gardner (1983) surgió como reacción a un concepto de la inteligencia monolítico, clásico y centrado únicamente en ciertas habilidades escogidas. La teoría buscaba ofrecer una perspectiva más diversa sobre las capacidades del alumnado. El modelo establece siete inteligencias (interpersonal, intrapersonal, lógico-matemática, lingüístico-verbal, musical, visual-espacial, cinético-corporal), a las que posteriormente se han sumado dos (naturalista y existencial). Aunque desde el punto de vista cognitivo este modelo no tiene una base científica, su interés radica en que supuso un desafío a los enfoques tradicionales de enseñanza, basados casi exclusivamente en explicaciones teóricas y razonamientos deductivos, y amplió así las formas de enseñanza que se suelen presentar en las clases.

✱ Ideas clave:

Se ha demostrado que los factores cognitivos y, en especial, la aptitud lingüística funcionan como predictores de los resultados del aprendizaje. Dada la importancia de la memoria, es esencial conocer sus entresijos para fomentar una enseñanza de calidad.

ELEteca **70.** ¿Qué son los factores cognitivos?

071 ¿Cuál es la importancia de la memoria y la atención para el aprendizaje?

Rompiendo el hielo: ¿Cómo guarda la información nuestro cerebro?

Aprender no es retener unos números en la memoria durante dos minutos o repetir como un papagayo lo que dice una audición. Aprender significa interiorizar conocimientos, almacenarlos, de manera que se puedan usar cuando sea necesario. Los modelos teóricos sobre cómo funciona la memoria han sido y son diversos, pero el más aceptado en la actualidad diferencia entre memoria sensorial, memoria de trabajo y memoria a largo plazo.

La memoria sensorial es la que, de forma inconsciente y en un período de menos de dos segundos, registra la información que se olvida rápidamente. De hecho, si la información percibida no se trabaja, no se interioriza. Esto da paso a la memoria de trabajo (antiguamente llamada *memoria a corto plazo*).

La relevancia dada a la memoria de trabajo ha desembocado en múltiples implicaciones didácticas. Por poner ejemplos concretos, el hecho de dar más tiempo al alumnado para planear la ejecución de una actividad redunda en mejores resultados sobre la complejidad y fluidez del discurso (Foster y Skehan, 1996). También ha dado que reflexionar el debate sobre si los recursos cognitivos como la atención son limitados y si compiten con otros; por ello, algunas teorías sobre el aprendizaje defienden la selección de contenidos sobre los que incidir con el fin de rentabilizar la eficiencia de los recursos cognitivos *(focus on form)* (Doughty, 2001, 91).

Además, es necesario considerar la complejidad de la tarea que se propone teniendo en cuenta la dificultad lingüística y cognitiva (el grado de conocimiento del tema, la cantidad de información que se ofrece y la claridad con la que se presenta, etc.), y la tensión comunicativa (el tiempo disponible, el tipo de actividad –si se está familiarizado con ella o es nueva–, etc.). Con esto enlaza la concepción de la atención como elemento imprescindible para percibir el *input* (la necesidad del realce) y darle estatuto de entrada al hacer la conexión forma-significado *(intake)* (64). También es preciso reflexionar sobre cómo cambia esta memoria con el desarrollo vital, ya que no presenta la misma capacidad cuando se es niño que cuando se es adulto (76). Como señala Robinson (2010), la programación eficaz de los pasos de las tareas es necesaria para aumentar la eficacia y la probabilidad de éxito; con todo, no solo se deben tener en cuenta las cuestiones cognitivas, sino también las afectivas, para no desmotivar ni crear ansiedad o inhibición.

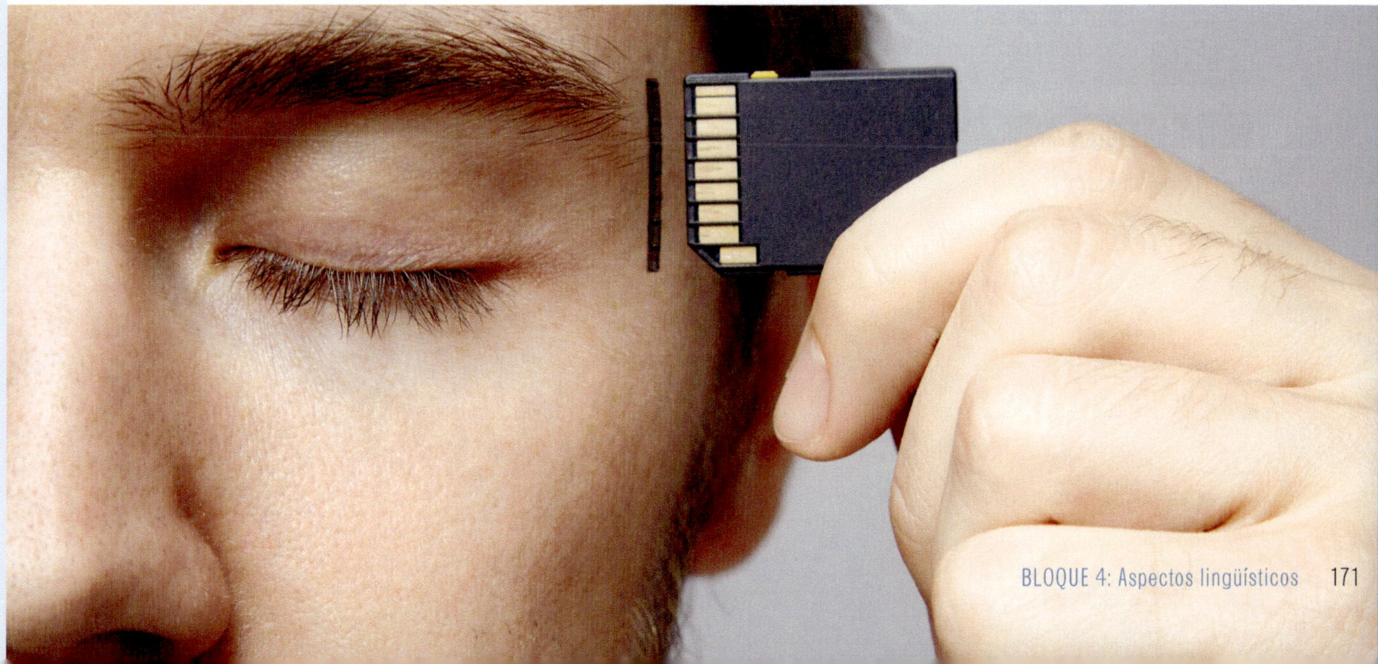

La memoria a largo plazo, que interactúa con la memoria de trabajo, se subdivide en dos modalidades: memoria declarativa y memoria procedimental. En la primera se almacena la información aprendida de manera intencional y explícita. En la segunda, la procedimental, se guarda la información aprendida de manera inconsciente y por repetición (de hecho, de este modo se aprenden muchos hábitos, como atarse los zapatos). Este tipo de memoria es más robusta durante la infancia, por eso se aboga por enseñar de una manera no consciente ni reflexiva a los niños, sino mediante la repetición, los juegos, la manipulación, las canciones, etc. En adultos la memoria declarativa parece una forma perfectamente legítima de almacenar información. Ergo, la capacidad de los adultos para aprender idiomas es un hecho y su supuesta limitación para hacerlo –salvo que presenten patologías–, un mito.

¿Qué rasgos hacen que una actividad resulte difícil?

Didácticamente, las implicaciones de entender cómo funciona la memoria se pueden resumir en algunas ideas generales. En primer lugar, la exposición a la información debe ser abundante, repetida y espaciada en el tiempo, para que se cree una huella lo suficientemente profunda. En segundo lugar, cuando se pide que se recupere información antigua, hay que dejar más tiempo para realizar la tarea, es decir, para responder. En tercer lugar, la atención y los recursos son limitados, con lo que no es realista pedir al alumnado que, en actividades con una estructura compleja, se centre en el contenido; en este caso, es fundamental señalar cuáles son los objetivos de aprendizaje exactos para que los aprendices vuelquen sus esfuerzos y atención sobre ellos. Por último, se ha demostrado que un tiempo de planificación suficiente incrementa enormemente la fluidez, mejora la corrección, facilita la comprensión de la sintaxis más compleja y ayuda a incorporar una mayor cantidad de vocabulario.

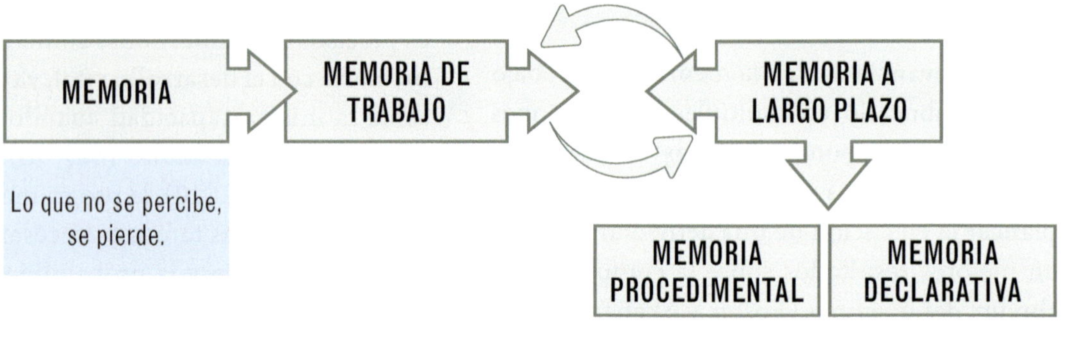

✱ Ideas clave:

La interiorización de contenidos pasa primero por su percepción y luego por su manipulación. La información se aprende y se consolida cuando se muestra en repetidas ocasiones y de manera espaciada en el tiempo.

ELEteca **71.** ¿Cuál es la importancia de la memoria y la atención para el aprendizaje?

072 ¿Qué son los factores motivacionales?

Rompiendo el hielo: ¿Qué te lleva a perseverar en una actividad hasta lograr el objetivo?

El profesorado y la comunidad investigadora consideran que la motivación es una de las llaves del éxito para el aprendizaje (Dörnyei, 2009). Por *motivación* entendemos el proceso que experimenta una persona para iniciar y dirigir su conducta a fin de realizar una actividad. Tradicionalmente se suponía que el proceso de motivación era estático: se estaba o no motivado y a todo el mundo le motivaba lo mismo. No obstante, con los años se han ido revisando las teorías sobre motivación y se han descartado las ideas erróneas o parcialmente ciertas.

La motivación puede ser instrumental (aprendemos para aprobar o para tener mejor sueldo) o integradora (aprendemos para vivir en una comunidad donde se habla la L2), pero esta clasificación no abarca toda la casuística que realmente se da. Por ejemplo, una persona puede estudiar un idioma sin intención de mudarse o de comunicarse con la comunidad de hablantes de L2 de su región, es decir, puede querer aprenderlo por placer. Así, el modelo mencionado, que contempla únicamente dos tipos de motivación y que nació en los sesenta en Canadá, se ha visto superado por otros que hacen hincapié en la amplia diversidad de motivaciones posibles; de esta forma, ya sabemos que no todo el mundo se motiva del mismo modo.

Esta perspectiva se desarrolló, en una etapa posterior, a partir del enfoque de la complejidad, que sostiene que no solo nos motivamos de formas diferentes, sino que, además, la motivación no emana de un único factor, sino de múltiples, así como de la interacción entre ellos: profesorado, compañeros, manual, actividades, dinámica del grupo, autoconcepto y autoestima del aprendiente, etc.

Además, el tipo de motivación varía en función de las decisiones del individuo: no es lo mismo la motivación de elección (elijo estudiar alemán y no francés) que la motivación ejecutiva (esto lo hago porque me gusta). Asimismo, es importante entender que esta experimenta fluctuaciones, es decir, no se está igual de motivado todos los días, ni en todas las clases ni en todas las actividades. En ello influyen factores personales y sociales, entre otros. De hecho, la desmotivación (Kikuchi, 2015) es un fenómeno frecuente y, para que no se llegue a ella, es crucial controlar la duración de esos episodios. En otras palabras, si una persona suele disfrutar las clases de español, pero una en concreto no le gusta, podrá superar ese epi-

sodio de desmotivación. Esto ocurrirá especialmente si la dinámica del grupo es positiva (50), porque hay una suerte de motivación social. Una buena relación entre profesorado y estudiantes, y un ambiente positivo, divertido y creativo en el aula pueden ayudar a una persona a hacer algo para lo que no estaba especialmente dispuesta.

Las implicaciones didácticas de este factor individual comienzan por hacer un buen diagnóstico de las necesidades y los intereses (26) antes del inicio del curso. En segundo lugar, se debe trabajar una buena dinámica de grupos desde el primer día. Además, se deben establecer claramente los objetivos de aprendizaje (Locke y Latham, 1990) para que las expectativas sean claras y coherentes, ya que muchos estudiantes se sienten sobrepasados por la falta de claridad en lo que se espera que aprendan y asumen que es mucho más de lo que realmente es. Las clases deben estar bien preparadas y estructuradas, y deben tocar temas de relevancia para los aprendices. Todos los estudiantes deben poder participar y hablar. Es necesario que sientan que aprenden (Bandura, 1997) y eso se puede lograr con la presentación y evaluación de objetivos en cada clase, y evitando que haya mucho estrés y ansiedad (73). Hay que dar tiempo para la elaboración de las tareas y para responder.

> ¿Qué estrategias te ayudan a mantener la motivación durante el aprendizaje?

El discurso docente debe ser positivo y se debe tener muy claro qué se va a corregir y cómo para no coartar la expresión y el buen ambiente del aula con interrupciones continuas y reproches. El docente debe ser comprensivo, prestar atención personal al alumnado, ser un modelo de respeto y perseverancia, y dedicarse con pasión e interés a sus clases. Si todos los agentes (docente, grupo y alumnado) están en armonía, con unos objetivos claros y sincronizados, y se trabajan temas de interés en una atmósfera positiva y de aprendizaje, los episodios de desmotivación serán reducidos o anecdóticos. Conseguir que la clase fluya (Csíkszentmihályi, 2014) es un objetivo lícito y crucial, ya que los sentimientos negativos durante el aprendizaje pueden bloquear el proceso.

✳ Ideas clave:

La motivación para iniciar un curso de idiomas debe mantenerse a fin de perseverar en el compromiso de aprender, que requiere mucho esfuerzo. Para ello, los docentes deben ser conscientes de diversas estrategias y técnicas que ayuden a conservarla y fomentarla. La forma de intervención para aquellos casos en los que la enseñanza es obligatoria y no voluntaria presenta particularidades.

▶ **ELEteca** **72.** ¿Qué son los factores motivacionales?

073 ¿Qué son los factores afectivos?

Rompiendo el hielo: ¿Cómo te has sentido en tus clases de lenguas extranjeras?

Los sentimientos que se experimentan durante el proceso de aprendizaje pueden ser positivos o negativos, y redundar en un mayor éxito o fracaso. En las primeras teorías y modelos de enseñanza de L2/LE que incorporaron la importancia de los aspectos personales, se entendía que una situación de estrés y ansiedad dificulta el aprendizaje. Esta situación puede derivarse del propio proceso de estudio formal obligatorio de una lengua que no interesa, porque el ambiente de clase es hostil o porque la forma de corregir del docente crea tensión y nervios.

Krashen (1982) formuló la teoría del filtro afectivo para justificar de manera metafórica cómo una situación de tensión puede impedir que el *input* se procese. Posteriormente, esto se ha probado que ocurre. El sentimiento que se considera más imposibilitador es la ansiedad. Las personas que están nerviosas y tienen miedo de participar o de ser corregidas sufren más el proceso de aprendizaje, participan menos, obtienen peores resultados, entre otras consecuencias negativas (Gkonou *et al.*, 2017). Ese miedo y esa inseguridad pueden ser algo transitorio o frecuente, y en el segundo de los casos, esto puede redundar incluso en el abandono. Sin embargo, no solo se experimenta ansiedad, sino que también aparece frustración, porque no se aprende o no se siente que se aprenda, o aburrimiento, porque los temas no son interesantes, el rol del alumnado es pasivo o el método de enseñanza no satisface las expectativas del grupo sobre lo que debe pasar en una buena clase de idiomas.

Los estudiantes, por lo general, entienden y aceptan que el docente lleve el rol protagonista, que explique y transmita conocimientos, pero también quieren poder participar y hablar de manera distendida con sus compañeros. Además, es importante que se sientan capaces y se muestren optimistas con el aprendizaje. El sentimiento de ineptitud mina su autoestima como aprendientes; por ello, es fundamental que sean capaces de proyectarse como hablantes competentes (teoría de los posibles yoes, Dörnyei, 2008).

Didácticamente, la relevancia de entender que el proceso de aprendizaje sucede en el aquí y en el ahora de unas personas determinadas pasa por tener en cuenta sus sentimientos. Es importante fomentar la autoestima del alumnado y valorar a todos los estudiantes por sus logros. En sociedades occidentales se valora de manera muy positiva a los estudiantes extrovertidos que participan mucho, aunque esto no implica necesariamente que

hayan aprendido más, sino que se expresan más. Por eso, hay que organizar actividades que contemplen momentos para hablar, con el suficiente tiempo de planificación, a personas más tímidas para que no se sientan tan estresadas, expuestas o inseguras. El aburrimiento se vence con temas que el alumnado considere relevantes y dándole la opción siempre de aportar sus experiencias o de sugerir conocimientos que le gustaría aprender y que echa en falta. Asimismo, los juegos y las actividades más creativos y abiertos dan pie a una participación más activa del alumnado y dejan atrás el desinterés que provoca un ejercicio largo y tedioso. Los aprendices deben desarrollar su tolerancia a no entender y a que el proceso de aprendizaje sea largo, ya que las falsas creencias y expectativas sobre cuánto se debe aprender pueden crear sensación de fracaso.

¿Qué estrategias pueden ayudar a personas más tímidas a participar en clase?

✱ Ideas clave:

Los sentimientos que se experimentan durante el aprendizaje pueden ser positivos o negativos. Estos últimos dificultan el procesamiento de la información y provocan peores resultados. Por ello, es recomendable promover la autoestima, la tranquilidad y la felicidad al aprender.

▶ ELEteca **73.** ¿Qué son los factores afectivos?

074 ¿Qué son los factores sociales?

Rompiendo el hielo: ¿Qué factores personales crees que condicionan tus estudios o tu carrera?

Las diferencias en los resultados de aprendizaje de lenguas extranjeras no solo se deben a una mejor o peor aptitud lingüística, una mayor motivación o una fuerte autoestima, sino que los factores sociales también influyen en el proceso y los resultados. El contexto socioeconómico puede condicionar –tanto en niños como en adultos– el acceso a materiales de aprendizaje como internet, manuales, diccionarios, televisión por cable o suscripciones a plataformas para ver productos audiovisuales en lengua meta, viajes al extranjero, etc. Además, las relaciones personales y familiares también pueden influir en las posibilidades de aprender un idioma y en la propia experiencia. En el caso de los niños, es fundamental estar rodeado de personas que entiendan la importancia de aprender otras lenguas o que sean ejemplos de plurilingüismo. En los casos más precarios, estos condicionamientos sociales pueden llegar a implicar la necesidad de trabajar y estudiar al mismo tiempo o acarrear dificultades de transporte para llegar a la escuela.

El grado de integración en una sociedad dada puede interponerse en el desarrollo de los estudios. Pongamos por caso la situación de los hablantes de herencia: si su comunidad de hablantes y su cultura se menosprecian, es posible que se produzca un rechazo por el idioma y su uso. Esto también puede ocurrir con personas migrantes, que pueden llegar a repudiar y abandonar su lengua y cultura o, dado el rechazo de la sociedad de acogida, aislarse en guetos donde solo emplean su lengua y no creen necesario aprender, por ejemplo, español. Los Gobiernos ofrecen en ocasiones programas especiales de integración; en el caso de

España, las clases a personas refugiadas y peticionarias de asilo las imparten tres ONG.

Por otra parte, los roles sociales respecto al género pueden dificultar el acceso a los cursos o la participación durante ellos. En algunas sociedades el papel de la mujer debe ser pasivo y poco destacado, incluso pueden llegar a preferir participar en grupos no mixtos. En general, se afirma que las mujeres obtienen mejores resultados en los test y que se desmotivan más por las experiencias de fracaso. Las mujeres migrantes o refugiadas pueden tener mayor dificultad para acceder a los cursos, porque se presupone que el cabeza de familia debe hacerlo antes o porque ellas deben ser las que se ocupen del cuidado de los hijos; y, aunque lo logren, tal vez tengan problemas para llevar a cabo las tareas extraescolares.

Desde el punto de vista de los factores étnicos, parece que la tradición socioeducativa de la que provenga un estudiante puede condicionar su manera de participar en las clases, de modo que se incline más por las tareas individuales que por las de grupo; o viceversa. Esto puede deberse también a que algunos aprendices han tenido una educación previa (primaria o secundaria) diferente a la del contexto socioeducativo actual, por lo que hay una discordancia entre métodos o estrategias de estudio.

> ¿Qué otros factores étnicos pueden ser relevantes en las aulas de una LE?

Este factor, además, está relacionado con la identidad que se desarrolla como hablante, es decir, con las formas de su habla que se identifican con rasgos propios de su comunidad, así como con aquellas formas que se consideran ajenas a su contexto. Por ejemplo, el uso del estándar, en lugar de los rasgos propios de una región, puede configurar la identidad del hablante. Una japonesa que ha estudiado en Galicia o en Andalucía va a desarrollar rasgos propios de esas comunidades de habla y ello conllevará una valoración social diferente; pueden incluso decirle que no habla bien. En el caso de personas migrantes, este rechazo social puede disminuir el número de estudiantes escolarizados o que llegan a acceder a estudios universitarios. Si son aprendices que realizan un intercambio en otro país, pueden llegar a sufrir episodios de racismo o sexualización que les impidan disfrutar la experiencia y poner en práctica la destreza oral por miedo al maltrato.

✱ Ideas clave:

Las diferencias entre las experiencias y los resultados de aprendizaje no solo varían por cuestiones como la motivación o la personalidad, sino que factores sociales como la identidad de género o la etnicidad también pueden dificultar o impedir el éxito.

ELEteca **74.** ¿Qué son los factores sociales?

075 ¿Qué son los factores culturales?

Rompiendo el hielo: ¿Qué aspectos de tu cultura crees que te definen como persona?

La información, las costumbres y la visión del mundo heredadas de la comunidad o las comunidades en las que una persona se desarrolla pueden condicionar cómo se expresa ante los demás. La cultura implica valores, creencias y actitudes que también se perciben en el desempeño académico y en el estudio de lenguas extranjeras. De manera general, es posible afirmar que personas provenientes de ciertas culturas no admiten el contacto físico como forma de estrechar los lazos sociales o como muestra de camaradería; más bien al contrario, puede llegar a ser una ofensa.

En otros casos, la percepción de la jerarquía social puede determinar el comportamiento, es decir, si se otorga al docente un papel prominente y de prestigio, de modo que no se le puede interrumpir ni contrariar, ciertos aprendices no se sentirán cómodos para detener la clase y expresar sus dudas. En otras circunstancias, la jerarquía puede percibirse en función de factores sociales como el género (una mujer considera que no puede interrumpir a un hombre o un hombre puede sentirse ofendido si una mujer lo corrige) o la edad (estudiantes más jóvenes pueden evitar tomar el turno de palabra antes que sus compañeros de más edad por respeto).

Durante la enseñanza también se percibe la diferencia cultural en las creencias del alumnado sobre lo que considera que debe ocurrir en una buena clase: el comportamiento del docente, de los compañeros, el propio; el ritmo; los contenidos; el tipo de actividades; etc. Por ejemplo, sin ánimo de generalizar, es cierto que hay sociedades que rechazan la competición en público o que consideran que jugar en clase supone una pérdida de tiempo.

La tradición socioeducativa también desempeña un papel muy importante en estos usos y costumbres sociales, ya que, así como en algunas culturas occidentales es muy positivo que los estudiantes participen y hablen mucho en las clases (especialmente en las de lenguas), en otras, como algunas orientales, esta forma de actuar se considera impetuosa y poco apropiada. Así, la renuncia a hablar no tiene por qué implicar falta de competencia lingüística, sino que quizá no se encuentra el momento o el modo adecuado para hacerlo. Esta falta de oportunidad también puede surgir al tratar temas que se consideran tabú o impropios de una persona de su condición. Son numerosos y muy diversos los temas que pueden ser inadecuados para comentar públicamente: sexo, dinero, amor, racismo, pobreza, homofobia, machismo, etc.

Tener una postura internacional, es decir, mostrar interés por entrar en contacto con otras culturas, viajar, acercarse a otros mundos, etc., puede derivarse de la actitud de la sociedad de origen, ya que en ella la migración puede ser muy común o el plurilingüismo puede verse como algo normal y necesario. Por el contrario, se puede pertenecer a un país y una cultura donde lo extranjero no interesa o se considera inferior.

El desarrollo de una competencia intercultural (85) sana y positiva evita el rechazo y la frustración ante las discordancias que se pueden dar en la sociedad de acogida y en las clases. Para ello es necesario abordar el tema de manera explícita en el aula e impulsar la reflexión y conciencia sobre este fenómeno.

* Ideas clave:

La cultura, las costumbres y los buenos modales de un estudiante en clase pueden variar entre países, por lo que es importante conocer los antecedentes contextuales del grupo de estudiantes.

ELEteca **75.** ¿Qué son los factores culturales?

076 ¿Qué tiene de particular enseñar lenguas extranjeras en diferentes etapas de la vida?

Rompiendo el hielo: ¿Aprendemos igual cuando somos niños que cuando somos adultos?

La edad es un factor que condiciona el proceso de aprendizaje de un idioma desde el punto de vista cognitivo, por el desarrollo madurativo, pero también desde los puntos de vista motivacional, social, cultural y afectivo. En cuanto al desarrollo madurativo, es importante tener en cuenta que la enseñanza de ELE para niños tiene unas características especiales (Pisonero, 2004). Si bien la edad cronológica marca ciertas tendencias, pueden darse retrasos en el desarrollo. Por ejemplo, los niños menores de 5 años pueden tener dificultades para señalar con un círculo las respuestas correctas. Asimismo, hasta esa edad los puzles suelen tener unas 20 o 30 piezas y puede costarles reconocer el todo a través de las partes. Los juegos no pueden ser muy duraderos en el tiempo, porque su capacidad de atención es limitada y se distraen. Aun así, con esta edad ya pueden empezar a colorear de forma justificada (pintar de azul el cielo y el mar, por ejemplo).

Por otra parte, la lectoescritura no se desarrolla hasta los seis o siete años, aunque la edad varía en función de cada sistema escolar. Por lo tanto, es fundamental conocer las etapas de desarrollo infantil y escoger muy bien las actividades para que sean factibles. En estos primeros años, las tareas que implican manipulación de objetos, canciones, dibujos coloreables, etc., suelen ser las más adecuadas. El modo de enseñanza es implícito, no se hacen explicaciones gramaticales y los temas que se tratan corresponden a los que suelen enseñarse a esas edades: animales, medio natural, cuentos, formas geométricas, sensaciones, operaciones matemáticas básicas, etc. Los proyectos como el rincón de lectura o de los cuentos pueden funcionar para centrar su atención, marcar pautas e introducir el *storytelling* como herramienta didáctica (Negrín Santana, 2019).

> ¿Qué tipo de actividades se presentan en los manuales de ELE para niños? ¿Qué temas se tratan?

En el caso de los adolescentes, la mayor dificultad ya no es tanto la madurativa, sino la emocional (Miras Páez y Sancho Pascual, 2017). La obligatoriedad de los estudios y la gran cantidad de horas de clase pueden provocar desinterés por una asignatura que pueden considerar irrelevante para su vida. En estas edades, es especialmente relevante que los temas sean llamativos y atrayentes, que se

cultive la competencia intercultural (👁 85) y que entiendan la importancia del idioma en su contexto, etc.

En cuanto a los adultos, cada vez son más los estudios que señalan que, salvo que se presenten patologías, la capacidad de aprender idiomas no se ve necesariamente reducida. De hecho, a diferencia de los niños, que no tienen un desarrollo madurativo completo, su forma de razonar les permite generalizar, jerarquizar y trazar asociaciones. Sin embargo, la manera en la que los adultos aprenden idiomas suele ser bastante diferente a la de los estudios reglados e influyen con muchísima más importancia factores sociales como una necesidad de migrar, de tener mejoras salariales, etc. A muchos adultos les molesta sobremanera sentir que pierden el tiempo y no entender para qué sirve lo que se está haciendo en clase; por ello, en ocasiones, los juegos no son bien recibidos. Así, de usarlos, debe dejarse siempre claro cuál es la utilidad para el aprendizaje.

La desmotivación en estudiantes jóvenes y adolescentes por la obligación de aprender un idioma extranjero al que no le ven sentido, interés ni relevancia personal suele mitigarse en la etapa adulta. En estos casos, en cambio, se puede mostrar desinterés por la falta de sensación de progreso o la vergüenza de estar expuesto públicamente al error. Las enfermedades y dolencias que suelen estar asociadas a la edad, como la pérdida de oído y de visión, pueden implicar la adaptación de las actividades: un mayor tamaño de letra; más tiempo para poder leer; audios más lentos, con menos ruido de fondo o con mayor volumen; etc.

En una edad muy avanzada, los juegos de rapidez, las competiciones y la memorización inmediata pueden no ser adecuados por la posible falta de agilidad, lo que puede redundar en desmotivación y pérdida de autoestima. Por ello, probablemente incrementarán los tiempos de trabajo y de realización de las actividades. Dada la madurez de los aprendices, es posible trabajar más las explicaciones explícitas, porque la memoria declarativa está más desarrollada, al contrario que la procedimental (aprendizaje inconsciente), que declina con la edad. De hecho, esta última está en mejores condiciones durante la infancia y, por eso, aprender por repetición y sin reflexión es más fácil durante esos años. Se aprende de un modo diferente, pero esto no quiere decir que los adultos no puedan aprender idiomas.

✱ Ideas clave:

La edad es un factor que condiciona el aprendizaje, porque en los niños la memoria procedimental es más robusta que la declarativa, cuyo desarrollo está más avanzado en la adultez. En todo caso, aunque sea de forma diferente, se pueden aprender idiomas en todas las etapas de la vida.

▶ **ELEteca** **76.** ¿Qué tiene de particular enseñar lenguas extranjeras en diferentes etapas de la vida?

077 ¿Qué tiene de particular enseñar lenguas extranjeras a personas migrantes y refugiadas?

Rompiendo el hielo: ¿Qué situaciones inmediatas enfrentan las personas al irse a vivir a otro país?

El perfil de las personas migrantes y de las refugiadas es muy variado, aunque a veces tengamos en mente una visión estereotipada. En primer lugar, es necesario establecer la diferencia legal entre ambas. Los peticionarios de asilo y refugio deben ser aceptados en los países de acogida, de acuerdo con las normativas internacionales, que deben procurarles acceso a la educación, a la asistencia sanitaria y a documentos que les permitan residir legalmente una vez reconocido su estatus. Las personas migrantes, en cambio, pueden cambiar de país por intereses económicos o de otro tipo, por lo que su estatus legal puede variar. Estos aspectos sociales condicionan significativamente los procesos de integración. Tan migrante es un futbolista que llega a un país a jugar en primera división cobrando grandes cantidades de dinero como alguien que llega para trabajar en el campo. No obstante, ambos enfrentarán situaciones completamente diversas. Es más, otros factores como el tiempo de estancia, la edad y el nivel educativo pueden condicionar sus resultados de aprendizaje (Isphording, 2015; Mavrou y Martín Leralta, 2018).

El acceso a los cursos de idiomas para personas refugiadas y peticionarias de asilo puede estar coordinado por ONG, instituciones de acogida e incluso academias. Estas clases son de carácter temporal y asistencial, y en ellas pueden darse situaciones complicadas, como la imposibilidad de comprar materiales de estudio por los escasos recursos económicos, la nula compatibilidad entre el horario laboral y las clases, la dificultad para lograr la conciliación familiar si hay menores a cargo, el cansancio físico y la desmotivación, los choques culturales, la falta de formación o de conocimientos de lectoescritura, etc. Por todo esto, es fundamental establecer el perfil del alumnado de cada curso y tener en cuenta sus necesidades (26) (Llorente Puerta, 2016). Además de los cursos de emergencia para la supervivencia básica, también se ofrecen otros de carácter general, la mayor parte de ellos orientados a alcanzar el nivel A2 y obtener el DELE (47), porque en el caso de España este es el nivel requerido para obtener la nacionalidad (y el CCSE, la prueba de conocimientos constitucionales y socioculturales de España). Asimismo, otra opción son los cursos con fines laborales (español para la hostelería, para la construcción, etc.). Por otro lado, la Comunidad de Madrid (España) tiene un programa de investigación sobre inmigración del que surgió un examen, el Diploma de Lengua Española para Trabajadores Inmigrantes (LETRA).

En los cursos de supervivencia básica, es crucial atender las necesidades comunicativas que pueda tener el alumnado, para dotarlo de una competencia comunicativa mínima que le permita desarrollar su vida diaria. En muchos centros usan materiales propios, aunque también existen algunos manuales publicados. Por ejemplo, el Instituto Cervantes ofrece un curso de español llamado *Horizontes. Español nueva lengua* y la Fundación Montemadrid, un manual de alfabetización, de nivel A1 y de nivel A2, centrado en la oralidad y la escritura. En este tipo de libros, se suelen abordar determinados aspectos para llevar a cabo trámites oficiales (empadronamiento, solicitud de tarjeta sanitaria, etc.) y laborales, ir al médico, buscar casa, etc. Los manuales de ELE generales podrían servir en algunos casos para dar clase a personas migrantes, aunque la visión estereotipada del mundo y los temas que ofrecen en muchas ocasiones pueden no resultar relevantes para los intereses del alumnado.

En cuanto a los migrantes menores de edad, estos se incorporan al sistema educativo normal, que, en España, por ejemplo, se complementa con las aulas de apoyo y diferentes programas para favorecer la integración lingüística y formativa del alumnado (Llorente Puerta, 2018). Estas medidas varían entre las comunidades autónomas, pero suelen pivotar en estos dos aspectos: aprendizaje del español y apoyo para la inscripción e integración en el curso que le corresponda.

> ¿Qué proyectos de apoyo lingüístico a menores hay en tu región?

Sobre este tema es especialmente importante revisar el *Manifiesto de Santander* (2004) y las *Propuestas de Alicante* (2006).

✱ Ideas clave:

Las necesidades del alumnado y sus circunstancias sociales condicionan el aprendizaje de español, también en el caso de las personas migrantes y refugiadas. Si hay un rasgo que hace especiales a estas últimas es la importancia de la gestión de los factores afectivos, porque en ciertos casos las historias personales son muy complejas e, incluso, dramáticas. El aula debe ser un lugar seguro, así que conviene minimizar la corrección de errores y valorar los logros muy positivamente.

ELEteca **77.** ¿Qué tiene de particular enseñar lenguas extranjeras a personas migrantes y refugiadas?

078 ¿Qué tiene de particular enseñar lenguas extranjeras a hablantes de herencia?

Rompiendo el hielo: ¿Cómo se pueden incorporar las lenguas de migración en las clases?

Se emplea el concepto *hablante de herencia* (HH) (2) para hacer referencia a personas que han aprendido una lengua de manera parcial, porque han sido expuestas a ella solamente en el seno familiar (Fairclough, 2018). Esto ocurre cuando la L1 no es la lengua del país donde se vive ni la lengua de escolarización, por lo que se trata de una situación en la que se encuentran los hijos de muchas familias migrantes.

La edad de migración es importante, porque, si la L1 ya está completamente desarrollada, *a priori* una competencia limitada en esa lengua ya no se derivaría de una falta de exposición al *input*. Normalmente se considera que en la adolescencia la L1 ya está consolidada. Si los niños ya nacen en el país de acogida, la exposición a la L1 suele ser muy limitada y, por ende, la competencia también. Puede que sus padres, de hecho, también tengan un conoci-

miento parcial del idioma y que sean los abuelos quienes realmente sean hablantes fluidos; así, el nivel de dominio se ve afectado por el factor generacional (Potowski, 2005).

Otro aspecto importante es si la lengua es compartida por ambos progenitores, en caso de haberlos, porque ese idioma tendrá más protagonismo que si cada uno de ellos habla una lengua diferente. Como se puede observar, la casuística es muy diversa, pero la idea principal que debe prevalecer es que los hablantes de herencia son personas cuya competencia sobre la lengua es limitada, ya que no han tenido suficiente *input* para desarrollarla por completo, como sí pasa con las personas que la tienen como lengua materna.

Para paliar la pérdida de la identidad cultural y lingüística de las personas que migran, muchos Gobiernos crean escuelas internacionales en el extranjero que siguen un currículo educativo propio mediante convenios con los ministerios de Educación de los países de acogida y sirven para atender a los hijos de las personas expatriadas. Esto ocurre en regiones donde hay una mayor concentración de población de un mismo origen, como las escuelas noruegas en la costa levantina española, por ejemplo, o las escuelas japonesas en México. En ellas, la lengua vehicular es el noruego y el japonés, respectivamente, y el currículo que estudian los niños suele ser el oficial del país de origen.

El Gobierno español sigue este modelo mediante el Programa de Agrupaciones de Lengua y Cultura Españolas (ALCE), que tiene centros en países europeos, pero también en Canadá o Estados Unidos. También hay colegios internacionales privados cuyas lenguas de escolarización pueden variar, aunque destacan por su frecuencia las que tienen como idioma vehicular el francés y el inglés. Muchos migrantes de alto nivel socioeconómico, como personas de negocios, del mundo de la diplomacia, etc., dado que suelen cambiar de destino cada ciertos años, suelen recurrir a este tipo de escuelas para sus hijos.

No obstante, lo más habitual es que los niños de las familias migrantes se escolaricen en el sistema educativo normal del país de acogida, con lo que la nueva lengua pasa a ocupar un papel dominante en su competencia lingüística: es en la que aprenden a escribir, en la que reciben los conocimientos, en la que se expresan con sus amigos, etc. Así, el idioma familiar puede quedarse limitado al ámbito del hogar (lengua de herencia, LH), por lo que la exposición a la lengua es reducida y la competencia que adquieren los niños, parcial. En estos casos acostumbra a desarrollarse más la expresión oral que la escrita, dado que esta última es un tipo de comunicación que en contextos informales se practica menos. También pueden aparecer estructuras gramaticales o errores que no son típicos de hablantes nativos. En el caso del español, suelen presentarse dificultades relacionadas con la concordancia de género o el uso de las preposiciones y los tiempos verbales. Con frecuencia, la falta de vocabulario se suple empleando vocablos de la L2 o creando versiones híbridas.

Estos estudiantes no deben incorporarse a cursos de lengua extranjera en los que se expliquen cosas que ya dominan, porque esto puede desembocar en desinterés por el idioma y, por lo tanto, en desmotivación. Suele ser más positivo que estos aprendices participen en cursos especializados en los que se desarrolle más la competencia escrita y se aborden temas relevantes para ellos y para su comunidad en cuanto a lo personal y social. Los contenidos lingüísticos que se trabajan deben adaptarse al grupo y a sus características en particular, porque pueden presentar un grado de dominio muy diferente; es decir, se pueden dar explicaciones gramaticales puntuales, pero la programación no debe estructurarse a través de los contenidos lingüísticos, sino que lo recomendable es que se traten temas de interés sociocultural. Por todo ello, en estos contextos se suele optar por el enfoque por tareas.

¿Por qué es socialmente importante que los niños migrantes conserven su L1?

*** Ideas clave:**

Las personas que son hablantes de herencia de un idioma familiar tienen una competencia limitada en esa lengua. El grado de dominio varía según cada caso, aunque una tendencia extendida es que la expresión oral se desarrolla más que la escrita. Este tipo de estudiantes requieren unos cursos especiales en los que puedan desplegar todo su potencial.

ELEteca **78.** ¿Qué tiene de particular enseñar lenguas extranjeras a hablantes de herencia?

079 ¿Qué tiene de particular enseñar lenguas extranjeras a personas con necesidades educativas especiales?

Rompiendo el hielo: ¿Qué dificultades crees que pueden enfrentar las personas con discapacidad auditiva o visual en el aprendizaje de un idioma?

Entendemos por *necesidades educativas especiales* el apoyo específico que requieren algunas personas en el aprendizaje por razones físicas, cognitivas, sensoriales o psíquicas. En concreto, quienes tienen una discapacidad o un trastorno pueden presentar dificultades visuales, auditivas, motoras o físicas, por lo que en el aula conviene adoptar las medidas necesarias para que estas personas no se sientan excluidas y también puedan progresar.

La pérdida de visión puede tener diferentes grados de severidad y, en los casos más agudos, la enseñanza pasa por usar más el discurso oral y emplear el tacto para hacer llegar el *input*. Es importante verbalizar todo lo que se hace y ocurre en el aula, así como dar explicaciones claras y adaptar las actividades para que dé tiempo a hacerlas. Para poder incrementar las explicaciones orales, el ambiente y el ruido deben estar lo más controlados posible. Así, la planificación de las clases debe contemplar momentos de silencio durante los cuales el docente pueda dedicarse exclusivamente a dar apoyo a los estudiantes con estas necesidades; de esta forma, les puede ofrecer mayores explicaciones, ayudar en la comprobación de resultados, etc.

Deben emplearse temas familiares y situaciones que les puedan resultar conocidas. En el caso de presentar gráficos o imágenes en relieve, hay que dar tiempo suficiente para que con el tacto el alumnado reúna toda la información necesaria para poder responder. También deben usarse recursos más creativos, como marionetas, esculturas, materiales moldeables, etc., especialmente cuando se trabaja con niños. La gestión del tiempo de respuesta es fundamental para que estos aprendices puedan participar en la dinámica de clase en igualdad de condiciones. En el caso de las personas sordociegas, el canal del *input* es el tacto y suele emplearse la dactilología en la palma de las manos y el braille.

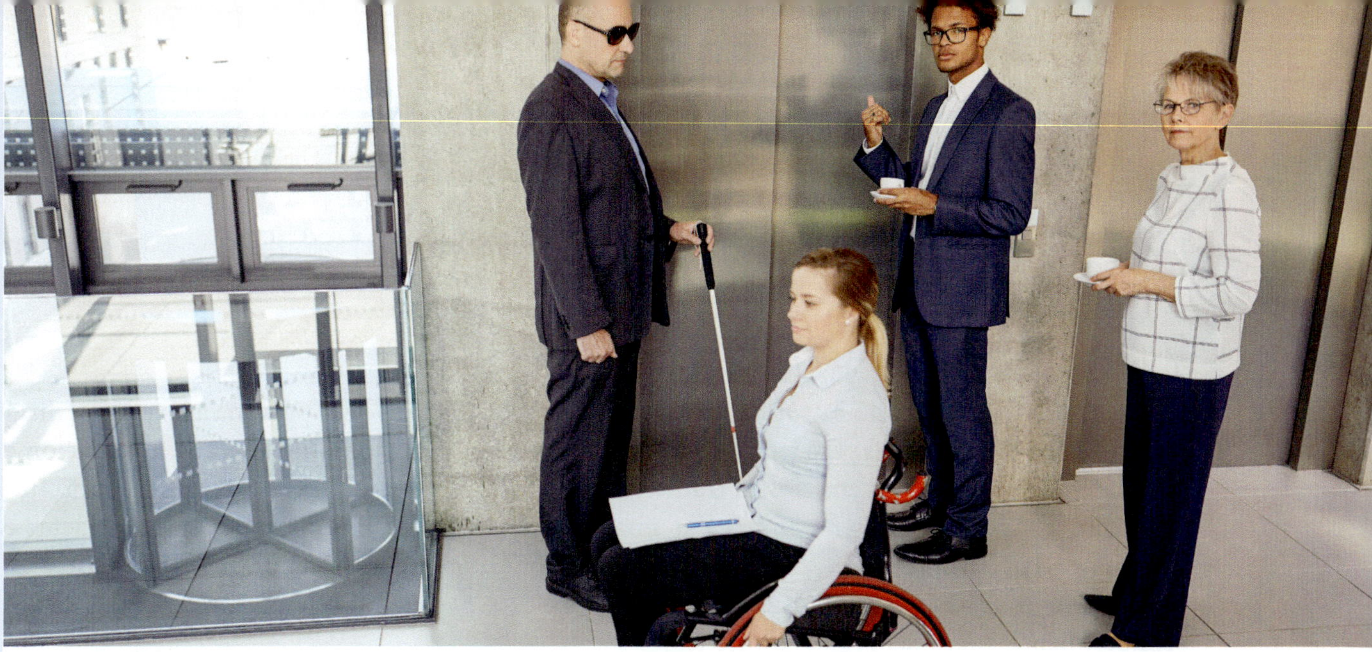

Enseñar un idioma extranjero a personas con déficit de atención e hiperactividad suele conllevar las mismas dificultades que cualquier otro contenido: se distraen fácil y rápidamente, y actúan por impulsos. Se recomienda, entre otras estrategias, sentar a estos aprendices en la parte frontal de la clase; generar una atmósfera tranquila y que ayude a la concentración; ofrecer un calendario, una estructura clara de la clase y una rutina comprensible; pautar actividades cortas y hacer pausas entre ellas para evitar el aburrimiento y la distracción; proporcionar instrucciones sencillas y con refuerzo visual (iconos, por ejemplo); realizar tareas que impliquen una participación activa o manipulativa; hacer muy visible el aprendizaje para fomentar su autoestima y sensación de logro, y dar pocas opciones de elección en las respuestas de los ejercicios para no saturar y ayudar a mantener la concentración.

Las personas con dislexia tienen problemas para reconocer sonidos y también para leer, ya que confunden o alteran el orden de las letras. Esta situación provoca una serie de dificultades que conviene tener en cuenta para planificar las clases. Del mismo modo que con las personas con déficit de atención, se recomienda que se sienten cerca de la pizarra y que tengan como referencia una estructura de la clase clara y rutinaria. Las personas con dislexia van a necesitar más tiempo para leer las instrucciones de una actividad, así que es mejor acompañarlas de iconos o pictogramas; los recursos y las actividades serán cortas y con objetivos claros, se repetirán varias veces las instrucciones y no se pedirá que copien los enunciados, el vocabulario se introducirá de diversos modos (palabras como bloques o palabras de letra por letra), se evitará poner tareas de lectura que tengan largos textos y no se pedirá la lectura en voz alta, el tamaño de la letra será más grande de lo habitual y con un interlineado mayor que el sencillo (1,5 o doble). En general se recomienda emplear tipografías que tengan un espacio más amplio entre caracteres porque facilitan la lectura y evitar aquellas con florituras.

Dado que la formación general de los docentes sobre cómo enseñar a personas con diversas necesidades especiales –y aquí solo hemos mencionado dos de las más frecuentes– es en general exigua, sería conveniente contar con la ayuda de personas especializadas que apoyen y acompañen el proceso de aprendizaje para ofrecer una enseñanza de calidad.

> ¿Qué otras necesidades especiales pueden aparecer en el aula y cómo se podrían abordar?

✱ Ideas clave:

El alumnado de las clases de lenguas extranjeras puede presentar diversidades funcionales que impliquen una adaptación curricular para poder apoyarlos en el proceso de aprendizaje. Conocerlas y formarse para atenderlas es una competencia más del profesorado.

ELEteca **79.** ¿Qué tiene de particular enseñar lenguas extranjeras a personas con necesidades educativas especiales?

080 ¿Qué es la competencia comunicativa?

Rompiendo el hielo: ¿Qué significa para ti conocer una lengua?

Dada la trayectoria histórica de aprendizaje de lenguas para leer los clásicos latinos o griegos en nuestra tradición cultural, conocer un idioma implicaba una actitud pasiva o limitada (53). La competencia que se poseía, en muchos casos, era un conocimiento sobre las reglas gramaticales y sintácticas suficiente para leer o traducir, conocimiento que se denominó *competencia gramatical* o *lingüística* (81), pero no lo era para hablar e interactuar. No obstante, en el siglo xx la necesidad por la cual se aprendían lenguas conllevó un cambio de perspectiva, dado que conocer un idioma implicaba ser capaz de expresarse oralmente en él y, por ello, se produjo un reajuste de concepto y de terminología.

Hymes (1971) acuñó la etiqueta *competencia comunicativa* para reflejar que hablar una lengua no es solo conocer sus reglas gramaticales y usarlas correctamente, sino que ello implica también formar parte de una comunidad de hablantes que siguen unas normas culturales y de interacción dentro de su contexto. En otras palabras, para ser adecuado en un acto comunicativo no solamente hay que conocer la regla gramatical, sino elegir las palabras y estructuras en función de la persona a la que nos dirigimos, la intención que tenemos, la situación en la que nos encontramos, etc. Esta importancia del uso supera las concepciones abstractas de los idiomas como conjuntos de estructuras.

> ¿Por qué crees que algunas clasificaciones no consideran la competencia estratégica como parte de la competencia comunicativa?

Por todo ello, la competencia comunicativa engloba, por supuesto, la competencia gramatical, pero incluye además otras capacidades y saberes, como la competencia sociolingüística (82), la competencia pragmática (83), la competencia estratégica (84) y la competencia intercultural (85). Estos subtipos son los más aceptados comúnmente. El *MCER* (24) organiza los conocimientos lingüísticos (competencia sociolingüística, lingüística y pragmática) en una etiqueta subsumida dentro de categorías más generales: saber (competencia comunicativa), saber hacer (destrezas) (31), saber ser (competencia social, socioafectiva) y saber aprender (competencia estratégica).

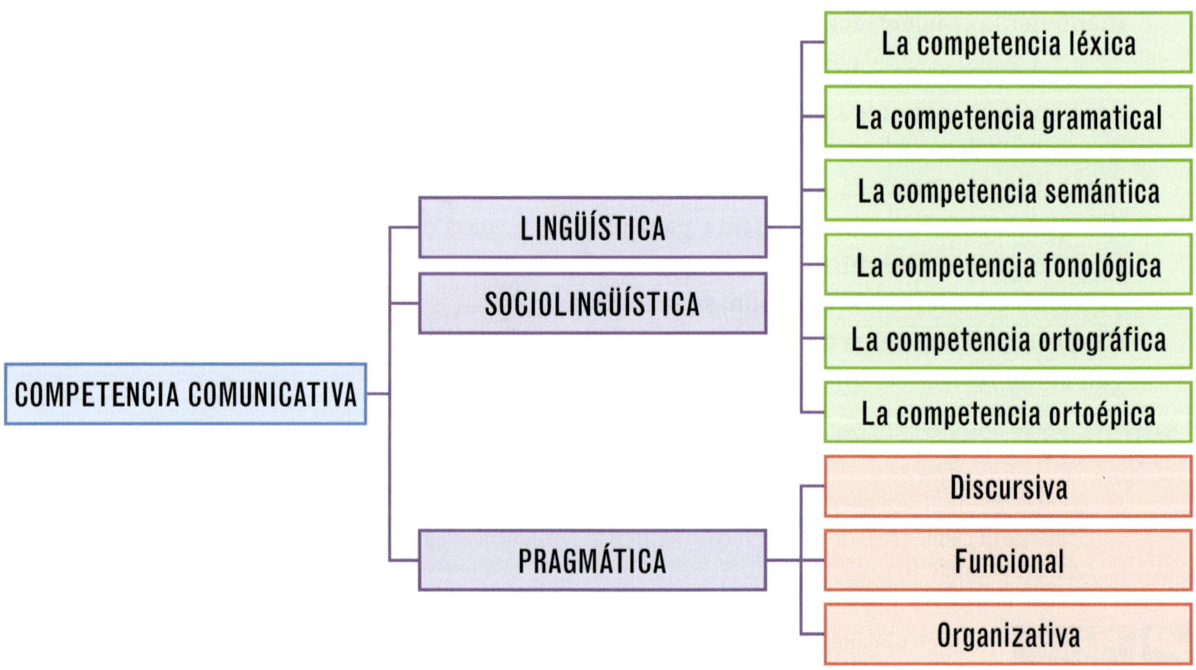

Sea cual sea la clasificación que se siga, lo que está claro es que en la actualidad entendemos que conocer un idioma no estriba solo en conocer las reglas gramaticales, por lo que las clases no pueden consistir únicamente en explicaciones sobre ellas. Es necesario desarrollar, paralelamente, una competencia sociolingüística y pragmática, así como discursiva, estratégica, cultural, etc., es decir, una competencia comunicativa completa.

✱ Ideas clave:

La competencia comunicativa es un concepto que supera la tradición, en la que solo importaba el conocimiento de reglas gramaticales (competencia lingüística), para dar paso a la importancia de la expresión oral, la adecuación y el contexto.

ELEteca 80. ¿Qué es la competencia comunicativa?

081 ¿Qué es la competencia lingüística?

Rompiendo el hielo: ¿Conoces el porqué de las normas gramaticales del español?

La competencia lingüística se refiere al conocimiento de la estructura de una lengua por el cual se es capaz de producir y comprender mensajes que respetan las normas. Los hablantes nativos de un idioma adquieren esta competencia de manera inconsciente durante la niñez, aunque después, en el sistema educativo, se reflexiona sobre ella y se aprenden las normas acordadas por las instituciones de la lengua (👁 10). Esta es la principal diferencia con respecto a las personas que aprenden un idioma *a posteriori*, que con frecuencia desarrollan su competencia gramatical de manera declarativa, es decir, conscientemente y mediante el estudio. La competencia lingüística se subdivide en las competencias fonológica, ortoépica, ortográfica, léxica, gramatical y semántica.

La competencia fonológica implica el conocimiento para producir y percibir los sonidos de una lengua que marcan diferencias de significado. En español, por ejemplo, la consonante *s* permite muchas formas de pronunciación; sin embargo, todas ellas las identificamos con el mismo fonema gracias a esta competencia. El límite de lo correcto se establece en el momento en que la variación de la pronunciación impide entender qué es lo que se está diciendo. Si, por ejemplo, un estudiante pronuncia una *s* líquida, lo entenderemos igual, aunque no sea el patrón de pronunciación más estándar en español. Además de reconocer los sonidos, es necesario desarrollar la conciencia de la estructura de las palabras (las sílabas y los acentos) para poder reconocerlas en la cadena hablada (*La Habana* se pronuncia como *la.ba.na*). Es fundamental también entonar en función del objetivo comunicativo (preguntas, afirmaciones) y reconocer el ritmo del habla. De hecho, la entonación o las producciones suspendidas pueden denotar ironía (Ruiz Gurillo, 2008).

La competencia ortoépica se refiere a la capacidad de pronunciar de forma correcta a partir de un texto escrito, es decir, de reconocer cómo se transpone la escritura a la cadena hablada (93). Por ejemplo, implica ser capaces de identificar qué sonido corresponde a cada letra (la *g* no se pronuncia siempre igual: *gato, geranio, pingüino*), reconocer los signos de puntuación como indicadores de entonación (*¿?, ¡!*) y ayudarse de la escritura para distinguir entre pares como *casa/caza*, que pueden provocar dificultades de redacción o pronunciación en zonas seseantes.

La competencia ortográfica supone la capacidad de producir y descodificar todo tipo de

COMPETENCIA LINGÜÍSTICA GENERAL	
C2	Saca provecho de un dominio amplio y fiable de un completo repertorio de elementos lingüísticos para formular pensamientos con precisión, poner énfasis, diferenciar y eliminar la ambigüedad. No manifiesta ninguna limitación de lo que quiere decir.
C1	Elige una formulación apropiada de una amplia serie de elementos lingüísticos para expresarse con claridad y sin tener que limitar lo que quiere decir.
B2	Se expresa con claridad y sin manifestar ostensiblemente que tenga que limitar lo que quiere decir.
	Dispone de suficientes elementos lingüísticos como para hacer descripciones claras, expresar puntos de vista y desarrollar argumentos, utilizando para ello algunas oraciones complejas y sin que se le note mucho que está buscando las palabras que necesita.
B1	Dispone de suficientes elementos lingüísticos como para describir situaciones impredecibles, para explicar los puntos principales de una idea o un problema con razonable precisión y para expresar pensamientos sobre temas abstractos o culturales tales como la música y las películas.
	Dispone de suficientes elementos lingüísticos como para desenvolverse y suficiente vocabulario para expresarse con algunas dudas y circunloquios sobre temas como la familia, aficiones e intereses, trabajo, viajes y hechos de actualidad, pero las limitaciones léxicas provocan repeticiones e incluso, a veces, dificultades en la formulación.
A2	Tiene un repertorio de elementos lingüísticos básicos que le permite abordar situaciones cotidianas de contenido predecible, aunque generalmente tiene que adaptar el mensaje y buscar palabras.
	Produce expresiones breves y habituales con el fin de satisfacer necesidades sencillas y concretas: datos personales, acciones habituales, carencias y necesidades, demandas de información. Utiliza estructuras sintácticas básicas y se comunica mediante frases, grupos de palabras y fórmulas memorizadas al referirse a sí mismo y a otras personas, a lo que hace, a los lugares, a las posesiones, etc. Tiene un repertorio limitado de frases cortas memorizadas que incluye situaciones predecibles de supervivencia; suelen incurrir en malentendidos e interrupciones si se trata de una situación de comunicación poco frecuente.
A1	Tiene un repertorio muy básico de expresiones sencillas relativas a datos personales y a necesidades de tipo concreto.

textos escritos. En el caso del español, se deben conocer todos los símbolos –el alfabeto– y sus convenciones, como el uso de las mayúsculas, la cursiva, la negrita, los signos de puntuación, las comillas, etc.

La competencia léxica implica el conocimiento del vocabulario: su forma, su significado y su uso. Este se compone de elementos léxicos y gramaticales (artículos, preposiciones, pronombres, etc.). El vocabulario (59, 94, 95) no solo consta de palabras, sino también de expresiones y refranes, fórmulas institucionalizadas, etc.

> ¿Qué dificultades puede presentar el alfabeto para personas cuya L1 tiene otro sistema de escritura?

La competencia gramatical se subdivide en la morfología (forma de las palabras: raíces, desinencias; formas regulares, irregulares, etc.) y la sintaxis (cómo se combinan las unidades léxicas para formar oraciones y discursos) (97).

La competencia semántica abarca las competencias pragmática, gramatical y léxica, porque se refiere a la capacidad de entender los significados de las estructuras empleadas, que se superponen. Por ejemplo, cuando se elige entre *he cantado* y *canté,* no solo se escoge una forma gramatical con un verbo auxiliar y unas desinencias de primera persona singular, sino que se está ofreciendo un valor semántico adicional (afectación en el espacio presente frente a no afectación en el espacio presente).

✱ Ideas clave:

El dominio de las reglas gramaticales, en combinación con las competencias sociolingüística, intercultural y pragmática, da lugar a un conocimiento de la lengua más completo, adecuado y ajustado a cada contexto de comunicación.

ELEteca **81.** ¿Qué es la competencia lingüística?

082 ¿Qué es la competencia sociolingüística?

Rompiendo el hielo: ¿Habla igual una persona mayor que una joven?

La sociolingüística es el área de estudio de la lingüística que analiza la relación entre las lenguas y la sociedad. Esta se subdivide en tres tipos: la etnografía del habla, que se centra especialmente en aspectos culturales, el variacionismo (o las diferentes formas de hablar de los individuos en función de sus características personales) y la sociología del lenguaje (o el estudio del multilingüismo y la gestión de las lenguas en un área geográfica determinada).

La competencia sociolingüística, como parte de la competencia comunicativa, hace referencia a la capacidad que tiene una persona de reconocer las variedades dialectales de una lengua, las diferencias de registro, el reflejo lingüístico de las jerarquías sociales, los factores personales que condicionan cómo habla una persona, etc. (Moreno Fernández, 2007).

Así pues, una persona con una competencia sociolingüística desarrollada puede expresarse de manera adecuada en actos comunicativos vulgares, informales, formales o solemnes, así como hablar de gran cantidad de temas. Asimismo, puede reconocer la procedencia regional de una persona por cómo habla y adaptar su discurso a ello o servirse de estrategias para comprender mejor el mensaje. Por otro lado, es capaz de expresarse de acuerdo con sus características personales: edad, género, profesión, etc. En otras palabras, una persona joven conoce los registros y las expresiones propias de su edad en su L1 y, para poder sonar como una persona joven también en su L2, debe desarrollar ese conocimiento en dicha lengua.

Del mismo modo, en algunas culturas los patrones de género son muy fuertes y hombres y mujeres se comunican de forma diferente. Por poner un ejemplo, muchos hombres que se casan con mujeres japonesas adoptan ciertas expresiones de manera inconsciente al hablar con su pareja y después repiten esos patrones en sociedad. Algunas de las estructuras que usan se identifican como femeninas y eso provoca situaciones de sorpresa e incluso rechazo. Por otra parte, los cursos de español con fines específicos (61) buscan ofrecer la capacidad de expresarse con corrección y adecuación en un contexto laboral específico no solo para parecer profesional, sino también para sonar como tal. También es importante que la identidad que se tiene en la primera lengua se identifique en la segunda, ya que, por ejemplo, alguien que no sea consciente de que una *s* rehilante suena «pija» en español de España puede no entender por qué su forma de hablar puede provocar una reacción graciosa o adversa.

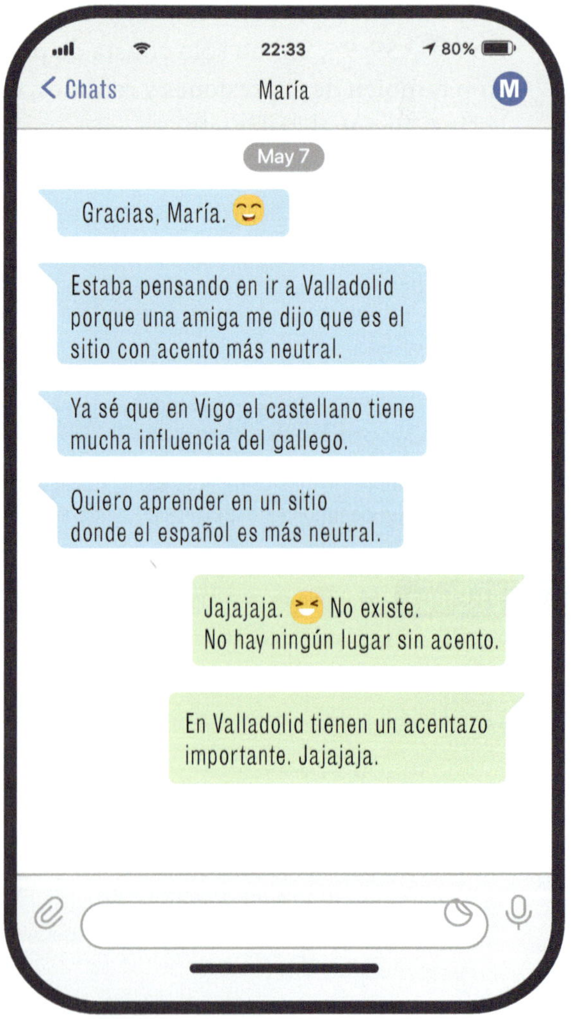

Con respecto a los registros (40, 94), en el *MCER* se señala que es apropiado explicar uno que se considere relativamente neutral, pero no deja de ser un poco artificial, porque el alumnado está expuesto a canciones, series, anuncios, etc., en los que puede que ese registro no se use. Es conveniente ir haciendo reflexiones desde niveles iniciales y, de ser posible, con ejemplos de su L1. La mejor forma de ir introduciendo estos matices de registro, geolectos, etc., es mediante vídeos y audios en los que de manera explícita se mencione el aspecto más destacable, aunque al ser un nivel inicial no se le preste más tiempo; con todo, estos recursos sirven para ir creando conciencia acerca de esta diferencia. Poco a poco se pueden ir introduciendo tareas más activas mediante *role-play*, por ejemplo, para sonar como alguien joven, profesional, etc.

En cuanto a las variedades, es necesario que los estudiantes tomen conciencia de cuáles son los estereotipos culturales asociados a la variedad que hablan, ya que pueden no entender situaciones curiosas que puedan darse, como el hecho de que una estudiante japonesa tenga un fuerte acento gallego o andaluz. Es muy probable que cuando interactúe reciba comentarios al respecto y debe tener un conocimiento intercultural y sociolingüístico suficiente para entender qué es lo que hay detrás.

El tema de los registros suele tener una presencia amplia en los manuales, no como el de la variedad dialectal (9), que levanta ciertos recelos. Muchos docentes consideran que es mejor exponer al alumnado a solo una variedad para no confundirlo, como si fuese realmente posible que la diversidad de productos culturales (series, música, películas, libros, etc.) a los que pueda estar expuesto solo presenten una de ellas. De hecho, muchos estudiantes se presentan a la hora de elegir el lugar donde estudiar, si se van a desplazar, con ideas preconcebidas sobre dónde se habla el mejor español o si esta o aquella variedad son más difíciles de entender.

Este tipo de ideas preconcebidas y erróneas por completo incluso llevan, en muchas ocasiones, a no contratar a profesorado de ciertas regiones en algunos centros (Méndez Santos e Hidalgo Gallardo, 2020). Este prejuicio es absurdo y presupone que hay hablantes mejores que otros. Crear una conciencia lingüística (92) sensible y positiva ante la diversidad es fundamental, dado que es virtualmente imposible que, como hablante, el alumnado no se vaya a enfrentar a ninguna variedad diferente a la que aprenda. De hecho, su actitud puede ofender a su interlocutor y provocar situaciones de tensión.

> ¿Qué propuesta didáctica se puede llevar al aula para tratar el tema de la variación dialectal y la discriminación por el acento?

Por último, tampoco está muy trabajado el tema de la identidad lingüística en las aulas y menos en los manuales, en los que no pasa de ser un contenido anecdótico. Esta falta de recursos lleva al docente a tener que diseñar sus propias actividades y prácticas para que el alumnado reflexione y trabaje este aspecto.

ADECUACIÓN SOCIOLINGÜÍSTICA	
C2	Tiene un buen dominio de expresiones idiomáticas y coloquiales y sabe apreciar los niveles connotativos del significado. Es plenamente consciente de las implicaciones de carácter sociolingüístico y sociocultural en el uso de la lengua por parte de los hablantes nativos y sabe reaccionar en consecuencia. Media con eficacia entre hablantes de la lengua meta y de la de su comunidad de origen teniendo en cuenta las diferencias socioculturales y sociolingüísticas.
C1	Reconoce una gran diversidad de expresiones idiomáticas y coloquiales, y aprecia cambios de registro; sin embargo, puede que necesite confirmar detalles esporádicos, sobre todo si el acento es desconocido. Comprende las películas que emplean un grado considerable de argot y de uso idiomático. Utiliza la lengua con flexibilidad y eficacia para fines sociales, incluyendo los usos emocional, alusivo y humorístico.
B2	Se expresa con convicción, claridad y cortesía en un registro formal o informal que sea adecuado a la situación y a la persona o personas implicadas.
	Sigue con cierto esfuerzo el ritmo de los debates e interviene en ellos aunque se hable con rapidez y de forma coloquial. Se relaciona con hablantes nativos sin divertirles o molestarles involuntariamente, y sin exigir de ellos un comportamiento distinto al que tendrían con un hablante nativo. Se expresa apropiadamente en situaciones diversas y evita errores importantes de formulación.
B1	Sabe llevar a cabo una gran diversidad de funciones lingüísticas utilizando los exponentes más habituales de esas funciones en un registro neutro. Es consciente de las normas de cortesía más importantes y actúa adecuadamente. Es consciente de las diferencias más significativas que existen entre las costumbres, los usos, las actitudes, los valores y las creencias que prevalecen en la comunidad en cuestión y en la suya propia, y sabe identificar tales diferencias.
A2	Sabe llevar a cabo funciones básicas de la lengua como, por ejemplo, intercambiar y solicitar información; asimismo, expresa opiniones y actitudes de forma sencilla. Se desenvuelve en las relaciones sociales con sencillez pero con eficacia utilizando las expresiones más sencillas y habituales y siguiendo fórmulas básicas.
	Se desenvuelve en intercambios sociales muy breves utilizando fórmulas cotidianas de saludo y de tratamiento. Sabe cómo realizar y responder a invitaciones y sugerencias, pedir y aceptar disculpas, etc.
A1	Establece contactos sociales básicos utilizando las fórmulas de cortesía más sencillas y cotidianas relativas a saludos, despedidas y presentaciones y utiliza expresiones del tipo: «por favor», «gracias», «lo siento», etc.

* Ideas clave:

Una competencia comunicativa completa implica el conocimiento de los factores sociales que se dan en la comunicación, como los registros, las variedades dialectales o los factores personales (edad, identidad de género, etc.), para poder emitir mensajes adecuados a la situación.

ELEteca **82.** ¿Qué es la competencia sociolingüística?

083 ¿Qué es la competencia pragmática?

Rompiendo el hielo: ¿Alguna vez alguien ha interpretado una cosa que tú no querías decir?

La pragmática (98) es un nivel de análisis lingüístico como la gramática, la morfología, la fonética o la sintaxis (97). Su particularidad es que no se centra en la descripción de la lengua de manera abstracta y teórica, sino en cómo el contexto condiciona cómo usamos la lengua. Por poner un ejemplo, no nos comunicamos igual con una persona con la que tenemos confianza que con alguien con la que no. La situación del acto comunicativo –el contexto o el objetivo de la comunicación– es la única razón que justifica por qué ante formas aparentemente equivalentes elegimos una y no otra (*quiero, quería, querría, quisiera,* etc.).

En particular, los estudios pragmáticos abordan la situación comunicativa, quiénes interactúan, qué fines tienen y qué conocimiento del mundo comparten esas personas. Teniendo en cuenta estos factores, se puede justificar, por ejemplo, la diferencia entre los registros formal, informal o vulgar, porque es el contexto y las personas con las que interactuamos los que justifican por cuál nos decantamos. También se interpreta de este modo por qué podemos dar vueltas a un tema que resulta complicado, delicado y espinoso: porque culturalmente ese es el comportamiento adecuado antes de abordarlo. Es también la pragmática la que explica por qué un insulto no es siempre un insulto, ya que no siempre se busca una descortesía u ofensa (101), sino todo lo contrario: crear lazos de camaradería.

> ¿Puedes imaginar diferentes situaciones en las que distintos factores contextuales condicionen cómo hablas?

Todos estos códigos varían entre idiomas y culturas; por ello, es necesario dominarlos para tener éxito en los actos comunicativos en una L2. La competencia pragmática, como parte de la competencia comunicativa, se refiere, pues, a la capacidad de comunicarse adecuadamente de acuerdo con el contexto, el fin de la comunicación y las personas implicadas en ella.

Según el *MCER*, esta competencia se subdivide en las competencias discursiva, funcional y organizativa. La competencia discursiva se refiere a la capacidad para construir un texto oral o escrito con las formas ajustadas a la L2 para crear un mensaje e interpretarlo. Estos textos tendrán que seguir las reglas y estructuras que convenga para lograr el éxito comu-

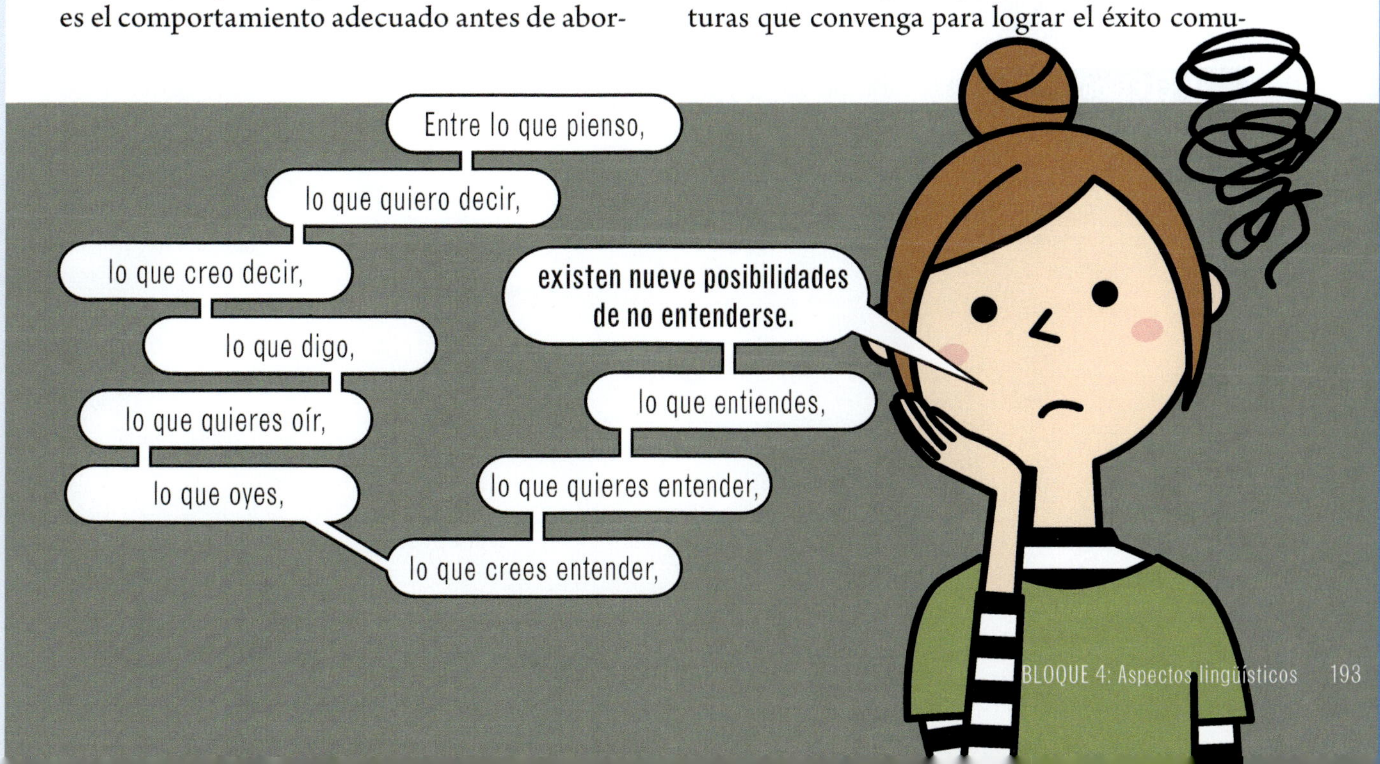

Español ∨ ⇄ Intenciones ocultas ∨

¿Quedamos y hablamos?

Quiero contarte todo lo que no he subido a mis *stories.*

nicativo. Por ejemplo, las formas de comenzar un discurso oral y de tomar el turno de palabra para abordar una reunión de trabajo siguen diferentes pautas de comportamiento. Además, ser capaz de desarrollar una buena competencia discursiva implica la capacidad de producir textos cohesionados y coherentes (👁 38) que sirvan para lograr el objetivo comunicativo. Por otro lado, debe dominarse la retórica para, por ejemplo, cambiar el orden natural de la sintaxis a fin de llamar la atención sobre una palabra.

La competencia funcional se centra en reconocer e interpretar adecuadamente ante qué tipo de acto de habla se está. Las funciones lingüísticas (narrar, describir, quejarse, etc.) (👁 89) presentan patrones estereotipados de cómo debe ser una interacción con respecto a un objetivo: pedir perdón, por ejemplo, no suele comenzar con un reproche o insulto, al menos no se considera la forma más efectiva de hacerlo en nuestra cultura. Saber qué decir, cómo decirlo, qué entonación poner, qué palabra escoger, etc., es parte de una competencia funcional bien desarrollada.

La competencia organizativa gira en torno a la capacidad de disponer los textos ordenadamente y siguiendo los patrones, es decir, si se está narrando una historia (función), debe presentarse la información de un modo diferente a si se está haciendo una descripción (función).

Así pues, para lograr ser hablantes competentes de una L2, no solamente debemos desarrollar la competencia gramatical, sino que también debemos saber cómo usar esa lengua. Para ello, debemos saber ajustar toda la información lingüística al objetivo de la comunicación y al contexto. Solo así será posible el éxito del acto de habla.

✱ Ideas clave:

La competencia pragmática, como parte de la competencia comunicativa, se refiere a la capacidad de comunicarse adecuadamente de acuerdo con el contexto, el fin de la comunicación y las personas implicadas en ella.

ELEteca **83.** ¿Qué es la competencia pragmática?

084 ¿Qué es la competencia estratégica?

Rompiendo el hielo: ¿Qué hacemos cuando queremos decir algo y no somos capaces de comunicarnos?

La competencia estratégica es una habilidad que permite a las personas hacer un uso más eficaz de sus conocimientos de un idioma. No obstante, no todos los autores coinciden en que esta sea parte de la competencia comunicativa, ya que algunos la consideran una competencia del ser humano más general que también puede ser rentable a la hora de comunicarse.

Sea como fuere, los aprendices de idiomas utilizan estrategias conversacionales para satisfacer sus necesidades comunicativas y, por ello, es útil entrenarlas en el aula. El uso de las estrategias se puede materializar durante la planificación y ejecución del acto comunicativo y también durante su control y, de ser necesario, su reparación.

Las estrategias de evitación son aquellos procedimientos que se emplean para comunicarse sin usar elementos conflictivos y cuando los recursos de que se dispone son limitados. La evitación mejora la comprensión si se eluden estructuras que pueden impedir el intercambio comunicativo. Un ejemplo de estas estrategias consiste en explicar en clase usos de indicativo para expresar probabilidad *(a lo mejor voy)* y evitar los usos del subjuntivo *(quizá vaya)* porque todavía no conocen las formas verbales necesarias. En los niveles iniciales este tipo de selección de formas resultan especialmente útiles, ya que dotan al alumnado de una confianza en sus capacidades que redunda en una mejora de su autoestima como hablantes.

> ¿En tus cursos de idiomas te enseñaban estrategias de forma explícita? ¿Fueron útiles?

Las estrategias de aprovechamiento son las que permiten reajustar los recursos disponibles para comunicarse, aunque no se tengan todos los elementos necesarios. El enfoque es positivo, es decir, se recicla o maximiza el potencial de lo que se conoce. Entre estas estrategias pueden incluirse las paráfrasis, las descripciones de palabras que no se conocen o, incluso, la creación de nuevos términos con una base en inglés y un sufijo en español *(to stalk > stalkear; to address > addresear)*. Este tipo de estrategias se pueden enseñar en el aula al introducir el uso de expresiones como *lo que quiero decir, o sea, no me he explicado bien, a ver,* etc., también dan tiempo para reorganizar el mensaje y corregirse.

Las estrategias de compensación pueden basarse, por ejemplo, en el uso de la L1, un uso particular de la entonación o el acompaña-

miento del lenguaje corporal de una manera más enfática. Asimismo, para compensar, también se pueden emplear sinónimos que funcionen tan bien que ni el hablante se dé cuenta de que no se había planificado esa palabra. Explicar el uso de hiperónimos en el aula es una forma muy útil de darle poder al alumnado (*silla*, *taburete*, *butaca*, etc., son hipónimos de un hiperónimo, o palabra más englobadora: *asiento*).

Las estrategias de control son aquellas que permiten valorar si la comunicación está funcionando (percibir señales del lenguaje corporal del interlocutor, preguntar directamente si se entiende, llamar la atención de alguien, etc.) y, de no ser así, dar paso a estrategias de reparación (volver a explicarse, emplear otras palabras, corregir lo que se haya dicho mal, etc.). Ante una situación de comprensión y no de producción, las estrategias de control pasan por enmarcar el acto comunicativo y el guion esperado de la comunicación, y por intentar descifrar las palabras clave. En este caso lo que se controla es la atención. Si, por muy bajo que sea el nivel, una persona sabe que le están proponiendo quedar, puede intentar concentrarse en encontrar la parte del discurso que menciona la hora, que es el elemento clave. Seleccionar la información crítica es fundamental. Por otra parte, una persona también debe ser capaz de controlar la comprensión, por ejemplo, pidiendo aclaraciones de una forma adecuada (*perdón, no me he enterado bien..., ¿te importa repetir?*).

✱ Ideas clave:

Las estrategias son mecanismos que facilitan la producción y la recepción de la comunicación, por lo que enseñarlas en el aula puede dotar al alumnado de mayor autonomía, mejor capacidad de expresión y mayor éxito en sus interacciones, así como una autoestima y un orgullo fuertes.

ELEteca **84.** ¿Qué es la competencia estratégica?

085 ¿Qué es la competencia intercultural?

Rompiendo el hielo: ¿Cuál es la situación más extraña que has vivido por un malentendido cultural?

El establecimiento de la competencia comunicativa (80) dio lugar a una conceptualización nueva de lo que implica hablar una lengua: no consiste solo en dominar las reglas gramaticales, sino las de uso (competencia pragmática) (83), así como ser capaz de desenvolverse con éxito en los actos comunicativos de una manera acorde con las reglas culturales de la sociedad que emplea la lengua meta (González Plasencia, 2017).

Son diversos los modelos que se han propuesto, pero el trabajo de Byram (1997) es un referente, dado que fue pionero en el tema. El autor reflexiona sobre la importancia de las creencias y las actitudes (apertura, empatía, respeto hacia lo diferente, etc.), el conocimiento declarativo sobre otras culturas (sus hábitos y costumbres), la capacidad para interpretar la situación comunicativa y saber comunicarse adecuadamente según la intención y el conocimiento del mundo, la capacidad de aprender de otras culturas y el hecho de desarrollar una conciencia crítica: saber evaluar lo propio y lo ajeno sin caer en el etnocentrismo (87).

> ¿Qué actitudes se corresponden con una competencia intercultural desarrollada?

Para desarrollar una competencia intercultural en el aula, debe producirse una enseñanza explícita, pero no solo de forma declarativa, es decir, conocer las fiestas y tradiciones de un lugar, sino que también hay que entender e interiorizar los usos, las costumbres y una nueva forma de ver el mundo, y ser capaz de comunicarse e interactuar con personas de la otra cultura. Esta competencia, vista de un modo holístico y complejo, se corresponde con una competencia comunicativa intercultural. Así, se dejan atrás las perspectivas que valoran la diferencia cultural como un problema (choque cultural) y se da paso al desarrollo de una identidad lingüística bicultural o multicultural. Alcanzar este nivel de competencia implica no juzgar la cultura por los raseros de la propia (*esto es raro, me está faltando al respeto,* etc.), desarrollar una identidad como hablante bilingüe, tener conciencia del conocimiento del mundo de la sociedad meta, etc.

Los contenidos culturales que deben abordarse en el aula de ELE están listados en el *PCIC* (25), en el apartado de referentes culturales, donde se trata desde la geografía física hasta aspectos históricos o literarios. La concepción de la cultura que se presente no debe ser estática u homogénea ni caer en estereotipos. De hecho, dada la carencia de conciencia intercultural de muchos estudiantes, existen seminarios previos a programas de intercambio en el extranjero para comprender mejor la sociedad de acogida y las situaciones que la nueva experiencia vital les va a suponer. Todo ello con el fin de evitar sentimientos de indefensión, incomprensión y malestar que acaben en un aislamiento y que, por lo tanto, la experiencia de intercambio y aprendizaje de la lengua y la cultura se vea limitada o interrumpida.

A la hora de diseñar actividades sobre cultura, se recomienda partir de referentes multiculturales, no solamente los de la lengua meta, y combinarlos con los propios del alumnado e intercalarlos con los pertenecientes a la cultura del idioma de estudio. Además, es fundamental tener en cuenta los aspectos afectivos y motivacionales, es decir, se recomienda abrir los temas con contenidos que sean relevantes y de interés. Por ejemplo, el modelo de contenidos para la enseñanza del español en Japón del grupo GIDE tiene en cuenta que el principal interés del alumnado nipón es la cultura, así que se ha organizado una propuesta de contenidos que tratar en torno a los temas de interés que se han detectado.

✻ Ideas clave:

La competencia comunicativa implica ser capaz de comprender la cultura meta y comportarse de acuerdo a los usos y costumbres, así como tener una actitud de empatía y la capacidad de desarrollar una identidad lingüística como hablante de una L2.

▶ **ELEteca** **85.** ¿Qué es la competencia intercultural?

086 ¿Qué son las competencias transversales?

Rompiendo el hielo: ¿Qué otros contenidos se aprenden en un aula que no son estrictamente lingüísticos?

Las competencias transversales son aquellas habilidades que se desarrollan mientras se realiza un aprendizaje concreto, como el de un idioma. Así, cualquier capacidad que se trabaja durante el estudio también forma parte de la experiencia de formación como persona. En este caso, cuando aprendemos una lengua, también estamos desarrollando estrategias de aprendizaje, es decir, estamos aprendiendo a aprender. En efecto, muchas de estas estrategias no solo son aplicables al aula de idiomas, sino también a otros momentos de la vida.

En la educación en general, las nuevas tecnologías han entrado con fuerza en las clases, dado que son omnipresentes en la vida diaria. En el aula de lenguas extranjeras, el uso de herramientas digitales también está justificado, porque sirven para acercar muestras reales del idioma, repasar, estudiar, etc., pero también para desarrollar la competencia digital.

Entre las características valoradas socialmente, también se encuentran aquellas denominadas *habilidades blandas*, como la resiliencia, la gestión del tiempo, el trabajo en equipo, la resolución de problemas o la toma de decisiones; y, de hecho, todas ellas pueden entrenarse durante el estudio de una lengua extranjera.

Tener capacidad para trabajar en equipo es una habilidad muy valorada, pues el contacto social es continuo, así que aprender a negociar, ceder, gestionar las relaciones, etc., es otra competencia transversal significativa; esta se puede adquirir en el aula mediante los trabajos en grupo, la elaboración de proyectos, etc. Resulta, además, especialmente interesante, porque, al tratar con personas de diferentes orígenes, también permite desarrollar la competencia intercultural (👁 85). Asimismo, se puede trabajar el liderazgo a través de dinámicas en el aula que ayuden a reconocer diferentes formas de ejercerlo.

La capacidad para tomar decisiones es otra competencia que no forma parte propiamente de una clase de idiomas, pero que se valora mucho en las sociedades occidentales y, por ejemplo, en un curso basado en el enfoque por tareas (👁 57), la toma de decisiones es constante, por lo que es muy útil para entrenar esta habilidad. Esto entronca con la capacidad de ser autónomo en el aprendizaje y de resolver problemas, habilidades que se consideran muy valiosas en la sociedad actual y que pueden repercutir en una mejor calidad del aprendizaje.

> ¿Qué otras habilidades transversales pueden desarrollarse en el aula de LE?

La escucha activa es fundamental para negociar el significado en una segunda lengua, así que esta habilidad también es crucial para aprender un idioma. Comprobar constantemente que la comunicación está funcionando, expresar la confirmación y ofrecer alternativas son otras técnicas que se desarrollan cuando se aprende un idioma.

Por último, como señala el *European Profile for Language Teacher Education*, los valores específicos que debe transmitir un docente de lenguas extranjeras son la importancia de la diversidad lingüística y cultural, así como del aprendizaje a lo largo de la vida y la actualización dentro y fuera de las aulas, la empatía y el respeto por la diferencia y, finalmente, la curiosidad por el otro.

✱ Ideas clave:

Todo estudio y curso es un proceso de aprendizaje en sociedad. Las competencias y habilidades transversales pueden y deben implementarse en la educación para formar una ciudadanía multilingüe, digital, autónoma y respetuosa con las diferencias culturales.

ELEteca 86. ¿Qué son las competencias transversales?

087 ¿Qué es el etnocentrismo?

Rompiendo el hielo: ¿Dónde se habla mejor español?

El etnocentrismo es la tendencia a usar la propia cultura como modo de entender el mundo, de manera que el resto de los comportamientos se juzgan como normales o inadecuados teniendo en cuenta los parámetros propios. Esta forma de evaluar el mundo, que no entiende los demás contextos en su trayectoria sociohistórica y cultural, suele desembocar en actitudes negativas y de desprecio. Esto ocurre con mucha frecuencia cuando algunas personas emigran y entran en un bucle de comparación con su país y cultura de origen considerando esta última siempre la mejor. Suelen caer en estereotipos y prejuicios sobre las personas y sus formas de actuar y de hablar. Este etnocentrismo demuestra una conciencia intercultural muy pobre y lo peor es que suele dar lugar a una profunda inadaptación.

En las aulas, este proceso puede verse tanto en docentes como en estudiantes y la hostilidad generada puede obstaculizar el aprendizaje. Por lo tanto, desarrollar una competencia comunicativa intercultural (85) completa en clase pasa no solo por explicar las fiestas o las costumbres más destacadas del país para

que los alumnos conozcan su existencia y memoricen datos, sino que es preciso ayudarles a ver la realidad con otros ojos y a crear una identidad en la lengua meta para que puedan comunicarse con el interlocutor eficazmente y de acuerdo con el contexto y las necesidades. Un ejemplo paradigmático de la creación de una nueva identidad y la comprensión del mundo es ser capaz de entender y manejar el humor cultural (Linares Bernabéu, 2017).

Esta perspectiva etnocéntrica también se hace patente cuando, también por falta de conciencia, pero en este caso lingüística, se considera que una variedad es mejor que otra o que incluso las demás son incorrectas. Este debate es falaz. No hay argumento técnico que justifique mantener que una variedad es mejor que otra. No son pocas las personas que tienden a corregir todo aquello que les suena raro, pero sin reflexionar o consultar si, por ejemplo, esa estructura es frecuente en otros lugares o si es correcta según la norma.

Este etnocentrismo también puede percibirse al seleccionar un manual con una visión sesgada de la diversidad lingüística o presentar solamente una variedad del español en clase. Asimismo, hay casos en los que se corrige el seseo de los estudiantes porque este rasgo no se corresponde con la preferencia del profesorado o del centro, y, de manera consciente o inconsciente, se les puntúa peor. Otro ejemplo de ello se da cuando se marcan como incorrectas estructuras del tipo *cuál bocadillo quieres.*

¿Corregirías estas frases?:
- ¿Qué tan natural quedó después de la operación?
- ¿Cuál bocadillo quieres?
- La alabaron mucho por su trayectoria profesional.

✱ Ideas clave:

Uno de los objetivos de la docencia es que el alumnado desarrolle su interés y muestre más empatía hacia la lengua, la cultura meta y su comunidad de hablantes sin generar prejuicios ni estereotipos culturales. El alumnado ha de saber reconocer la situación comunicativa, los roles y los contextos de los interlocutores, y tratar de llevar a cabo un acto comunicativo exitoso.

ELEteca **87.** ¿Qué es el etnocentrismo?

088 ¿Qué es la distancia lingüística?

Rompiendo el hielo: ¿Eres capaz de entender algún idioma sin haberlo estudiado?

La lingüística (1) se ocupa de estudiar las relaciones entre las lenguas del mundo en una subdisciplina denominada *tipología lingüística*. Gracias a este tipo de estudios, se pueden establecer semejanzas y diferencias entre los idiomas y trazar su origen. Por poner un ejemplo, el español se parece más al portugués que al ruso, porque el portugués y el español son lenguas romances que derivan del latín. Por eso, su estructura es más parecida que la que pueden presentar idiomas de familias más lejanas.

La distancia lingüística es una cuestión de grado y puede darse en diferentes aspectos y niveles de la lengua. Cuando dos idiomas tienen una fonética muy distinta, a muchas personas puede costarles percibir o reeducar su oído para notar la diferencia entre sonidos. En el caso del español, puede ser complicado interiorizar el acento de las palabras *(médico/medico/medicó)*. Estas semejanzas o diferencias pueden darse también en el plano gramatical: no todos los idiomas tienen la misma cantidad de tiempos pasados ni los conceptualizan del mismo modo; tampoco tienen el mismo número de géneros gramaticales, el mismo tipo de plurales, la misma forma de contar la realidad, etc. En japonés la forma de contar personas (*sannin*, *yonnin*, etc.) no es la misma que la de contar cosas largas y delgadas (*ippon*, *nihon*, *sanbon*, etc.). Por eso, aprender un nuevo idioma también implica una nueva forma de entender el mundo (4).

En el plano sintáctico, es necesario saber que no todas las lenguas organizan la información en el mismo orden. Lo más frecuente en español es colocar el sujeto al principio, seguido del verbo y con el objeto al final (SVO). No obstante, hay lenguas que siguen el orden SOV. Estos dos son los patrones más frecuentes entre todas las lenguas del mundo, pero también hay otras combinaciones como VOS o VSO.

En el plano léxico, se pueden encontrar palabras que se asemejen entre idiomas y que realmente signifiquen lo mismo, los llamados *cognados*; estos facilitan el proceso de aprendizaje, como en el caso de *hospital* en español y portugués, inglés o afrikáans. Por el contrario, puede darse que dos vocablos iguales signifiquen cosas completamente dispares: los falsos amigos como *burro*, que es 'mantequilla' en italiano y un animal en español. Los estudios de lingüística contrastiva son los que identifican estas diferencias y dan pie a manuales especializados para hablantes de alguna lengua en particular (español para hablantes de francés, de portugués, etc.).

En lo que concierne a los sistemas de escritura, cabe señalar que, cuando un estudiante no está familiarizado con el alfabeto latino (en el caso del español), puede presentar más dificultades para aprender, así que puede tener que pasar por un proceso de alfabetización completo o parcial. En estos casos reconocer las mayúsculas o las cursivas es una dificultad añadida.

Conocer la lengua del alumnado no es imprescindible (21), pero sí recomendable, sobre todo es preferible contar con unas nociones básicas para poder detectar posibles errores que se expliquen por influencia de la L1.

¿Qué otros cognados y falsos amigos conoces?

En cuanto a la programación de cursos, son muchos los centros que agrupan estudiantes con la misma L1 o similar porque se les presupone un avance parejo. Esto se pide especialmente para grupos organizados y cursos intensivos. La parte negativa de esta perspectiva práctica de creación de grupos es que la riqueza intercultural de la diversidad se pierde por completo. Que un centro decida cómo formar los grupos dependerá de los fines del curso, del tiempo disponible y demás condicionantes externos.

✱ Ideas clave:

Las lenguas del mundo pertenecen a familias lingüísticas dado su origen y parentesco. Esto puede dar lugar a facilidades de aprendizaje, como con los cognados en el vocabulario, o bien dificultades, como cuando en la gramática se conceptualiza la realidad de formas diferentes (tiempos de pasado).

ELEteca **88.** ¿Qué es la distancia lingüística?

089 ¿Qué son las funciones y las nociones?

Rompiendo el hielo: ¿Para qué sirve una lengua?

Con el cambio de paradigma a comienzos del siglo XX, cuando se comenzó a considerar que conocer un idioma era algo más que conocer las reglas gramaticales, surgieron métodos que se centraban en la producción oral. Inicialmente se basaban en la repetición de diálogos que servían para comunicarse de manera estructurada en ciertas situaciones (53). A raíz de la idea de que la lengua sirve para comunicarse, surgieron nuevas maneras de organizar los contenidos que se debían aprender en un curso de idiomas. Se seleccionaban las formas más frecuentes y se agrupaban *(dar órdenes)* para enseñarlas en contexto; por lo tanto, el currículo ya no se organizaba en torno a contenidos gramaticales *(el imperativo)*.

Así, los enfoques nociofuncionales, que surgieron a finales de los años setenta, categorizaron lo que se puede hacer con la lengua y lo graduaron por niveles en función de los contenidos lingüísticos que se debían dominar para transmitir un mensaje. En esta coyuntura aparecieron los trabajos previos que dieron lugar a lo que luego sería el *MCER* (24).

Entre las actividades que se pueden realizar mediante el idioma, están las macrofunciones, es decir, de forma muy general podemos narrar, describir, exponer y argumentar. Dada esa clasificación se establecieron listados de qué géneros discursivos (99) deben conocerse y de cómo deben desarrollarse en función del nivel de dominio de la lengua. Por ejemplo, el *MCER* establece para cada nivel unos objetivos comunicativos, como que en un A1 se sepan plantear y contestar preguntas básicas sobre uno mismo y su contexto inmediato de

vida, comentar temas muy cotidianos y tener un repertorio de léxico limitado, pero que sea suficiente para esa interacción básica. Esto se concreta en el *PCIC* (👁 25), donde se nos indica, en cuanto a la identificación, que para este nivel se debe dominar la estructura *yo soy*; en A2, *a mí*; en B1, los pronombres relativos *(el que me gusta)*, y en B2, formas como *lo de tu prima me alucina*. Identificar, pues, es una microfunción, es decir, es una actividad más concreta que se puede hacer en enunciados aislados y más breve de lo que entendemos por una macrofunción.

Para consultar todas las microfunciones que deben dominarse por cada nivel, en el caso del español se debe consultar el *PCIC*, donde se agrupan por columnas de niveles A1/A2, B1/B2 y C1/C2. A su vez, dentro de cada nivel se identifica la microfunción (dar y pedir información) y los subtipos (identificar, pedir y dar información, confirmar la información, etc.). En cada uno de estos subtipos se detallan y vinculan los contenidos gramaticales, léxicos, pragmáticos y discursivos que están relacionados.

¿Qué otras microfunciones se te ocurren? Búscalas en el *PCIC* y compara su grado de dificultad en función del nivel.

2.1. Pedir opinión	
A1	A2
• Opinión + ¿Y tú? *Yo creo que el francés es fácil. ¿Y tú?* [v. Gramática 7.1.1] • Opinión + ¿no? *Creo que esto es muy caro, ¿no?* [v. Tácticas y estrategias pragmáticas 1.2.5]	• ¿Crees que...? *¿Crees que es mejor quedar mañana?* • Opinión + ¿Y para ti? *Para mí, viajar en tren es más cómodo. ¿Y para vosotras?* [v. Gramática 7.1.6]

Las nociones generales son los conceptos abstractos sobre los que hablamos al usar la lengua (haber o no haber, cantidad numérica, localización, materia, etc.) y las nociones específicas, las realidades concretas (pelo, ojo, nariz); esto se refleja en el vocabulario. El listado del *PCIC* recoge estas nociones en dos catálogos: «Nociones generales» y «Nociones específicas».

La diferencia de los enfoques nociofuncionales primigenios y el método comunicativo (👁 56) respecto del enfoque por tareas (👁 57) reside en la organización de contenidos. En el enfoque comunicativo la clase se planea en torno a las funciones, se detallan los contenidos léxicos y gramaticales, y se pautan de manera cerrada; en cambio, en el enfoque por tareas, considerado heredero del primero, la asignación de funciones con contenidos (vocabulario y gramática) se negocia en el aula sin necesidad de seguir un orden tan cerrado.

✱ Ideas clave:

Las funciones son las diferentes actividades que se pueden realizar al hablar una lengua. En los enfoques didácticos de corte nociofuncional, las clases se diseñaban para enseñar cómo lograr expresar todos esos tipos de mensaje.

ELEteca **89.** ¿Qué son las funciones y las nociones?

090 ¿Cómo se enseña la gramática?

Rompiendo el hielo: ¿Es necesario reflexionar explícitamente sobre la gramática para dominarla?

La gramática de una lengua son las reglas que la gobiernan y que determinan qué combinaciones de palabras son posibles y cuáles no. Cuando un enunciado es agramatical, el mensaje no se transmite *(*las cuando lechugas siempre verdes)*. Si dominamos las reglas del español, sabemos que esa oración no es posible ni comprensible.

La gramática normativa es aquella que, dentro de las reglas generales y posibles, elige cuáles de ellas son mejores. En otras palabras, de entre todas las formas de expresarse, se selecciona la considerada más culta o adecuada y así se establece el estándar culto. Por ejemplo, en el español de España, el leísmo para referirse a una persona de sexo masculino se considera aceptable *(le vi)*, pero no el laísmo *(la dije)*. No obstante, ninguno de ellos es un enunciado ininteligible.

En las clases de lenguas extranjeras se enseñan las reglas generales del idioma, pero también se elige una norma concreta como referencia. Es fundamental tener esto en mente para saber si, por ejemplo, se va a emplear como modelo la norma del español rioplatense o la septentrional de España (9, 25).

Además de comprender qué es la gramática y cuál es la norma que se va a exponer en el aula, es fundamental reflexionar también sobre cuál es la manera más eficaz de enseñarla. Su rol en el método de gramática y traducción era central (53): la clase se basaba en explicar normas y hacer ejercicios para su interiorización, que en la mayoría de los casos consistían en rellenar huecos en oraciones y reconocer las formas regulares e irregulares. Se suponía que repetir y mecanizar el conocimiento era suficiente para interiorizarla. No obstante, el conocimiento era abstracto, no servía para la comunicación oral y las explicaciones se daban en la L1.

Con la llegada del siglo XX, el interés por aprender idiomas primó la interacción y dejó de lado la traducción de textos clásicos. En ese momento surgieron métodos como el directo (53), en el que se defendía que la segunda lengua se aprendía como la primera, que la gramática debía aprenderse de forma inductiva –es decir, debían ir deduciéndose las reglas del *input*–, que la lengua materna no debía usarse en absoluto y que el centro del aula era la interacción oral, por lo que se rechazaban las traducciones. El método audiolingüe (53) se centraba en enseñar estructuras frecuentes y diálogos que fuesen representativos de los usos más habituales. El papel de la gramática se vinculaba a las estructuras y se debía aprender de forma inductiva. Su dominio se basaba en la repetición del *input* en contextos comunicativos reales. En el enfoque comunicativo, la gramática se planteaba de manera organizada junto con el léxico, los usos orales del idioma y, puntualmente, explicaciones de algunas estructuras.

> ¿Es necesario enseñar gramática de manera explícita en el aula?

Más adelante, con la aparición del enfoque por tareas, los enfoques léxicos, etc., se redujo la presencia de la gramática, que dejó de ser el centro del aprendizaje. El objetivo del estudio, pues, ya no radicaba en conocer las reglas del idioma, sino en dominarlo. Esto generó el debate más extendido en la lingüística aplicada: ¿se debe enseñar gramática de manera explícita en el aula? (Negueruela-Azarola, 2013).

Los defensores del enfoque natural (55), esto es, aquellos que afirman que la lengua segunda o extranjera se aprende como la primera, mantienen que la gramática se debe interiorizar poco a poco a través de una amplia exposición al *input*. Por su parte, los defensores de la importancia del procesamiento de la información sostienen que se puede llevar a cabo un tratamiento específico de lo que se considere más

fosilizable (68), complejo o relevante. Según esta perspectiva, no hay que volver a poner el foco en la forma (explicar toda la gramática, las formas y las regularidades e irregularidades de manera casi filológica), sino que se debe priorizar la relación entre forma y significado para garantizar una mejor calidad de aprendizaje. La enseñanza con foco en la forma (91) defiende los tratamientos puntuales planificados o espontáneos ante las dificultades.

La última cuestión relacionada con la enseñanza de la gramática es el modelo teórico por el que regirse. Si se tiene en cuenta que la lengua es una estructura de reglas, se explicará la gramática como una norma que se debe comprender de manera abstracta (gramática estructural). Si se considera que los cambios gramaticales derivan de las situaciones comunicativas, se entiende que esta obedece a funciones y objetivos del acto (gramática funcional). Si se considera que la gramática y sus usos diversos difieren de cómo percibimos el mundo y la situación comunicativa, el enfoque didáctico se basará en los principios de la gramática cognitiva.

Como ejemplo práctico, podemos decir que alguien que tenga en mente un enfoque estructural presentará en clase el contraste entre pretérito perfecto *(he desayunado)* e indefinido *(desayuné)* como un pasado incompleto y otro completo. Por su parte, los funcionalistas verán que la intención comunicativa es diferente: informar de la temporalización para transmitir información diferente *(¿esto me hace deducir que tiene hambre o no?)*. Por último, quienes partan de la perspectiva cognitiva (Llopis-García, Real Espinosa y Ruiz Campillo, 2012) explicarán que el uso de un pasado u otro depende de cómo se percibe el mundo: si la persona que habla cuenta el hecho como algo que está en su espacio actual *(he desayunado)* o si lo percibe como algo que ya no está en su aquí y ahora *(desayuné)*. Las propuestas funcionalistas y cognitivas suelen ser las que más se dan en clase; según sus presupuestos, se recomienda evitar por completo las listas de usos y formas propias de la enseñanza tradicional (presente continuo, presente histórico, presente habitual, etc.), dado que son altamente aleatorias y están llenas de excepciones que, más que aclarar los usos, confunden y saturan al alumnado.

✱ Ideas clave:

El papel de la gramática ha variado considerablemente a lo largo de los años y de los métodos didácticos. Parece que hay cierto consenso en que es importante garantizar el *input*, dejar que se deduzcan las reglas de forma inductiva y actuar con eficacia ante dificultades previstas o sobrevenidas para evitar la fosilización de los errores.

▶ **ELEteca** **90.** ¿Cómo se enseña la gramática?

091 ¿Qué es la atención a la forma?

Rompiendo el hielo: ¿Aprendes más por intuición o con la explicación de alguien?

Dada la nueva situación dentro del paradigma comunicativo (56), la gramática quedó relegada, si no excluida, de las explicaciones en las aulas. Esta forma de enseñar, aunque bastante eficaz en algunos aspectos, presentaba algunas limitaciones, ya que, como se centraba en el significado, no siempre se alcanzaba ni fácil ni rápidamente un nivel de corrección adecuado.

Como respuesta a esta situación, en 1983 Michael Long propuso un nuevo modelo de enseñanza de la gramática denominado *focus on form* (Long, 1983). La hipótesis era que, con tanto *input* (64) y tantos usos contextualizados de la lengua, las formas gramaticales pasaban más desapercibidas, con lo cual el tiempo necesario para dominarlas era muy dilatado e, incluso, los errores podían llegar a fosilizarse (68). Así, con el fin de dar un empujón a la corrección (39) y a la atención a la forma, se planteó la importancia del procesamiento del *input*, lo que pasaba por la toma de conciencia lingüística. Esto es especialmente adecuado para los adultos, ya que la memoria (71) declarativa es la que mejor funciona a largo plazo y apoyar la interiorización mediante la estimulación concreta de la memoria de trabajo ha demostrado tener buenos resultados. No obstante, esto no suponía volver a centrar las clases en la gramática, sino que, dentro de la perspectiva comunicativa o del enfoque por tareas, se hicieran intervenciones puntuales para algunos contenidos determinados sin dejar de lado el fin de la comunicación (Doughty y Williams, 1998).

La atención a la forma puede implementarse de diversos modos, pero entre las técnicas que se pueden emplear destacan el realce *(input enhancement)*, el desarrollo de la conciencia lingüística (92) y la sensibilización a la lengua *(consciousness raising)*. En función de cómo se plantee la atención, proactiva o reactiva, serán más útiles unas estrategias u otras. En el caso de la atención proactiva, el realce del *input* pasa por destacar la forma en cuestión mediante colores, la negrita o el subrayado, o bien mediante el cambio de familia tipográfica o de tamaño. En cambio, si lo que se hace es una intervención reactiva, probablemente lo que encaje mejor será el anegamiento de *input* y el desarrollo de la conciencia lingüística.

> ¿Qué ventajas e inconvenientes tienen la intervención proactiva y la reactiva?

Es fundamental, pues, decidir si se van a preparar actividades a propósito para que surja la oportunidad de la reflexión o si se van a tratar solamente aquellos errores que más se repitan. Esto podría planificarse *a posteriori*, por ejemplo, mediante seminarios específicos de media hora a la semana orientados a aclarar dudas y abordar errores frecuentes. Al planificar un tratamiento proactivo hay que decidir qué formas se consideran cruciales: las que pueden confundirse por influencia de la L1, las que se consideran más complejas o las que afectan a la comunicación, por ejemplo.

Las propuestas de VanPatten (1996, 2015) de *input* estructurado se basan en que es necesario ofrecer un *input* seleccionado cuidadosamente y presentarlo de manera visual y por escrito, sin pedir al alumnado que lo produzca ni haga nada con él. En ellas, se llama la atención sobre la forma y sobre ella se debe reflexionar sin la ayuda del léxico, esto es, esta reflexión no debe poder responderse porque el léxico dé pistas sobre el significado de la forma gramatical. Por ello, al principio se presenta una única forma y la complejidad del *input* va aumentando. La inundación de *input* y la corrección de errores sirven para ir estructurando el conocimiento.

Sin embargo, hay autores, como Long (1983), Swain (1993) o Grass y Mackey (2015), entre otros, que defienden la utilidad de la interacción para negociar el significado y como forma de darse cuenta de lo que no está funcionando. El *output* (👁 65), pues, tiene una función en la automatización del conocimiento.

Las limitaciones que pueden presentar estas explicaciones gramaticales pueden estar relacionadas con las explicaciones parciales, incompletas o inconsistentes que se den. Por esta razón, se debe buscar un marco teórico convincente y coherente que no aporte una regla y muchas excepciones o variaciones. Estas explicaciones pueden darse de manera inductiva presentando ciertas frases de las que se tenga que deducir la regla y su conexión con el significado para después trabajar con ella.

✳ Ideas clave:

La atención a la forma surge como reacción a la desatención de la gramática en el método comunicativo. Este modelo de trabajo gramatical puede plantearse de manera proactiva o reactiva; tomar esta decisión implica tener en cuenta la edad del alumnado, sus objetivos de aprendizaje, su tradición educativa, sus creencias y expectativas, etc.

ELEteca **91.** ¿Qué es la atención a la forma?

092 ¿Qué es la conciencia lingüística?

Rompiendo el hielo: ¿Cuál es la diferencia de significado entre *aunque es el mejor, aunque sea el mejor* y *aunque fuese el mejor*?

El término *conciencia lingüística* hace referencia al conocimiento explícito que se tiene sobre la lengua, sus usos y su enseñanza. En los métodos didácticos más tradicionales, se promueve mucho la conciencia sobre la forma, no tanto sobre el uso ni los contextos (53). En los métodos orientados a la acción y comunicación (54), la conciencia explícita sobre la forma se pierde, así que una persona puede usar una estructura sin saber por qué es correcta o adecuada.

En el término medio se sitúan las posturas didácticas que defienden que la reflexión consciente sobre las formas, en particular, las del *output* (65), ayuda a percibir los matices de significado, de modo que el idioma se aprende con un mayor entendimiento. Esto aporta, tanto a nativos como a no nativos, la información y la reflexión necesarias para explicar los fenómenos que se aprecian en la comunicación: alternancia indicativo/subjuntivo, origen del laísmo, etc. Estas técnicas didácticas encuentran su especial acomodo en la atención a la forma (91), mediante el realce del *input*.

La conciencia lingüística promueve, además del conocimiento acerca de la estructura

CONCIENCIA LINGÜÍSTICA					
FASE DE DESARROLLO 1		FASE DE DESARROLLO 2		FASE DE DESARROLLO 3	
1.1	1.2	2.1	2.2	3.1	3.2
• Puede servirse de diccionarios, gramáticas, etc., como obras de referencia. • Puede dar respuesta a preguntas sencillas sobre la lengua que son frecuentes en los niveles que está enseñando.	• Puede dar ejemplos de formas y usos correctos de la lengua, adaptados al nivel de los aprendientes en los niveles del A1 al B1. • Puede dar respuesta a preguntas sobre la lengua que, aunque no sean completas, son adecuadas para los aprendientes en los niveles del A1 al B1.	• Puede dar ejemplos de formas y usos correctos de la lengua, adaptados al nivel que enseña, excepto en niveles avanzados (C1-C2). • Puede dar respuesta a preguntas sobre la lengua adecuadas al nivel, excepto en niveles avanzados (C1-C2).	• Puede dar ejemplos de formas y usos correctos de la lengua, en todos los niveles, excepto en C2, y en casi todas las ocasiones. • Puede reconocer y comprender el problema sobre la lengua que está teniendo un aprendiente. • Puede dar respuesta a preguntas sobre la lengua adecuadas al nivel, excepto en el nivel C2.	• Puede seleccionar y dar ejemplos de formas y usos correctos de la lengua, en todos los niveles y en casi todas las ocasiones. • Puede dar respuesta a casi todas las preguntas sobre la lengua de forma completa y con precisión, y dar explicaciones claras. • Puede utilizar una serie de técnicas para orientar a los aprendientes a que ellos mismos resuelvan sus dudas y a que corrijan sus errores lingüísticos.	• Puede dar siempre respuestas completas y precisas sobre diferentes aspectos de la lengua y de su uso. • Puede explicar diferencias sutiles de forma, de significado y de uso en los niveles C1 y C2.

de las lenguas o sus variedades geográficas y de registro, la reflexión crítica sobre los discursos que se formulan. De este modo, se puede entender por qué los medios de comunicación evitan, por ejemplo, las oraciones de verbo activo cuando quieren aminorar la responsabilidad de la persona que realiza la acción (*los impuestos subirán*, en lugar de *el Gobierno sube los impuestos; una mujer muere a manos de su marido*, en lugar de *un hombre asesina a su esposa*).

> ¿Eres capaz de explicar por qué se usa el subjuntivo en la expresión *como no me lo* ***digas****, me enfado*?

La parrilla EPG (18) valora la conciencia lingüística como una competencia más del profesorado que puede presentar diferentes niveles de desarrollo. Las obras de referencia para las cuestiones normativas del español son la *Nueva gramática de la lengua española* (2009-2011), el *Diccionario de la lengua española*, la *Ortografía básica de la lengua española* (2012), el *Diccionario panhispánico de dudas* (2005) y el *Diccionario de americanismos* (2010), todas ellas elaboradas por la RAE y la ASALE. Además, es aconsejable consultar las gramáticas didácticas para poder entender los fenómenos de una forma más cercana sin el nivel de abstracción técnica que pueden presentar las obras más especializadas.

* Ideas clave:

La conciencia lingüística ofrece al alumnado información sobre la lengua, su funcionamiento y los significados que se transmiten. Una buena conciencia lingüística dota al profesorado de la sensibilidad necesaria para poder explicar los fenómenos de una forma clara, didáctica y comprensible.

ELEteca **92.** ¿Qué es la conciencia lingüística?

093 ¿Se puede enseñar pronunciación?

Rompiendo el hielo: ¿Qué significa *tener acento extranjero*?

Para hablar una lengua debemos conocer su gramática y su vocabulario, entre otras cosas, pero también es necesario saber cómo pronunciar sus sonidos para que se nos entienda, porque no todas las lenguas del mundo funcionan igual (80). Conocer y dominar el sistema fonológico de un idioma es lo que en el *MCER* se denomina *competencia fonológica.*

La fonología es la disciplina que establece qué sonidos tiene cada idioma y cuáles de ellos diferencian palabras *(beso/peso)* y cuáles no (piensa en las diferentes maneras de pronunciar la *d* final en *Madrid*: el significado de la palabra no cambia, aunque se pronuncien de maneras diferentes). Es interesante conocer –aunque sea mínimamente– el sistema fonológico de la lengua materna de los estudiantes para entender qué problemas de pronunciación pueden encontrarse por el hecho de que su lengua tenga más o menos sonidos que el castellano, o que el patrón melódico sea diferente. Hay muchos estudios contrastivos al respecto, aunque no para todas las lenguas del mundo. En los manuales específicos dedicados a dificultades del español para hablantes de árabe o portugués, por ejemplo, se ofrecen apartados sobre este tema. Ante esa situación en la que los estudiantes parecen no reconocer la diferencia entre sonidos (como los hablantes de chino y japonés con la *r* y la *l*), se pueden poner en práctica en clase diferentes estrategias que no sean solo el *escucha y repite.*

A lo largo de la historia de los métodos de enseñanza, el papel de la pronunciación y la importancia que se le da ha cambiado mucho, pero ha habido modelos que defendían exactamente eso: la imitación por repetición. Esto es poco eficaz sin más intervención didáctica, ya que, si alguien no percibe la diferencia entre sonidos porque no existen en su lengua, por mucho que escuche y repita, seguirá escuchando y repitiendo lo mismo. Esto marca la diferencia entre la fonética articulatoria y la fonética perceptiva, que son las disciplinas que estudian la producción y la recepción de sonidos reales, no abstractos (como sí lo hace la fonología). En los casos en que los estudiantes no son conscientes de la diferencia entre sonidos, se pueden hacer ejercicios de discriminación (Lahoz *et al.*, 2012). En ellos se escuchan pares de palabras similares y se debe señalar cuál se ha percibido. Son ejercicios para educar el oído. No obstante, es necesario no hacer esos ejercicios única y exclusivamente de un modo aislado, sino en contexto, como sucede con la comunicación real. Los audios y vídeos, por ejemplo, resultan muy útiles porque ayudan a entender qué se dice por el resto de la información contextual.

Además, en audios y vídeos se pueden apreciar otros aspectos importantes como la prosodia (acentuación, ritmo y entonación) y la fluidez (37). En español es muy importante la acentuación en las palabras *(llamo-llamó)* para distinguir sonidos y los estudiantes deben ser conscientes de eso. Dibujar o colorear las sílabas y los sonidos fuertes en una palabra es una forma muy visual de hacerles entender la importancia de diferenciar los significados. Si se puede acompañar de ilustraciones que visualicen los ejemplos, mejor todavía. El ritmo es importante, porque a veces la velocidad con la que hablamos y el modo en el que lo hacemos dificultan que nos entiendan. Se dice que los gallegos tienen un español muy musical (o los italianos), pero simplemente lo que sucede es que el ritmo de ese idioma es diferente al del castellano, pero se aplican los mismos patrones, con lo cual suenan diferentes (por eso también existen los acentos). Es fundamental explicar los esquemas de velocidad y ritmo para ayudar a entender mejor lo que se dice.

Enlazado con este tema, tiene una gran relevancia la fluidez, ya que se considera que alguien habla muy bien cuando habla rápido o muy suelto. A veces es cuestión de explicar las reglas de unir palabras en español (cuando decimos *La Habana*, realmente pronunciamos algo como /labana/; este procedimiento de unión se conoce como *sinalefa*), de modo que los estudiantes ganen soltura. Ejercicios sobre estos aspectos, como dibujar en un texto escrito –que se escucha en audio– las uniones entre palabras, ayudan a visualizar este fenómeno sonoro. La situación contraria se produce si los alumnos no son capaces de percibir cuándo se separan dos palabras (*¿hace mucho que espera?*). Es posible hacer ejercicios contextualizados en los que se deban cortar las frases según se escuchen.

También hay que enseñar estrategias pragmáticas como palabras comodín para rellenar espacios de conversación mientras se habla y se recuerda la palabra que se busca, para no aburrir al que escucha mientras espera. De hecho, la irritabilidad del interlocutor es un criterio que mide la fluidez del hablante.

A todo esto es necesario sumarle también la conciencia sobre la entonación. No entonamos igual una pregunta (*¿viene?*) que una afirmación (*viene*). Dibujar los patrones entonativos puede ayudarles a mejorar su competencia fonológica. Por ello, es importante también entrenar la diferencia de intenciones comunicativas (ironía, tristeza, alegría, etc.). El acto comunicativo engloba también la comunicación corporal. Una buena enseñanza tendrá una perspectiva general sobre todos estos fenómenos y se insertará dentro de ejemplos reales y relevantes de comunicación.

> ¿De cuántas maneras eres capaz de entonar *vale* y con qué intenciones?

Cuando se manejan todos estos aspectos (pronunciación, entonación, acentuación, fluidez y ritmo) de un modo satisfactorio, la percepción del acento extranjero disminuye. No obstante, es importante destacar que es imposible no tener acento. Todas las personas tienen un acento y es natural tenerlo. La discriminación por la forma de hablar no es tolerable. Desde el punto de vista de un aprendiz, el objetivo final es hacerse entender. Querer hablar como un nativo es una utopía; por ello es importante no caer en la tentación de corregir en exceso y frustrar a los estudiantes.

✱ Ideas clave:

La pronunciación no consiste solo en enseñar los sonidos. Hay otros fenómenos que se deben entrenar, como la percepción de los sonidos, la entonación, la acentuación, la fluidez y el ritmo.

ELEteca **93.** ¿Se puede enseñar pronunciación?

094 ¿Qué palabras debo enseñar?

Rompiendo el hielo: ¿Quién decide qué vocabulario se debe aprender en clase?

La competencia léxica (81) es el conocimiento de las palabras de una lengua y la capacidad para usarlas, es decir, saber vocabulario no implica solo reconocer la palabra, sino saber cómo se escribe o pronuncia, qué puede significar, con qué otras se combina y cuándo usarla. La importancia de las unidades léxicas es relativamente reciente, porque hasta casi finales del siglo XX, y siguiendo los enfoques tradicionales, lo más importante era aprender las reglas gramaticales (53). Este cambio de perspectiva se deriva de la descripción de los enfoques léxicos (59), denominados así porque promueven la enseñanza explícita del vocabulario en clase y le otorgan el papel que merece.

En el caso del léxico, es difícil acotar qué necesidades pueden presentarse debido a las diferentes circunstancias que pueden darse en un curso. Es recomendable establecer un plan de vocabulario básico en función de las necesidades de aprendizaje, de acuerdo con lo marcado por el *PCIC* (25) en los apartados «Nociones generales» y «Nociones específicas», aunque ampliándolo según convenga. No se va a enseñar lo mismo a alguien que se apunta a un curso de dos semanas para irse de vacaciones a Perú que a uno de fines específicos (61), como español de la salud.

Asimismo, es fundamental saber qué palabras de las que se seleccionen se corresponden con las 1000 más frecuentes del español y centrarse en ellas, ya que para entender un texto no debería haber más de un 10 % de palabras desconocidas. Así, para decidir qué vocabulario se va a enseñar, conviene conjugar los objetivos personales del alumnado con el vocabulario básico del español.

Por otra parte, es necesario tener claros el currículo del centro y las necesidades del alumnado que sigue el curso; asimismo, se debe tener en cuenta si este debe enfrentar alguna prueba específica de léxico. Las unidades léxicas adicionales se sumarán al plan de vocabulario seleccionado, a las expresiones que incluya el *PCIC* y al léxico que aparezca en los ejercicios del manual. Una vez se tenga claro todo lo que se va a ofrecer, es necesario determinar qué unidades se espera que los estudiantes aprendan en cada sesión, ya que se recomienda que no excedan de las 5 o 10 por clase. Estas unidades, además, deben aparecer de forma reiterada y a través de todos los canales posibles (escrito, oral, visual) para que se interioricen, porque la exposición frecuente y continuada deja más huella en la memoria (71). Es fundamental recordar que los cognados (palabras casi iguales entre dos lenguas, como *hospital* en español e inglés) no necesitan tanta intervención, sino el entrenamiento de estrategias para poder ser conscientes de las similitudes, las raíces comunes o etimologías que puedan ser de apoyo.

Además, es preciso ofrecer al grupo la posibilidad de participar en la selección de las unidades léxicas mediante fórmulas como *¿qué otro vocabulario te gustaría aprender sobre este tema?* o *¿qué vocabulario crees que podrías necesitar?*; de esta manera se motiva al alumnado a intervenir. En esta línea, es recomendable no partir de la idea de que los aprendices no conocen nada y dejarles que, al introducir un tema con una imagen, por ejemplo, se ayuden de un diccionario (96) para describirla; en esta situación, también se puede hacer una puesta en común en la pizarra de todo el vocabulario que saben o que quieren aprender. De este modo, el tema se presenta de forma más activa y se detectan las necesidades concretas.

Como ya explicamos, además de centrarse en qué unidades léxicas –no solo palabras, sino también expresiones o locuciones– deben enseñarse, es fundamental tratar en clase cuándo usarlas: dominar los registros de estas unidades y usarlas con propiedad es esencial para tener

Indre Pau / Shutterstock.com

una competencia comunicativa desarrollada y una identidad lingüística en la L2 apropiada a las circunstancias. En otras palabras, los aprendices deben ser conscientes de qué vocabulario pueden usar en clase y con sus compañeros durante su tiempo de ocio, por ejemplo, y entender qué efectos tiene salirse del registro en cada caso. Probablemente, si son jóvenes y no se trabaja el vocabulario propio de personas de su edad, no se comunicarán como tales y no se adecuarán a sus interacciones sociales.

¿Se te ocurren ejemplos de palabras que con frecuencia usas fuera del registro esperado?

✻ Ideas clave:

El vocabulario que se enseña en cada clase debe seleccionarse y prepararse cuidadosamente para garantizar su aparición en el *input* de manera frecuente. Existen múltiples formas de presentarlo, aprenderlo, ampliarlo y consolidarlo.

▶ ELEteca 94. ¿Qué palabras debo enseñar?

095 ¿Cómo puedo enseñar vocabulario?

Rompiendo el hielo: ¿Cuántas palabras nuevas puedes recordar cada día?

El vocabulario puede aprenderse de dos formas: de manera espontánea o de manera planificada (Hidalgo Gallardo, 2020). El aprendizaje espontáneo puede darse con la búsqueda de una palabra en el diccionario (👁 96); el aprendizaje planificado puede producirse mediante la introducción de actividades en clase con diversos objetivos y modalidades de realización.

Una forma de presentar el léxico en clase es a través de la inundación de *input* sin tratamiento explícito, es decir, exponiendo al alumnado a la lengua meta de manera constante y prolongada. Esto se puede lograr mediante programas de lectura extensiva en los que, por ejemplo, se pida a los aprendices que lean cómics para luego organizar un debate literario en clase (👁 33). Una desventaja de este modo de presentación inconsciente es que no se puede saber si los estudiantes están prestando atención e interiorizando el vocabulario meta seleccionado. Además, garantizar el número mínimo de ocurrencias a las que están expuestos es mucho más complicado y lleva más tiempo. La enseñanza explícita reduce el tiempo de aprendizaje y aporta mayor precisión en el uso de las palabras, dado que se dan explicaciones sobre los registros, los diferentes significados, etc. Por lo tanto, la clave está en combinar ambas modalidades; así lo defienden los enfoques léxicos (👁 59).

Las actividades que conllevan una intervención y planificación pueden servir para presentar el vocabulario, interiorizarlo, consolidarlo o repasarlo. Previamente conviene seleccionar las unidades léxicas con detalle –no más de unas 10 por sesión–, teniendo en cuenta el nivel del alumnado, sus intereses, la distancia lingüística entre su lengua materna y la meta, y la dificultad que implica aprenderlas. Asimismo, cabe recordar que el vocabulario nuevo debe usarse de manera recurrente y enseñarse de forma espaciada durante muchas clases para que realmente acabe consolidándose.

Una vez seleccionadas las unidades críticas, conviene decidir si se va a fomentar primero la conciencia sobre el significado o sobre la forma. Si se elige comenzar con un *input* visual, prevalece el interés por el significado, como cuando se ofrece una traducción, una representación teatral, una situación o una definición, o bien cuando se llevan objetos reales a clase. La traducción, si se puede ofrecer, es una forma muy económica y rápida de presentar el significado, ya que, además, la comprensión es mucho más profunda e inmediata. Con todo, es difícil emplear este recurso en grupos multilingües. Por otra parte, si se opta por empezar con el reconocimiento de la forma, se pueden disponer una serie de palabras en una nube, en la pizarra o en ejemplos de lengua (*¿qué palabras se repiten en estos titulares?*).

Es importante enseñar estrategias de concienciación sobre la estructura morfológica de las palabras, ya que, si el alumnado es capaz de reconocer los sufijos y prefijos, por ejemplo, le será más fácil acceder al significado de los términos e, incluso, contará con recursos para inventarse palabras (*robar-robador,* en lugar de *ladrón*) en caso de que sea necesario para

lograr comunicarse (Serrano-Dolader, 2019). Además de esas estrategias de concienciación y de compensación, conviene promover el conocimiento sobre las combinaciones frecuentes, es decir, las palabras que suelen aparecer juntas. También es crucial entrenar estrategias para inferir significados dentro de un texto; de hecho, esta es otra forma de enseñar vocabulario.

Las actividades que se pueden llevar al aula en torno al léxico son muy diversas. Para reconocer patrones melódicos, como el acento, se puede pedir a los estudiantes que rodeen o pinten la sílaba fuerte o que den una palmada al pronunciarla. Para percibir las palabras en la cadena hablada y así poder reconocer su forma, se puede pedir que marquen los límites entre ellas. Para fomentar la conciencia de la combinatoria, es importante pedirles que busquen las palabras en contextos diferentes, que localicen estas combinaciones en un texto y las coloreen, o incluso plantearles juegos (*sigue la serie: «lata de…»*). Para recordar la ortografía de las palabras, se puede pedir que busquen reglas mnemotécnicas o incluso que relacionen la grafía considerada conflictiva con algo que traiga a la mente el significado de la palabra (en *oveja* la *o* tiene forma del animal; se puede hacer un póster con esta idea y colgarla en la pared).

Para presentar vocabulario se pueden usar imágenes (*viendo estas fotos, ¿de qué creéis que vamos a hablar?*) o elaborar nubes de palabras (*hoy vamos a hablar de vacaciones, ¿qué palabras podemos necesitar?*; y que sus nubes tengan forma de maleta, por ejemplo). Otra opción es describir una imagen o ver un vídeo y localizar las palabras relacionadas con un tema dado. Del mismo modo, pero de forma directa, se puede presentar al lado del texto escrito (o visual) la traducción y explicación de un vocablo, a modo de texto glosado.

En cuanto a la interiorización de las formas del léxico disponible, las listas de palabras son funcionales, sobre todo en niveles iniciales, para acceder a una gran cantidad de vocabulario; no obstante, el cerebro no almacena la información de esta manera (alfabética), sino en redes de palabras que se relacionan de algún modo (parecido formal, significado similar o coaparición). Por esta razón, la elaboración de mapas mentales puede ser muy útil para ayudar en su estructuración (Méndez Santos, 2020*c*). Además, demasiada cantidad de vocabulario puede saturar la capacidad cognitiva de los estudiantes y agobiarlos.

Una alternativa lúdica la conforman juegos como el Tabú (hay que explicar el significado sin decir ciertas palabras) o el Scattergories (hay que recordar una palabra sobre un tema que empiece con una letra dada), que se centran en el léxico y pueden servir como ejercicios de consolidación y repaso de unidades léxicas ya explicadas. También resultan muy útiles las tareas de escritura creativa, ya que la simple elaboración de oraciones descontextualizadas se desaconseja como herramienta de enseñanza. Para la memorización también sirven los juegos de tarjetas en los que se debe emparejar la forma (nombre escrito) y el significado (imagen). Asimismo, pueden valorar con pegatinas o votaciones las palabras más útiles de la lección.

> ¿Qué otros tipos de actividades conoces para aprender vocabulario?

En cuanto al significado, se pueden pedir definiciones y relacionarlas con imágenes o con palabras escritas; también se pueden usar sinónimos o antónimos. Se puede presentar la palabra o la expresión del día de una forma contextualizada y vinculada con lo que se va a enseñar. Por último, se pueden pedir clasificaciones por categoría gramatical, significado o contexto de uso mediante tablas con columnas y señalando con círculos o colores.

* Ideas clave:

En la variedad está el éxito y la combinación de todos los tipos de actividades que abordan diferentes aspectos didácticos relativos a la adquisición de vocabulario (recuperación de la forma, reconocimiento de la ortografía, recuperación del significado, reconocimiento de la forma, reconocimiento del significado, etc.) garantiza mayores posibilidades de aprendizaje.

ELEteca **95.** ¿Cómo puedo enseñar vocabulario?

096 ¿Es bueno usar el diccionario en clase?

Rompiendo el hielo: ¿Qué tipo de diccionarios existen?

Tampoco tiene que ser malo. Su consulta no puede ser la única forma de acceder a la información ni la única estrategia (84) para conocer el significado de una palabra, pero sí que es un recurso más de los muchos disponibles y muy útil y consignado en el *MCER* (Nomdedeu Rull, 2011).

Los diccionarios son una necesidad insoslayable para el estudio de una lengua, aunque no siempre encuentran su hueco en las aulas. Normalmente los diccionarios suelen dejarse para consultas personales y no se suele explicar cómo sacarles el máximo provecho. Tampoco suelen aparecer actividades en los manuales que los incluyan, hablen sobre ellos o inviten a usarlos. A veces también las creencias del alumnado y del profesorado sobre la dificultad o el interés de las consultas pueden reducir el uso de estos recursos de aprendizaje. Sin embargo, sabiendo que es un tipo de género discursivo (99) al que pueden estar expuestos los estudiantes, conviene explicar cómo leerlos.

En primer lugar, hay que conocer la tipología de diccionarios existentes. No es lo mismo un diccionario general de lengua, pensado para adultos nativos, que un diccionario escolar, ideado para personas nativas en formación –niños o adolescentes–, o que un diccionario didáctico para personas no nativas. Por añadidura, un repertorio lexicográfico puede recoger los usos generales o los específicos, como terminología jurídica, médica o deportiva, que serán más útiles en cursos de ELE con fines específicos, por ejemplo. Además, en función

del tipo de información, podremos encontrar diccionarios de preposiciones, de sufijos, de refranes o de conectores del discurso.

Para estudiantes de ELE suelen recomendarse los diccionarios bilingües, sobre todo en estadios iniciales, e incluso los escolares, porque suelen tener un nivel de lengua más fácil de entender y abundantes imágenes. En general, lo que esperan encontrar los estudiantes es una definición o explicación, pero muchas obras lexicográficas –y más hoy en día con la libertad del mundo digital– incluyen muchos más detalles. Por ejemplo, la versión en línea del *Diccionario de la lengua española*, fruto de la colaboración de las Academias de la Lengua, dispone de un conjugador para todos los verbos, con lo cual permite que los usuarios tengan al alcance de un clic todo el paradigma verbal, incluidos los verbos irregulares y las formas de *vos*. En cambio, por otros aspectos, como su estilo, no es muy recomendable para la clase de ELE. El diccionario *Redes*, de Ignacio Bosque, es muy útil para profesionales de la lengua –docentes de ELE incluidos– y estudiantes de niveles C, ya que ofrece las combinaciones más frecuentes entre palabras en español, es decir, indica qué tipo de adjetivos suelen acompañar más habitualmente un nombre, por ejemplo. En el caso de *beso*, en concreto, encontramos un listado de verbos (*dar un beso, robar un beso*, etc.), un listado de adjetivos (*platónico, romántico, apasionado*), etc.

Las ventajas de enseñar a usar el diccionario en el aula incluyen el fomento de la autonomía de los estudiantes y la eficacia del aprendizaje, puesto que les permite solucionar sus dudas fuera del aula. Además, este tipo de obra puede ofrecerles información sobre sinónimos o hiperónimos, ya que, cuando busquen un término como *taburete*, descubrirán que es un tipo de asiento, que es una palabra mucho más general y que se puede utilizar en más contextos. Por otro lado, el uso del diccionario los ayudará a tener un mayor caudal léxico y a emplearlo con más precisión, por lo que ganarán en alcance (40). Obviamente, debe evitarse que se caiga en la costumbre de consultarlo cada vez que no se recuerde una palabra, porque hay que combinar varias estrategias.

Un buen diccionario pensado para aprendices del idioma debería contar con un diseño diáfano, imágenes, tablas con conjugaciones verbales, gráficos, transcripciones fonéticas, un estilo de redacción claro, definiciones explicativas y eficaces que lleven ejemplos, indicaciones de sinónimos/antónimos, información sobre irregularidades verbales, detalles sobre ámbitos de uso y registros (formal, vulgar, coloquial), advertencias sobre falsos amigos, equivalencias a la L1, combinaciones frecuentes, expresiones o frases hechas con esa palabra, indicaciones de ortografía, ayudas a la escritura (si es digital, con autocompletado), un buscador con partes de la palabra, etc.

De hecho, los diccionarios digitales y electrónicos cada vez ganan más peso en las búsquedas de los aprendices, lo cual es un fenómeno imparable (Sala Caja, 2015). Muchos de ellos son gratuitos, pero eso no es sinónimo de calidad; así, el rol del docente es fundamental, ya que debe encargarse de explicar cómo decantarse por la opción más adecuada y cómo sacarle el máximo partido.

* Ideas clave:

Es imposible recomendar un diccionario en particular, porque hay cientos en el mercado, tanto en formato papel como en digital. La búsqueda de uno que se adapte a cada contexto educativo es tarea del docente, que además debe entrenar a los aprendices a sacar el mayor rendimiento de ellos.

ELEteca **96.** ¿Es bueno usar el diccionario en clase?

097 ¿Qué es la sintaxis?

Rompiendo el hielo: ¿Cómo organizamos las palabras cuando hablamos?

La sintaxis es una parte de la gramática de las lenguas que se ocupa de analizar cómo se organizan las palabras en una oración. En algunos contextos se denomina *gramática* a la sintaxis y a la morfología, pero en la tradición hispánica suele hacerse la distinción. De este modo, se reserva el concepto de *morfología* para hacer referencia a la organización interna de las palabras (raíces y afijos, prefijos, interfijos, sufijos, etc.).

La sintaxis estudia, pues, cómo ordenamos las palabras para dar significado a los mensajes que queremos emitir. Cada idioma tiene una forma habitual, a veces incluso fija, de ordenar la cadena de palabras. El español es relativamente flexible, porque permite decir *siempre como pollo, pollo como siempre, como pollo siempre* y *como siempre pollo.* Todas estas variaciones, aunque con matices de significado y contextos de uso diferentes, son posibles. En otros idiomas, en cambio, la distribución de palabras puede ser inflexible: el sujeto siempre primero, seguido del objeto y el verbo al final. Estos elementos –sujeto (S, quien hace la acción), verbo (V, la acción) y objeto (O, experimentador de la acción del verbo)– se combinan de seis formas diferentes en las lenguas del mundo. Las distribuciones más frecuentes son SVO (como el español) y SOV (como el coreano o el japonés). Además, la sintaxis también nos explica cómo conectar varias oraciones y crear cadenas subordinadas entre ellas: *El perro que llegó a mi calle perdido era de un vecino del barrio de al lado*, donde *que llegó a mi calle perdido* es una oración subordinada que podríamos cambiar por un adjetivo: *verde*. Es más, también se ocupa de determinar la diferencia de significado que aporta la colocación de los adverbios o adjetivos, ya que no es lo mismo *la literatura fantástica* que *una fantástica historia*.

La sintaxis que se domina en la lengua materna es sumamente compleja y aprenderla en una lengua segunda o extranjera requiere estar expuesto a una gran cantidad de *input* (👁 64). Según el modelo de memoria (👁 71) propuesto por Ullman (2015), la sintaxis puede aprenderse paralelamente de forma declarativa (especialmente en adultos) y de forma

implícita (especialmente en niños, ya que el proceso puede asemejarse más al de una L1).

Teniendo en cuenta esto, y dado que en muchas ocasiones la dificultad para comunicarse de algunas personas adultas que estudian español deriva de la falta de equivalentes en las estructuras sintácticas y en los usos, conviene fomentar su conciencia lingüística (92) de las diferencias. Por ejemplo, las oraciones de relativo son complicadas para hablantes de chino (Guijarro Sanz, 2017).

Las conexiones de oraciones subordinadas y otros mecanismos como los pronombres, las anáforas o las elisiones para evitar repetir siempre el mismo sujeto, por ejemplo, aportan a un texto mayor coherencia y cohesión (38), así como mayor complejidad, con lo cual hay que revisar concienzudamente si los textos que se quieren llevar al aula son comprensibles y si hay aspectos que habría que trabajar para entender su significado.

> ¿De qué otras formas consideras que se puede presentar la sintaxis en el aula?

Para trabajar la sintaxis en el aula, se puede practicar con la ordenación de elementos (con globos de colores, cartulinas, otros elementos movibles, etc.) o el marcado de las relaciones de dependencia entre palabras (con flechas, señalando con colores un texto). Lo importante es aumentar la conciencia lingüística sobre los aspectos que consideremos críticos para su interlengua (67) y evitar, en la medida de lo posible, la fosilización de los errores (68).

* Ideas clave:

La sintaxis es el estudio de las reglas de ordenación y conexión de las oraciones y las palabras, así como del significado que se deriva de ello. Un dominio alto de la sintaxis permite elaborar discursos coherentes y cohesionados.

ELEteca **97.** ¿Qué es la sintaxis?

098 ¿Qué es la pragmática?

Rompiendo el hielo: ¿Alguna vez tu forma de hablar ha resultado inapropiada o ineficaz?

La pragmática estudia cómo los aspectos sociales y situacionales que envuelven la comunicación condicionan el uso de la lengua. Entre los elementos que determinan cómo construimos un acto de comunicación, es posible listar los siguientes: la relación de jerarquía o solidaridad entre hablante e interlocutor(es) (¿es una persona superior en la jerarquía por cuestiones sociales [edad], profesionales [jefe] o culturales [profesor]?), el lugar donde se desarrolla la conversación, el tema del que se habla, el conocimiento del mundo (nadie espera que en un entierro alguien diga *felicidades*), el canal (oral o escrito) y la intencionalidad del hablante, así como los efectos que causa el mensaje en el interlocutor.

> ¿En qué circunstancias se puede decir *¡silencio!* y cómo estas condicionan cómo se dice (tono, lenguaje corporal, expresión facial, etc.)?

Los primeros estudios lingüísticos analizaron la lengua de una manera abstracta para lograr determinar las normas gramaticales. En la enseñanza del idioma esto condujo a que se explicaran las formas regulares e irregulares, los tiempos verbales, etc., pero sin hacer referencia a cómo el contexto podía hacer más adecuados algunos de ellos de acuerdo con el fin comunicativo (53). En los manuales que siguen esa perspectiva se pueden encontrar muchos ejercicios de rellenar huecos, tablas, columnas, etc. No obstante, este conocimiento teórico sobre la gramática, la denominada *competencia lingüística* (81), por sí solo no nos ofrece las condiciones necesarias para comunicarnos de una manera adecuada; por eso es importante desarrollar también la competencia pragmática (83) y la competencia sociolingüística (82).

Las teorías pragmáticas más generalizadas establecen una serie de tesis que se reflejan en lo que enseñamos en clase. Grice (1989) describió el principio de cooperación, según el cual cuando nos comunicamos hay un acuerdo tácito entre hablante e interlocutor para intentar llevar la conversación a buen puerto. Este se compone de varias máximas que debemos cumplir para que haya éxito comunicativo: se debe dar la cantidad de información necesaria, ni más ni menos; ofrecer información verdadera y relevante de manera organizada, y evitar la ambigüedad. Estos preceptos no son obligatorios ni se cumplen siempre; en caso de que no se den, se puede inferir un significado diferente o una intención comunicativa equivocada. Por ejemplo, *tenemos que vernos más* puede significar cosas muy variadas en función de quiénes hablen y sus circunstancias, pero sabemos que no tiene por qué ser verdad, sino más bien la expresión de un deseo de cortesía social.

De hecho, la teoría de Lakoff (1973) complementa las máximas de Grice y señala que todas las personas tienen una imagen pública que quieren salvaguardar; por ello, en las interacciones sociales también importa mucho si el tipo de acción resulta amistosa o no. Por ejemplo, reñir a alguien supone una amenaza para esa imagen positiva, se rompe la cortesía (101) y, en función del objetivo de la comunicación, este acto se desarrollará de un modo u otro: si no se pretende amenazar la imagen pública, la reprimenda se suavizará con muchos ejemplos y explicaciones, dando buenos deseos hacia el futuro, etc.

Por último, hay otras teorías que se centran en otros aspectos, como los tipos de actos de habla que formulamos: amenazar, afirmar, prometer, jurar, insultar, etc. Todos ellos conllevan diferentes esquemas y guiones sociales y culturales que deben conocerse para poder saber cómo desarrollarlos en la L2.

✱ Ideas clave:

Todas estas reflexiones deben estar presentes en el aula y enseñarse de manera explícita para que los aprendices tomen conciencia de que deben ser capaces de modular sus discursos en función de sus objetivos comunicativos.

ELEteca **98.** ¿Qué es la pragmática?

099 ¿Qué son los géneros discursivos?

Rompiendo el hielo: ¿La información se cuenta siempre del mismo modo?

La información codificada en textos, ya sean orales o escritos, sigue pautas y normas culturales que marcan cuál es la estructura esperada, el tema adecuado y las características prototípicas. En función de sus características y sus objetivos de comunicación, los textos se dividen en géneros discursivos.

La estructura esperada emana de la tradición, que marca las diversas formas en las que se suele presentar la información. Por ejemplo, una sentencia judicial tiene unas partes pautadas que deben seguir el orden estereotipado. Es más, presenta unas características prototípicas de disposición del texto escrito e incluso algunas palabras específicas: fórmulas arcaizantes, expresiones fijadas, etc. Siguiendo este ejemplo entendemos por qué una instancia o un cuento para niños tienen formatos propios: persiguen objetivos diferentes. Asimismo, los temas que se espera encontrar en ellos también difieren.

Estas estructuras diversas pertenecientes a cada género discursivo pueden variar culturalmente, ya que cada lengua representa las expresiones fijas de modos diferentes. Es por

este motivo que los géneros discursivos son tan importantes en el aula de ELE. Una persona que aprende un idioma debe saber reconocer a qué tipo de texto se enfrenta, ya que eso genera una serie de expectativas sobre lo que esperar (formas, vocabulario, etc.) que la ayudarán a entenderlo mejor.

Las clasificaciones de géneros discursivos son diversas. La más general establece cinco macrofunciones: descripción, narración, argumentación, exposición y diálogo (89). Cada uno de estos géneros presenta características particulares. Así, por ejemplo, se entiende que una descripción comienza por un anclaje (la referencia que se va a describir) al que luego se caracteriza (normalmente con adjetivos y verbos de cierto tipo en función de lo que se describa).

Esas macrofunciones se pueden completar con los ámbitos que el *MCER* (24) establece: personal, público, profesional y educativo. Como resultado de esta combinación, es posible diferenciar entre cartas de tipo personal (carta de amor) y de tipo profesional (carta para pedir un trabajo) o entre una conversación cara a cara para comprar un billete de tren (diálogo público) y una exposición oral en clase (ámbito educativo).

En el *PCIC* (25) figura un listado de los tipos de textos que es posible llevar al aula. A continuación, sin ánimo de ser exhaustivos, exponemos algunos ejemplos de textos: dentro del ámbito profesional se puede trabajar con cartas, notas, informes, folletos, catálogos, revistas, regulaciones internas, tarjetas de visita, correos electrónicos, etc.; en el ámbito educativo, con libros de texto, resúmenes de clase, mensajes al profesor, ensayos académicos, etc.; en el ámbito público, con señales, instrucciones, avisos de información, carteles, sermones o discursos, letreros, etc.; por último, en el ámbito personal, con textos orales como conversaciones informales, cartas íntimas, recetas o audios de aplicaciones de mensajería instantánea.

¿Qué otros tipos de textos se pueden llevar al aula?

Estos ejemplos no son únicos ni exclusivos, porque, para un docente, lo educativo y lo laboral se pueden superponer o, por ejemplo, se pueden enviar wasaps a colegas de profesión o a clientes. La cuestión es que en cada contexto el guion de la comunicación varía, esto es, el género del discurso es diferente.

* Ideas clave:

Los discursos pueden ser de diferentes tipos y de cada uno de ellos se espera una estructura prototípica, un vocabulario dado y unas fórmulas determinadas. Conocer estas características ayuda al alumnado a comprender mejor los textos y a expresarse de manera más adecuada.

ELEteca **99.** ¿Qué son los géneros discursivos?

100 ¿Qué es la comunicación no verbal?

Rompiendo el hielo: ¿De qué maneras se comunica el ser humano?

El lenguaje humano no solamente se materializa a través de la cadena oral-auditiva, sino también del canal gestual-visual. Así, diferenciamos entre lenguas orales y lenguas de signos. En ambos casos, los mensajes transmitidos por un canal u otro se acompañan de otros elementos que aportan información al discurso. Estos elementos pueden ser sociales, como la indumentaria que llevamos, o corporales, como la mirada, la distancia que guardamos con el interlocutor o la calidad de nuestra voz, en el caso de la lengua oral. A excepción de la vestimenta, el resto de los aspectos se pueden estudiar desde un punto de vista semiótico y lingüístico.

En concreto, la proxemia analiza el uso del espacio. En el caso que nos compete, lo que más nos interesa es cómo las diferentes lenguas y culturas establecen la distancia adecuada para una comunicación íntima, personal y pública. En la zona íntima solo se deja entrar a personas de gran confianza y con quienes se va a llevar a cabo un acto amoroso, de consuelo, apoyo, afecto, etc. Aquí el tacto cobra especial relevancia. En general, las culturas hispanohablantes valoran positivamente el contacto físico como modo de reforzar los lazos de confianza (golpecito en la espalda, toque en el brazo, etc.), especialmente en actos informales. Conocer estos detalles es importante, porque en otras culturas (algunas asiáticas, por ejemplo) la distancia física es mayor, y el contacto físico, no deseado.

La kinésica estudia los gestos corporales, que pueden ser intencionados o no. Por ejemplo, levantar el dedo gordo para decir *OK* es algo intencionado; en cambio, no lo es (o no siempre) inclinar la cabeza como señal de que estamos prestando atención. Cuando los gestos son intencionados, pueden conllevar una carga cultural. Los gestos no significan lo mismo en todos los países, son una parte más de la información intercultural de la que debemos proveer al alumnado en las clases. Por otro lado, los gestos ilustradores, como los movimientos de la mano para marcar transiciones o contar con los dedos, también se pueden trabajar para ayudar a organizar mejor el discurso oral. Una buena comunicación oral viene acompañada de este tipo de gestos.

> ¿Qué tipos de gestos propios de culturas hispanohablantes se te vienen a la cabeza?

La paralingüística, la tercera de estas tres ramas paralelas y simultáneas al discurso oral o signado, analiza la intensidad o volumen de la voz, su calidad, la velocidad del habla, etc. El

uso de un tono de voz elevado, que para algunas culturas puede resultar natural o incluso apropiado en ciertos contextos, puede no serlo para otras, lo que puede provocar situaciones incómodas o romper la comunicación en los casos más extremos. Asimismo, la velocidad del signado o del habla puede indicar nerviosismo, estrés, emoción, etc.

How close is too close? Depends on where you live. Appropriate distance, in feet, for a...

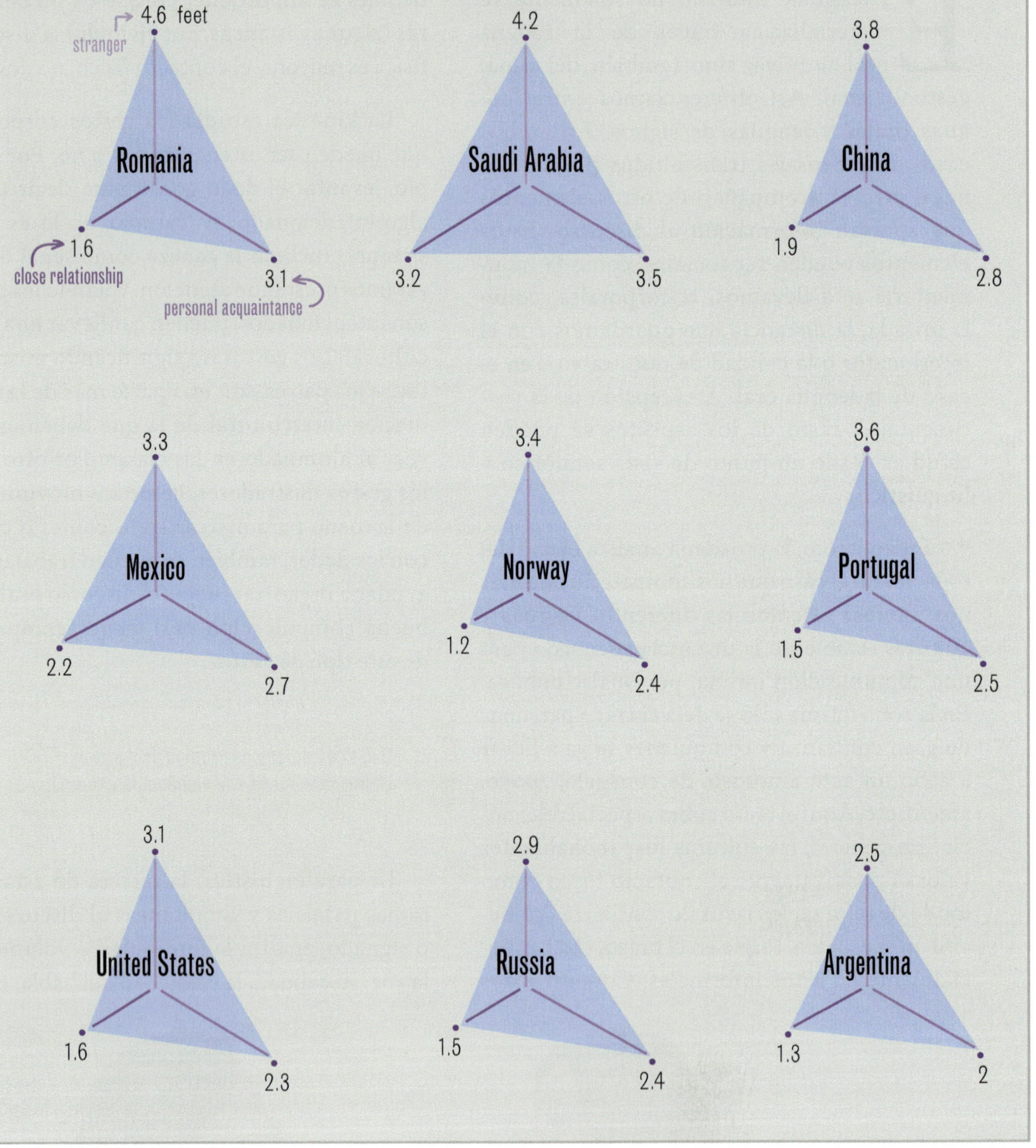

Fuente: *Journal of Cross-Cultural Psychology*

✱ Ideas clave:

Los seres humanos emplean lenguas orales o signadas para comunicarse. Su discurso, además, va acompañado de una serie de elementos gestuales y paralingüísticos sobre los que conviene reflexionar para lograr una buena comunicación y oratoria.

ELEteca **100.** ¿Qué es la comunicación no verbal?

101 ¿Qué es la cortesía lingüística?

Rompiendo el hielo: ¿Pedimos las cosas del mismo modo cuando nos dirigimos a un conocido que cuando nos dirigimos a un desconocido?

La cortesía como demostración social de amabilidad, respeto y buena educación (aguantar una puerta, ceder el paso o el asiento, etc.) es un fenómeno que también se da en el plano lingüístico. Así, por *cortesía lingüística* entendemos el conjunto de estrategias pragmáticas (83) con las que se gestiona la comunicación con el fin de evitar los problemas o las tensiones que puedan surgir, respetando las expectativas del tipo de acto de habla que se está llevando a cabo. Este interés por mantener la armonía entronca con nuestra necesidad de tener una imagen pública positiva y ser apreciados (Amenós *et al.*, 2019). Esto se refleja en nuestros actos verbales, como cuando decimos *buenos días* al entrar, pedimos permiso para pasar por una calle donde hay gente agolpada en lugar de empujarla para apartarla o deseamos buen provecho a alguien que está comiendo en un restaurante. Estos rituales varían en función del contexto, la familiaridad entre los hablantes, etc., por lo que es necesario dominar su uso.

Así, las reglas de las interacciones se resumen en ser claros y corteses; y, si nos saltamos alguna de estas reglas, podemos inferir cierta información. De hecho, cuando en lugar de ser directos damos rodeos para pedir algo, estamos empleando una estrategia pragmática. Posiblemente estemos preparando el terreno con una explicación abundante, porque lo que vamos a pedir es demasiado (muchos días de vacaciones, dinero o que te presten el coche).

La cortesía lingüística varía entre culturas; por ejemplo, los temas que pueden requerir una mayor discreción pueden ser diferentes. Así, hablar de dinero es casi un tema tabú fuera del ámbito profesional, e incluso en él, para la cultura española, pero no lo es así en otros países, donde pueden preguntarte, de forma muy invasiva para nosotros, cuánto cobramos o ha costado algo. Todas estas situaciones sociales, culturales y extralingüísticas cambian nuestra forma de hablar a pesar de que cualquier forma gramatical *a priori* podría servir para comunicar lo mismo. Este tipo de condicionamientos los estudia la pragmática.

¿Qué función tiene la atenuación? ¿Por qué atenuamos un mensaje? ¿Cuándo lo hacemos?

En el aula de ELE es importante hacer conscientes a los aprendices de las implicaciones culturales que pueden tener frases, estructuras o palabras como *tenemos que hablar* e incluso

del guion esperado de ciertas interacciones como las despedidas, que tienden a ser largas y que, si se hacen cortas y bruscas, provocan en el interlocutor la sensación de que esa persona se va enfadada. Estas fórmulas se aplican en unas situaciones muy específicas y con un fin comunicativo dado. Esto también sucede en situaciones en las que se debe valorar el grado de confianza, la distancia social y la cortesía adecuada, como cuando pedimos el pan: *pan / dame pan / una barra de pan / una barra de pan, por favor / querría una barra de pan, por favor.* Del mismo modo, deben ser conscientes de cuándo hacer una pregunta retórica, en lugar de una declaración afirmativa, que también es una forma de atenuar (*¿no habrá por aquí donde tomar café?*). La atenuación también puede darse empleando oraciones impersonales (*¿se puede pasar?*), evitando usar sujetos concretos (*¿cada uno hace lo que puede?*) o usando plurales mayestáticos de complicidad (*¿ya nos hemos tomado la pastilla?, ¿cómo nos hemos levantado hoy?*). Todas estas estrategias y muchas otras aparecen listadas en el *PCIC* por niveles.

* Ideas clave:

La enseñanza explícita de la cortesía lingüística es necesaria y crucial para que los aprendices no rompan la armonía con sus interlocutores y creen situaciones incómodas que impidan el éxito de la comunicación.

ELEteca **101.** ¿Qué es la cortesía lingüística?

GLOSARIO[1]

Acento: conjunto de rasgos fonológicos propios de una comunidad de habla. Socialmente se analiza como una muestra de la procedencia regional de una persona. Si se tiene consciencia de que forma parte de un todo más global que incluye también cambios gramaticales o léxicos, entonces se relaciona con el término *dialecto* o *variedad diatópica* (por ejemplo: *Tiene acento de Alicante*). En lo que se refiere a estudiantes de lenguas adicionales, en ocasiones se hace referencia al *acento extranjero*, que corresponde a patrones melódicos, pronunciación de sonidos y otros rasgos de entonación que dejan entrever la posibilidad de que esa lengua no sea la materna del hablante.

Adquisición: término que hace referencia a la forma en que se aprende una lengua. Se opone al de *aprendizaje*. En teorías de autores como Krashen (1982), el aprendizaje es un proceso formal y la adquisición hace referencia al desarrollo de la lengua materna de modo natural. Es un binomio muy discutido, ya que la consciencia o inconsciencia del proceso de desarrollo de un idioma no es algo que se pueda describir en estos términos absolutos.

Aducto: término sinónimo de la forma inglesa *input* que sirve para hacer referencia a las muestras de lengua meta a las que los aprendientes están expuestos.

Alfabetización: proceso de enseñanza de la lectura y escritura de una lengua. Cuando se hace referencia a la alfabetización de estudiantes, esto tiene que ver con que en su propia lengua tampoco tienen este conocimiento desarrollado. Por otra parte, también puede ocurrir que una persona no esté familiarizada con el alfabeto latino. Actualmente se emplea este término en conceptos más globales como *alfabetización digital*. Con él se hace referencia al proceso de desarrollo de las habilidades necesarias para utilizar los entornos virtuales de manera eficiente.

Alternancia de código: de manera genérica y aséptica, este concepto hace referencia al uso de dos lenguas o variedades de manera indistinta durante una misma interacción. Estos cambios pueden suceder por necesidades contextuales, para lograr una mayor expresividad, por postureo lingüístico, etc. Es un fenómeno frecuente y natural en las comunidades bilingües.

Anáfora (anafórico): de forma muy genérica se entiende que esta es la relación que se establece entre un referente y la unidad deíctica que lo sustituye en otro momento del discurso (por ejemplo: *Luis fue a la compra.* Él *siempre va los lunes*). Este pronombre *(él)* tiene una función anafórica. Este tipo de elementos sirven para cohesionar y dar coherencia a un texto sin tener que estar repitiendo siempre el referente.

Análisis contrastivo: perspectiva de estudio que considera que todos los errores producidos por una persona durante su aprendizaje tienen su base en las diferencias entre su lengua materna y la lengua meta. También tiene un enfoque predictivo que se ha demostrado limitado porque, por ejemplo, las evitaciones de uso de ciertas estructuras no son contempladas en este tipo de estudios.

Aprendizaje: como término genérico opuesto a *adquisición*, este hace referencia al desarrollo de una lengua mediante un proceso consciente que se suele vincular a estudios formales.

Aprendizaje autónomo: tipo de aprendizaje durante el cual el propio alumnado es consciente y responsable de su progreso, desarrolla estrategias y obtiene mejores resultados porque participa activamente de él.

Aptitud lingüística: concepto que hace referencia a la capacidad natural para aprender lenguas. Aquello que tradicionalmente se consideraba un *talento* (algo así como el tener buen oído) es analizado científicamente para detallar las habilidades implicadas y poder medirlas. Para ello se han desarrollado diferentes pruebas.

[1] Este glosario pretende explicar de una forma cercana conceptos que aparecen a lo largo de la obra. En ningún caso pueden considerarse explicaciones exhaustivas y completas porque todo constructo teórico y conceptual precisa de matices y mayores detalles. No obstante, las limitaciones del papel y la naturaleza de este glosario aconsejan presentar comentarios lo suficientemente claros, generales y ejemplificados sin mayores pretensiones técnicas para poder entender el contenido de este libro.

Recientemente se ha mostrado la trascendencia de la memoria de trabajo, en especial del bucle fonológico, como predictores de una alta capacidad para aprender idiomas.

Atenuación: estrategia comunicativa que sirve para suavizar el mensaje. Es una categoría fundamental en los estudios pragmáticos. En ellos se analiza cómo un hablante desarrolla diferentes mecanismos lingüísticos como pueden ser los rodeos, el uso de diminutivos, la selección de tiempos verbales (*quiero* vs. *querría*), modulaciones semánticas en la intensidad (*sé* vs. *creo*), entre otros. Los estudios actuales discuten si la atenuación es un mecanismo para salvar la imagen social del hablante, ya sea para prevenir un posible conflicto o para reparar uno ya creado.

Bilingüismo: uso de dos lenguas por parte de una persona. Existen diferentes clasificaciones teóricas basadas en aspectos temporales, de dominio, etc. Todas ellas son categorías bastante discutidas por la dificultad para establecer criterios objetivos que las midan. Quizás el menos subjetivo sea el temporal, es decir, si un niño está expuesto de manera simultánea antes de los tres años.

Bilingüismo equilibrado: tipo de bilingüismo donde se supone que la persona tiene una competencia similar en ambos idiomas. Se opone al bilingüismo no equilibrado, donde una de las dos predomina.

Bilingüismo simultáneo: tipo de bilingüismo por el que se aprenden las dos lenguas al mismo tiempo. Se opone al bilingüismo sucesivo, que hace referencia a la exposición del segundo idioma a partir de los tres años más o menos.

Bottom up: modelo de comprensión del *input* que se produce de abajo arriba, es decir, de lo concreto a lo general. Se opone al *top down*, de arriba abajo, que hace referencia al procesamiento de la información de lo más global a lo más particular.

Braille: sistema de lectura y escritura para personas con discapacidad visual profunda que se basa en un código de protuberancias en forma de puntos sobre una superficie. Se corresponden con las letras y los números. No es una lengua, es un sistema sustitutorio del canal visual-escrito.

Choque cultural: reacción que un hablante puede experimentar cuando se acerca a nuevas realidades culturales propias de otra comunidad lingüística. Una mayor competencia intercultural reduce la posibilidad de sufrir un choque cultural.

Chunk: concepto propio de los estudios de léxico que hace referencia a la capacidad de procesar unidades léxicas de forma global, como un todo. Se presupone que, si se es capaz de entender la pieza completa (*no te preocupes*, por ejemplo), los patrones gramaticales subyacentes son procesados de manera implícita, es decir, sin necesidad de explicar qué significa cada palabra por separado y por qué el verbo se conjuga en presente de subjuntivo y no en otro tiempo verbal.

Ciberhabla: variedad de un idioma propia del canal digital.

Cognado: en los estudios léxicos este concepto hace referencia a palabras que comparten forma y significado en dos idiomas. Suenan y se escriben de forma similar como, por ejemplo, *hospital* (inglés y español). Este tipo de palabras favorecen enormemente la competencia léxico-semántica de un aprendiz. Por ello, cuanto más similares son dos lenguas, más facilidad tiene un hablante para rentabilizar conocimientos léxicos de su lengua materna.

Coherencia: propiedad pragmática de un texto por la que se valora la relación lógica y temática entre las ideas que se exponen. Junto con la cohesión son características que se consideran propias de un texto bien redactado.

Cohesión: pragmática de un texto por la que se valora si las ideas expuestas en un texto están bien hiladas y relacionadas entre sí. Junto con la coherencia son características que se consideran propias de un texto bien redactado.

Competencia fonológica: conocimiento y capacidad para percibir y producir sonidos de una lengua, así como otros rasgos prosódicos como la entonación, el ritmo o la velocidad, entre otros.

Competencia limitada: conocimiento parcial de un idioma. Los hablantes de competencia limitada pueden tener dificultades gramaticales, pragmáticas, sociolingüísticas, etc., para expresarse. Esta competencia parcial es la propia de personas que están aprendiendo un idioma o que lo han desarrollado con poco *input*.

Competencia plurilingüe: capacidad para comunicarse en varios idiomas. Cognitivamente las lenguas no se «apagan» mientras se usa una de ellas, tampoco se dejan de lado los conocimientos o comportamientos culturales adquiridos. Las personas que son plurilingües suelen ser pluriculturales y desarrollan unos patrones comunicativos particulares y diferentes a los de hablantes monolingües.

Comunidad lingüística: conjunto de hablantes que se comunican mediante la misma lengua o variedad, ya sea esta oral o signada.

Conciencia lingüística: conocimiento explícito de la lengua y sus mecanismos de funcionamiento.

Connotación: en los estudios semánticos, la connotación hace referencia al significado evocado de una unidad léxica. Es decir, existen significados denotativos, descriptivos y connotativos (subjetivos). Estos últimos incluyen asociaciones afectivas, sociales, etc., que añaden matices que condicionan su comprensión. La expresión *una vida de perros* será interpretada de manera diferente según el conocimiento del mundo de cada comunidad o persona.

Conocimiento del mundo: información que tiene un hablante o una comunidad por sus experiencias vividas y conocimiento heredado socialmente.

Conocimiento productivo: término que hace referencia a la capacidad de emitir mensajes, ya sean escritos, signados u orales.

Conocimiento receptivo: término que hace referencia a la capacidad de comprender mensajes, ya sean escritos, signados u orales.

Constructivismo: modelo psicológico y pedagógico que, a grandes rasgos, defiende que el aprendizaje se produce con base en la construcción del conocimiento mediante la solución de problemas y la interacción.

Dactilología: sistema de representación manual del alfabeto escrito de una lengua. Este sirve para deletrear con las manos. Este sistema es usado por personas sordas como complemento de su lengua de signos principalmente para palabras nuevas, nombres de marcas o palabras poco usuales que no están consolidadas aún con un signo propio.

Denotación: en los estudios semánticos, la denotación hace referencia a los significados rectos en los que se asocia un significante, un significado y un referente sin ningún tipo de valor social (por ejemplo, *mesa*).

Desmotivación: proceso por el que una persona experimenta un episodio (o una serie de ellos) que disminuye su interés y fuerza para llevar a cabo o mantener una conducta.

Dialecto (geolecto): término propio de los estudios de dialectología con el que se hace referencia a las variedades de una lengua en función de las zonas geográficas donde se habla (por ejemplo, el español rioplatense). Otro término relacionado es *sociolecto*, que sería la variedad de una lengua en función de los grupos sociales que la hablan. El término *dialecto* socialmente está connotado de manera peyorativa como algo inferior a una lengua o incluso con respecto a la lengua estándar culta. Este tipo de prejuicios conllevan, en muchas ocasiones, a intolerables y acientíficas situaciones de discriminación lingüística, laboral, social, etc.

Dislexia: dificultad en la capacidad de lectura que consiste, a grandes rasgos, en una alteración del orden de las letras, las sílabas o las palabras e implica una velocidad más lenta de lectura, entre otras consecuencias.

Educto: término sinónimo de la forma inglesa *output*, que sirve para hacer referencia a las muestras de lengua meta que los aprendientes producen.

Elicitar: acción de pedir, de manera más o menos explícita (gestos, una tos, una petición verbal directa, etc.), a un aprendiente que produzca o repita un enunciado.

Estándar culto: variedad formal que se usa en registros elevados. Este estándar puede crearse tomando como referencia la forma de expresarse de hablantes de nivel socioeducativo alto, referentes literarios u otras fuentes de autoridad. Una arista de los estándares cultos es que suelen reflejar la forma de hablar de los grupos sociales con más poder o prestigio dentro de una comunidad. En muchas ocasiones, en las sociedades occidentales, esta se corresponde con la forma de hablar de hombres blancos cisgénero, de clase alta, cristianos y de nivel educativo alto. Tómese como ejemplo la discriminación lingüística a la que está sometida en Estados Unidos la población afroamericana por la variedad del inglés que emplean.

Estandarización: proceso de creación o selección y establecimiento de una variedad estándar. Este sirve para homogeneizar la lengua en la elaboración de productos culturales (libros, por ejemplo) y en el contexto educativo.

Estrategia: mecanismo para afrontar una situación dada de la mejor manera posible. Cuando hacemos referencia a las estrategias de aprendizaje, este concepto se circunscribe a las formas que tienen los estudiantes de controlarlo y mejorarlo.

Estructuralismo lingüístico (europeo): escuela lingüística fundada tomando como base el trabajo de Ferdinand de Saussure, cuyo foco de estudio era la lengua como una estructura analizable y describible como una serie de reglas, unidades y principios.

Falso amigo: concepto propio del ámbito léxico que hace referencia a palabras que se parecen mucho en su forma escrita u oral y que lleva a confusión (por ejemplo, *presunto* en español no significa lo mismo que en portugués, donde se usa esta palabra para referirse al jamón).

Familia lingüística: conjunto de idiomas que, por su estructura y evolución histórica, se considera que derivan de una misma lengua más antigua o protolengua. El español es una lengua románica o romance. Esto significa que deriva del latín, que a su vez, deriva del indoeuropeo.

Fiabilidad: característica de las pruebas de evaluación que garantiza que los resultados son constantes para diferentes grupos de personas. Si hay estudiantes del mismo nivel y competencia similar que obtienen calificaciones muy dispares, quizás el examen no esté bien diseñado.

Fonética: disciplina lingüística que estudia los fenómenos relacionados con la emisión, transmisión y recepción de la onda sonora que dan lugar a estudios específicos de fonética articulatoria, acústica y perceptiva.

Fonética articulatoria: disciplina que, a grandes rasgos, se ocupa de estudiar cómo se disponen los órganos articulatorios para emitir sonidos, así como de describirlos y catalogarlos en diferentes contextos de habla.

Fonética perceptiva: disciplina que, a grandes rasgos, se ocupa de estudiar los órganos que perciben las ondas sonoras y cómo se producen los procesos de descodificación.

Fonología: disciplina que se ocupa de estudiar la producción de sonidos de forma abstracta (fonemas) sin tener en consideración las diferentes maneras en que puede producirse un mismo sonido en función de los rasgos individuales –sociales o fisiológicos– que presente un hablante.

Forma (formas): dentro de los estudios lingüísticos estructuralistas y generativistas, una forma hace referencia al significante de un signo lingüístico. El signo lingüístico se compone del significante (cadena fónica, escrita o signada) que se emite para representar un referente y al que se le otorga un significado. En la enseñanza tradicional se prestaba mucha atención a las formas, por ejemplo, presentando los tiempos verbales, pero obviando sus contextos de uso sociales y comunicativos.

Fosilización: término acuñado por Selinker (1972) que hace referencia al fenómeno por el que un aprendiente guarda rasgos ajenos a la lengua meta de manera inconsciente y permanente. Un ejemplo de ello es la incapacidad de algunos hablantes de hacer la selección modal del subjuntivo adecuadamente a pesar de tener formación explícita sobre ello y habiendo tenido muchos años de exposición al *input*.

Globish: término acuñado por Nerrière y Hon (2009) para hacer referencia a una variedad del inglés simplificada que sirve para la comunicación internacional.

Gramática: término que hace referencia al conjunto de unidades y de reglas por las que se rige una lengua. Este constructo teórico tiene muchas formas de ser abordado y conceptualizado en función de la escuela lingüística que lo analice.

Habilidad blanda: capacidad asociada al comportamiento de una persona como sus dotes sociales, de trabajo en equipo, de liderazgo, de gestión emocional, etc. Estas habilidades se oponen a las conocidas como *habilidades duras*, que se corresponden con los conocimientos técnicos y la información declarativa.

Habla: este concepto designa los actos en que se concreta una lengua. Dicho de otro modo, una lengua sería un sistema abstracto de conocimientos que tienen los hablantes y que se materializa en diferentes actos que están regidos por cuestiones lingüísticas, culturales y sociales.

Hablante ideal: conceptualización de manera irreal y ensalzada de un supuesto hablante de una comunidad lingüística que presenta un conocimiento impecable del estándar y de todas las reglas profundas del idioma. La comparación con este ideal es nociva, porque no existen los hablantes ideales, ni siquiera todos los hablantes nativos hablan del mismo modo.

Hiperónimo: en los estudios semánticos, este concepto designa una unidad que se sitúa en su significado por encima de otras, es decir, las engloba. Un hiperónimo de *taburete, butaca, silla* y *banqueta* sería, por ejemplo, *asiento*.

Hipónimo: en los estudios semánticos, este concepto designa una unidad que está incluida dentro de otra: un hipónimo de *vehículo* sería *coche deportivo*.

Humanismo: modelo psicológico y pedagógico que ensalza el papel y los rasgos de las personas como condicionantes del proceso de aprendizaje.

Identidad lingüística: constructo psicológico con ramificaciones lingüísticas que hace referencia a la conciencia de un hablante sobre la importancia que tiene una lengua y su cultura para identificarse como parte de su comunidad lingüística (*¿Me expreso, vivo y siento como miembro de la comunidad lingüística hispanohablante? ¿Es el español una parte de mí?*). Esto también se aplica a sus rasgos particulares como hablante para identificarse con diferentes comunidades de habla (*¿Me expreso, vivo y siento como un miembro de una comunidad de habla regional?* o *¿Me expreso como una persona joven?*).

Indoeuropeo: desde el punto de vista de los estudios de tipología lingüística, el indoeuropeo es una reconstrucción de una lengua primigenia anterior a las lenguas germánicas, célticas, románicas, etc., propia del continente europeo y del Indostán.

Inmersión lingüística: situación natural, social o formal por contexto educativo en el que se tiene exposición constante a la lengua meta.

Innatismo: teoría psicolingüística que defiende que el lenguaje humano no se desarrolla y construye exclusivamente cuando se tiene exposición a un idioma tras el nacimiento, sino que existe una predisposición previa, innata y genética como seres humanos para tener esta capacidad comunicativa.

Input: véase *aducto.*

***Input* comprensible:** hipótesis formulada por Krashen para conceptualizar la idea de que solo se puede adquirir aquello que se comprende por completo o que está ligeramente por encima del nivel que se tiene.

Input enhancement: conocido en español normalmente como *realce del «input»*, este término se refiere a una técnica didáctica por la que se busca promover la conciencia lingüística sobre la lengua.

Instrucción formal: enseñanza explícita y declarativa de un contenido que implica conciencia, reflexión y práctica.

Intención comunicativa: en el contexto del esquema de la comunicación en el que un emisor produce un mensaje dedicado a un receptor, la intención comunicativa, desde el punto de vista pragmático, hace referencia a la modalización que aquel hace del mensaje para obtener los resultados comunicativos deseados.

Interaccionismo: modelo psicológico y pedagógico que, a grandes rasgos, defiende que el aprendizaje se produce por la interacción con pares.

Jerga: variedad especializada de un idioma que se establece en función de un factor social como es la ocupación. Así, se conceptualiza la jerga profesional de la medicina, por ejemplo. También se denomina *jerga* a la forma de hablar de otros grupos que comparten características, como los jóvenes u otros usos o costumbres: *jerga juvenil, jerga tuitera,* etc. La principal característica de las jergas está relacionada con el uso de un vocabulario específico. Esta especificidad del léxico hace que la comunicación sea más eficaz y rentable, y también que se genere una identidad de grupo entre los miembros de esa comunidad, que se reconocen como iguales cuando las usan.

Kinésica: estudio científico que analiza los movimientos corporales, tanto conscientes como inconscientes, para determinar qué aspectos culturales, sociales o fisiológicos los condicionan y qué significan.

LAD: *language acquisition device* o *dispositivo de adquisición del lenguaje* es un término que, dentro de la teoría generativista e innatista del lenguaje, hace referencia a aquella capacidad previa al nacimiento que tienen los seres humanos para desarrollar el lenguaje.

Laísmo: fenómeno lingüístico por el que, en español, se emplea el pronombre de objeto directo femenino *(la)* en lugar del pronombre de objeto indirecto *(le)*. Es un fenómeno geolectal propio de algunas zonas hispanohablantes, aunque en la variedad estándar no sea considerado una forma de prestigio. Su uso ha trascendido en la lengua general con otros efectos pragmáticos en expresiones como *¿Qué la pasa?,* con la que se pretende transmitir ironía o sarcasmo.

Lengua A: en los estudios de traducción e interpretación, este término se emplea para referirse a la lengua materna o de la que se tiene un dominio más completo. Se opone a lengua B o lengua C. El orden en que se indica la capacidad de traducción se indica de este modo: traducción inglés (A) a español (B), por ejemplo.

Lengua adicional: término introducido para referirse a las lenguas que no son la materna (o L1) para evitar la connotación que tienen otras denominaciones como *lengua extranjera.*

Lengua B: en los estudios de traducción e interpretación, este término se emplea para referirse a la lengua meta a la que se traduce, que suele ser la extranjera o de especialidad. Se opone a la lengua A y a otras posibles lenguas a las que se pueda traducir.

Lengua de signos: sistema natural de comunicación humana que emplea el canal visual-gestual para transmitir la información.

Lengua dominante: en los estudios de bilingüismo se considera lengua dominante a aquella en la que se tiene mayor competencia. En los estudios de sociología del lenguaje, este término hace referencia a una lengua que, por su cantidad de hablantes o posición de prestigio, posee mayor importancia social que otras lenguas con las que convive.

Lengua materna: primera lengua o primeras lenguas que se desarrollan.

Lengua meta: lengua objeto de aprendizaje.

Lengua románica: lengua que tipológicamente proviene del latín.

Lengua vehicular: en los estudios sociolingüísticos, se emplea este término para hacer referencia a la lengua que se utiliza para la comunicación frecuente cuando hay presentes hablantes de varias comunidades lingüísticas. El inglés es una lengua vehicular en muchos congresos científicos internacionales.

Lenguaje: capacidad del ser humano para comunicarse. El lenguaje materializado en códigos lingüísticos concretos, es decir, lenguas, es estudiado por la lingüística y por sus disciplinas transversales como la antropología lingüística, la neurolingüística, etc.

Lexicón mental: en los estudios psicolingüísticos centrados en el léxico, este concepto se emplea para designar el conocimiento que posee un hablante sobre el vocabulario de una lengua (su forma, significados y usos).

Lingua franca: en los estudios de sociolingüística, este término hace referencia a la lengua o lenguas que se emplean para la comunicación internacional cuando dentro de un grupo de hablantes no se comparte lengua materna. Las *linguas francas* varían en función de las zonas geográficas, las circunstancias sociales y los hechos históricos.

Mapa mental: diagrama empleado para visualizar relaciones entre ideas, palabras, etc.

Marco mental: desde el punto de vista de los estudios lingüísticos, este concepto designa una estructura mental que determina la forma de percibir y comprender la realidad. La lingüística estudia cómo el lenguaje condiciona nuestra forma de reaccionar ante un estímulo. Por ejemplo, no se produce la misma reacción ante las siguientes oraciones: *Avalancha de migrantes en las costas españolas, desbordadas este verano por la incesante llegada de pateras. / Se notifica la llegada en patera de 236 migrantes hoy a las costas españolas. Este número representa un incremento con respecto al mes anterior y engrosa el cómputo global del año.* Los marcos mentales no son casuales. La activación tendenciosa de los marcos mentales la estudia la disciplina llamada *análisis crítico del discurso.* Son especialmente fructíferos aquellos trabajos que versan sobre los textos producidos en los medios de comunicación.

Mediación: destreza lingüística que, junto con la producción, comprensión e interacción escritas, signadas y orales, completan las habilidades que se desarrollan para emplear un idioma. Esta se centra en la habilidad de transmitir información de un idioma a otro entre hablantes que no comparten código de comunicación.

Muletilla: desde el punto de vista léxico, este concepto hace referencia a una palabra o expresión que se repite mucho por hábito. Se usa de manera consciente o inconsciente para ayudar a mantener el discurso, ganar tiempo para buscar lo que se quiere decir o recuperarse de un bloqueo.

Multilingüismo: en los estudios de sociolingüística, este término hace referencia a la convivencia en un territorio de varias lenguas. Normalmente se diferencia del concepto de *plurilingüismo,* con el que se hace referencia a este fenómeno, pero a nivel individual; es decir, una persona es *plurilingüe,* mientras que un territorio es *multilingüe.*

Norma lingüística: conjunto de reglas establecidas por una institución de referencia para la lengua según las formas consideradas cultas y más apropiadas.

Norma pluricéntrica: modalización de la norma culta de un idioma que entiende que hay varios centros de prestigio y varias normas consideradas cultas en función de la región donde se hable. El español es una lengua de norma pluricéntrica.

Noticing: proceso por el cual se percibe un estímulo de manera sensorial. Percibir una forma puede referirse a darse cuenta de su presencia dentro de un texto escrito. Existen técnicas didácticas para favorecer que los aprendices registren más fácilmente ciertas formas consideradas centrales, como puede ser el realce del *input*: cursivas, tipografía, colores, etc. Esto lleva al estudiante a prestar más recursos cognitivos a la forma resaltada, es decir, se percibe más rápido y más profundamente.

Par mínimo: son dos unidades que se oponen y se distinguen solo por un elemento lingüístico (un sonido, un cambio modal, etc.) con el cual se establece que esa diferencia fonológica o gramatical es relevante en ese idioma para distinguir formas y significados. En español, un par mínimo fonológico sería /pása/ y /kása/. Sabemos que /p/ y /b/ son fonemas relevantes en esta lengua porque diferencian significantes.

Parafrasear: explicar con otras palabras el mismo mensaje.

Paralingüística: estudios que analizan los fenómenos prosódicos como la entonación, la calidad de la voz, la velocidad, el ritmo, el acento, etc. Los describen y explican sus características, usos y connotaciones sociales.

Persona sorda: persona que presenta una discapacidad auditiva. Esta puede darse en diferentes grados de profundidad. Las lenguas naturales de expresión para las personas sordas son las lenguas de signos.

Plurilingüismo: capacidad de una persona de emplear más de un idioma para comunicarse.

Pódcast: contenido sonoro subido a la red como archivo que se puede reproducir cuando se desee. En la red hay muchos pódcast especializados sobre la enseñanza de idiomas.

Política lingüística: en los estudios de sociolingüística, este término hace referencia a las medidas que se toman para mantener, proteger o recuperar una lengua que puede estar en peligro o potenciar aquella que ya tiene un uso estable. Dentro de las medidas de política lingüística de una región puede estar el hecho de enseñar idiomas extranjeros o crear un estándar para las lenguas minoritarias e incorporarlas al sistema educativo.

Prosodia: en los estudios fonéticos, la prosodia se refiere a los rasgos suprasegmentales, es decir, a la entonación, el acento o el ritmo, que son diferentes de la cualidad de la voz. El timbre, por otro lado, sí se corresponde con un segmento, por ejemplo, una sílaba: ***mé**dico.*

Protoindoeuropeo: protolengua que se reconstruyó teóricamente basándose en modelos hipotéticos y que sería la madre de todas las lenguas del continente europeo, la península del Indostán y Oriente Medio, aproximadamente.

Proxemia: estudio de los actos no verbales que tienen que ver con la estructuración y el uso del espacio físico, en especial de las distancias mantenidas de forma consciente o inconsciente por los hablantes durante la comunicación. Estas pueden variar y, de hecho, lo hacen, en función de la cultura de los interlocutores.

Realce: estrategia didáctica para presentar el *input* de una forma más llamativa de manera que sobresalga por encima del resto y se registre cognitivamente de manera más fácil.

Registro: variedad de la lengua en función del contexto o situación comunicativa. Existen numerosas clasificaciones de los tipos de registros, pero, por poner un ejemplo, es posible citar los registros solemne, formal, académico, vulgar, coloquial, familiar, etc.

Registro coloquial: registro de una lengua empleado en los contextos informales, con familiares y amigos, de forma distendida, no planificada y sin preocupación por cumplir la norma académica.

Registro vulgar: registro de una lengua empleado en un contexto distendido, lleno de incorrecciones, con un vocabulario empobrecido, repetitivo y con expresiones soeces, con una pronunciación relajada y con poca coherencia y cohesión en los mensajes.

Role play: técnica de simulación de una situación comunicativa dada. Es, en cierto modo, una pequeña representación teatral. Por ejemplo, en las clases de idiomas suelen practicarse dramatizaciones de la conducta hipotética en un restaurante o en un ascensor.

Rompehielos: técnica didáctica al inicio de una clase para distender el ambiente, reubicar al estudiante en el contexto de aprendizaje –porque puede venir del trabajo, por ejemplo–, para introducir un tema e invitarlos a usar el idioma, sobre todo en contextos de no inmersión.

Scanning: estrategia de lectura para buscar uno o varios datos presentes en un texto. Se opone al *skimming* o lectura holística para captar la esencia general del escrito.

Seseo: fenómeno fonético por el cual se produce una fricativa interdental sorda por una fricativa linguoalveolar sorda. Por ejemplo, cuando se pronuncia *caza* como *casa*, se está seseando. Este fenómeno es más frecuente en español, de hecho, que la pronunciación de la interdental.

Sílaba: en los estudios fonéticos y fonológicos, este término hace referencia a la unidad mínima de la cadena sonora. Son sílabas, por ejemplo, dentro de la palabra *mesa*, *me* y *sa*. Las dificultades de segmentación en sílabas cuando se aprende un idioma nuevo pueden conducir a entender mal algunos enunciados: *¿Hace mucho tiempo que espera? No, siempre he sido manzana.*

Sinalefa: fenómeno de la cadena hablada por la que se funden sonidos similares de palabras contiguas. Por ejemplo, al hablar no pronunciamos todas las palabras de manera independiente: *Trae el libro*; lo pronunciaríamos como *traelibro*.

Sinohablante: hablante de chino. Otros términos similares para hacer referencia a hablantes de otras lenguas pueden ser los siguientes: *arabófonos*, *anglófonos*, *italófonos*. El hecho de crear estas categorías mentales se debe a que se pretende describir sus necesidades didácticas específicas derivadas de la lengua materna que tienen.

Skimming: estrategia de lectura que consiste en intentar captar la idea general de un texto sin detenerse a buscar datos específicos. Se opone al *scanning*.

Sociolecto: variedad de la lengua caracterizada por factores sociales como la edad, la ocupación, el género, el nivel socioeducativo, la procedencia, la religión o la ideología, entre otros muchos. Por ejemplo, no hablan igual los jóvenes que los mayores, ni las personas creyentes que las ateas. Sus formas y usos de habla les dan una identidad de grupo que les estratifica en grupos sociales.

Sociolingüística: disciplina lingüística que se ocupa de las relaciones entre lenguaje y sociedad. Esto se puede materializar en estudios sobre cómo la cultura condiciona la forma de ver el mundo (etnografía de la comunicación); cómo se distribuyen las lenguas en los territorios y cómo se gestiona eso (sociología del lenguaje); o cómo, en función de diferentes factores sociales, los hablantes se expresan de forma diferente (variacionismo).

Student talking time: tiempo de clase que ocupa la producción del alumnado.

Teacher talking time: tiempo de clase que ocupa la producción del profesorado. En principio, el tiempo de los estudiantes debería ser mayor que el de los docentes.

Tenor: término que designa la variedad de la lengua que se emplea en función del grado de formalidad de la comunicación.

Tono: término equivalente a *entonación* que se refiere a la forma en que se enuncia un discurso. Los tonemas pueden indicar diferentes intenciones comunicativas: afirmación, negación, etc. Socialmente algunas formas de entonar se perciben como agresivas, hoscas, irónicas, etc.

Top down: modelo de comprensión del *input* que se produce de arriba abajo, es decir, de lo general a lo concreto. Se opone a *bottom up*.

Translanguaging: término que hace referencia a las prácticas discursivas bilingües o plurilingües que manejan los hablantes. Este concepto se aleja de la perspectiva negativa que se infería de otros vocablos anteriores, como *mezcla de códigos*, donde se suponía que la alternancia era una consecuencia de la carencia de dominio sobre alguna de las dos lenguas.

Turismo idiomático: modalidad de turismo cultural que tiene como motivación del viaje el aprendizaje o perfeccionamiento de un idioma.

Turno de palabra: en el marco de los estudios pragmáticos, los turnos de palabra, de habla o conversacionales, hacen referencia a las unidades temporales de expresión. La alternancia de producción entre emisor e interlocutor dentro de una conversación sigue unas normas. Estas están determinadas, por ejemplo, por la jerarquía que hay entre los hablantes, la situación en la que se encuentren, el nivel de confianza que se establezca, el tema que traten, etc.

Vacío de información: situación comunicativa donde uno de los hablantes tiene una información clave que, mediante la interacción, el interlocutor debe o pretende descubrir. Para estimular una comunicación real desde los preceptos del enfoque comunicativo es necesario que las actividades tengan vacíos de información significativa.

Validez: característica de las pruebas de evaluación que garantiza que se mide lo que se pretende medir, es decir, que el ítem valora los conocimientos deseados. En ocasiones se diseñan exámenes que pueden responderse por conocimiento del mundo o por deducción. En estos casos la prueba no sería válida.

Variedad vernácula: este concepto hace referencia a la forma de hablar que tiene un hablante antes de pasar por el sistema educativo, donde se le enseña la variedad estándar culta. Las variedades vernáculas, por oposición a esta última, suelen ser consideradas de menor prestigio, más incultas e incluso incorrectas. Esta percepción es un prejuicio lingüístico.

Viabilidad: característica de las pruebas de evaluación que garantiza que la prueba es desarrollable teniendo en cuenta los parámetros de tiempo, secuenciación, recursos, etc., previstos.

Voseo: fenómeno lingüístico dentro de algunas variedades del español en América por el que se emplea el pronombre de sujeto *vos* en lugar de *tú*.

REFERENCIAS BIBLIOGRÁFICAS

Alejaldre Biel, L. (2018). Movilizar la enseñanza de ELE para aumentar la participación espontánea: estudio de caso con alumnos universitarios tailandeses. *El Guiniguada. Revista de investigaciones y experiencias en Ciencias de la Educación, 27*, 55-70. https://doi.org/10.20420/elguiniguada.2018.206

Alemany Giner, L. (2017). Enseñar español en Rumanía. En M. C. Méndez Santos y M. M. Galindo Merino (eds.), *Atlas de ELE. Geolingüística de la enseñanza del español en el mundo* (vol. I, Europa oriental, pp. 1-15). EnClave-ELE.

Álvarez Piñeiro, M. (2007). La evaluación de las destrezas orales. En E. Balmaseda Maestu (ed.), *Las destrezas orales en la enseñanza del español L2-LE: XVII Congreso Internacional de la Asociación del Español como Lengua Extranjera (ASELE): Logroño, 27-30 de septiembre de 2006* (pp. 251-264). ASELE.

Amenós, J.; Ahern, A., y Escandell, M. V. (2019). *Comunicación y cognición en ELE: la perspectiva pragmática.* Edinumen.

American Council on the Teaching of Foreign Languages. (2012). *ACTFL Proficiency Guidelines.* ACTFL. https://www.actfl.org/publications/guidelines-and-manuals/actfl-proficiency-guidelines-2012

Amorós Negre, C. (2014). El «estándar»: tipología y definiciones. Su vinculación con la norma. *Revista Española de Lingüística, 39*(2), 37-61.

Amorós Negre, C. y Moser, K. (2019). Panhispanismo y modelos lingüísticos en la certificación del español LE/L2. *Journal of Spanish Language Teaching, 6*(2), 249-263. https://doi.org/10.1080/23247797.2019.1677358

Araújo, L.; Dinis da Costa, P.; Flisi, S, y Soto Calvo, E. (2015). *Languages and employability.* Joint Research Centre (Comisión Europea). https://op.europa.eu/en/publication-detail/-/publication/6b58c37d-c86c-4707-a525-13c9dfc3f6a1?

Bandura, A. (1997). *Self-efficacy: The exercise of control.* Freeman.

Bangoura, B. (2019). Informes de ELE en el mundo: El español como lengua extranjera en el sistema educativo de Costa de Marfil. *Boletín de ASELE,* (60), 15-21.

Baralo, M. y Estaire, S. (2010). Tendencias metodológicas postcomunicativas. En C. Abelló, C. Ehlers y L. Quintana (eds.), *Escenarios bilingües: el contacto de lenguas en el individuo y la sociedad* (pp. 105-128). Peter Lang.

Barcroft, J. (2012). *Input-based incremental vocabulary instruction.* TESOL International Association.

Barcroft, J. (2015). *Lexical input processing and vocabulary learning.* John Benjamins.

Blake, R. y Zyzik, E. (2016). *El español y la lingüística aplicada.* Georgetown University Press.

Blasco García, R. y Acosta Corte, A. (2020). El español y la enseñanza de ELE en Hong Kong: aprendientes sinohablantes y multilingües en una ciudad global. *Boletín de ASELE,* (63), 13-16.

Bombarelli, M. E. y Gómez Asencio, J. J. (2010). Mercado de trabajo y capacitación profesional en ELE. En M. Carrera Troyano y J. J. Gómez Asencio (dirs.). *La economía de la enseñanza del español como lengua extranjera: oportunidades y retos* (pp. 83-100). Ariel.

Bradbury, N. A. (2016). Attention span during lectures: 8 seconds, 10 minutes, or more? *Advances in Psychology Education, 40*(4), 509-513. https://doi.org/10.1152/advan.00109.2016

Bruner, J. S. (1960). *The process of education.* Harvard University Press.

Bruzos Moro, A. (2016). El capital cultural del español y su enseñanza como lengua extranjera en Estados Unidos. *Hispania, 99*(1), 5-16.

Bruzos Moro, A. (2017). De camareros a profesores de ELE: La mercantilización del español y de su enseñanza como lengua extranjera. *Spanish in Context, 14*(2), 230-249. https://doi.org/10.1075/sic.14.2.04mor

Bunyamethi, J. (2018). Los factores desmotivadores en los alumnos tailandeses para el aprendizaje de español como lengua extranjera. *Monográfico de SinoELE,* (17), 188-202.

Byram, M. (1997). *Teaching and assessing intercultural communicative competence.* Multilingual Matters.

Caena, F. (2011). *Literature review. Teachers' core competences: Requirements and development.* Comisión Europea. https://ec.europa.eu/assets/eac/education/experts-groups/2011-2013/teacher/teacher-competences_en.pdf

Carrera, B. y Mazzarella, C. (2001). Vygotsky. Enfoque sociocultural. *Educere, 5*(13), 41-44.

Casaponsa, A.; Athanasopoulos, P., y Thierry, G. (2021). La relatividad lingüística: pensar en español en un contexto no hispanohablante. En M. C. Méndez Santos y J. A. Duñabeitia (eds.), *Factores cognitivos y afectivos en la enseñanza del español como L2/LE.* Thomson Aranzadi.

Celayeta Gil, N. (2014). La enseñanza integrada de lengua y cultura en cursos de español con fines específicos y académicos dirigidos a universitarios anglohablantes. En N. M. Contreras Izquierdo (ed.), *La enseñanza del español como LE/L2 en el siglo XXI* (pp. 209-220). ASELE.

Centro de Enseñanza para Extranjeros. (s. f.). *Quiénes somos.* Centro de Enseñanza para Extranjeros y Universidad Nacional Autónoma de México. Consultado el 4 de agosto de 2021. https://www.cepe.unam.mx/quienes_somos.php

Clément, R.; Dörnyei, Z., y Noels, K. A. (1994). Motivation, self-confidence, and group cohesion in foreign language classroom. *Language Learning, 44*(3), 417-448. https://doi.org/10.7203/foroele.14.13346

Comisión Europea. (2015). *Study on foreign language proficiency and employability. Final report.* Directorate-General for Employment, Social Affairs and Inclusion. https://op.europa.eu/en/publication-detail/-/publication/6e68f7e0-dd4a-11e6-ad7c-01aa75ed71a1

Concheiro Coello, P. (2017*a*). ELE/EL2 en Islandia: crecimiento y consolidación del español como lengua extranjera. *Boletín de ASELE,* (56), 21-24.

Concheiro Coello, P. (2017*b*). Análisis de la interacción en redes sociales. *Boletín de ASELE,* (57), 41-56.

Consejo de Europa. (2002). *Marco común europeo de referencia para las lenguas: aprendizaje, enseñanza, evaluación.* Secretaría General Técnica del MECD-Subdirección General de Información y Publicaciones; Grupo Anaya.

Corder, S. P. (1967). Idiosyncratic dialects and error analysis. *International Review of Applied Linguistics in Language Teaching, 9*(2), 147-160. https://doi.org/10.1515/iral.1971.9.2.147

Cruz Piñol, M. (2014). Veinte años de tecnologías y ELE. Reflexiones en torno a la enseñanza del español como lengua extranjera en la era de internet. *MarcoELE,* (19), 1-18.

Csíkszentmihályi, M. (2014). *Fluir. Una psicología de la felicidad.* DeBolsillo.

D'Angelo, L. (2011). *El perfil del profesor de disciplina en el marco de la metodología CLIL* [tesis doctoral, Universidad de Zaragoza]. Zaguan. Repositorio Institucional de Documentos. https://zaguan.unizar.es/record/6206/files/TESIS-2011-049.pdf

Dearden, J. (2014). *English as a medium of instruction – a growing global phenomenon: Phase 1.* British Council.

Dewaele, J. M. (2004). Individual differences in the use of colloquial vocabulary: The effects of sociobiographical and psychological factors. En P. Bogaards y B. Laufer (eds.), *Vocabulary in Second Language* (pp. 127-154). John Benjamins.

Dewaele, J. M. (2017). Are perfectionists more anxious foreign language learners and users? En C. Gkonou, M. Daubney y J. M. Dewaele (eds.), *New insights into language anxiety. Theory, research and educational implications* (pp. 70-90). Multilingual Matters.

Donato, R. (1994). Collective scaffolding in second language learning. En J. P. Lantolf y G. Appel (eds.), *Vygostkian approaches to second language research* (pp. 33-56). Ablex.

Donesch-Jezo, E. (2011). The role of output and feedback in second language acquisition: A classroom-based study of grammar acquisition by adult English language learners. *Eesti ja Soome-Ugri Keeleteaduse Ajakiri, 2*(2), 9-28. https://doi.org/10.12697/jeful.2011.2.2.01

Dörnyei, Z. (2005). *The psychology of the language learner: Individual differences in second language acquisition.* Lawrence Erlbaum Associates Publishers.

Dörnyei, Z. (2008). *Estrategias de motivación en el aula de lenguas.* Editorial UOC.

Dörnyei, Z. (2009). Motivation in second and foreign language learning. *Language Teaching, 31*(3), 117-135. https://doi.org/10.1017/S026144480001315X

Dörnyei, Z. y Malderez, A. (2000). El papel de la dinámica de grupos en el aprendizaje y la enseñanza de lenguas extranjeras. En J. Arnold (ed.), *La dimensión afectiva en el aprendizaje de idiomas* (pp. 173-187). Cambridge University Press.

Dörnyei, Z. y Ryan, S. (2015). *The psychology of the language learner revisited.* Routledge.

Dörnyei, Z. y Skehan, P. (2003). Individual differences in second language learning. En C. J. Doughty y M. H. Long (eds.), *The handbook of second language acquisition* (pp. 589-630). Blackwell.

Doughty, C. J. (2001). Underpinnings of focus on form. En P. Robinson (ed.), *Cognition and instructed second language learning* (pp. 206-257). Cambridge University Press.

Doughty, C. J.; Campbell, S. G.; Bunting, M.; Bowles, A., y Haarmann, H. (2007). *The development of high-level language aptitude battery.* Center for Advanced Study of Language.

Doughty, C. J. y Williams, J. (1998). Pedagogical choices in focus on form. En C. J. Doughty y J. Williams (eds.), *Focus on form in classroom second language acquisition* (pp. 197-261). Cambridge University Press.

Ek, J. A. van (1975). *The threshold level in a European unit/credit system for modern language learning by adults.* Publicaciones del Consejo de Europa.

Ellis, R. (2018). *Reflections on task-based language teaching.* Multilingual Matters.

Ehrman, M. (2000). Los límites del ego y la tolerancia a la ambigüedad en el aprendizaje de segundas lenguas. En J. Arnold (ed.), *La dimensión afectiva en el aprendizaje de idiomas* (pp. 87-104). Cambridge University Press.

Escribano Ortega, M. L. y González Casares, C. (2014). Tándem online en el aprendizaje autónomo de lenguas extranjeras. En N. M. Contreras Izquierdo (ed.), *La enseñanza del español como LE/L2 en el siglo* XXI (pp. 287-298). ASELE.

Ezeiza, J. (2009). Analizar y comprender los materiales de enseñanza en perspectiva profesional: algunas claves para la formación del profesorado. *MarcoELE,* (9), 1-58.

Fairclough, M. (2018). Spanish as a heritage language. En M. Lacorte (ed.), *The Routledge handbook of Hispanic applied linguistics* (pp. 134-149). Routledge.

Fairweather, E. (2013). *Las actitudes de profesores de español como lengua extranjera (ELE) hacia las variedades dialectales del español* [trabajo de fin de máster, Universidad de Estocolmo]. DiVa. https://www.diva-portal.org/smash/get/diva2:639907/FULLTEXT01.pdf

Ferreira, A. (2016). Panorama del español como lengua extranjera en Chile. En E. Balmaseda Maestu *et al.* (eds.), *Panhispanismo y variedades en la enseñanza del español L2/LE: XXVII Congreso Internacional de la ASELE* (pp. 27-36). ASELE / Fundación San Millán de la Cogolla.

Foster, P. y Skehan, P. (1996). The influence of planning and task type on second language performance. *Studies in Second Language Acquisition, 18*(3), 299-323. https://doi.org/10.1017/S0272263100015047

Galindo Merino, M. M. (2007). Aplicaciones didácticas del diario de aprendizaje en la enseñanza de segundas lenguas. En P. Cano López (coord.), *Actas del VI Congreso de Lingüística General: Santiago de Compostela, 3-7 de mayo de 2004* (pp. 409-418). Universidade de Santiago de Compostela.

Galindo Merino, M. M. (2012). *La lengua materna en el aula de ELE.* ASELE.

Galindo Merino, M. M. (2016). La corrección de errores en tareas de expresión oral en el aula de idiomas: qué, cómo y por qué. En P. Torresan (ed.), *Favorecer el desarrollo de la expresión oral en el aula de idiomas* (pp. 143-163). Instituto Italiano di Cultura.

García, O. y Kleyn, T. (2016). *Translanguaging with multilingual students: Learning from classroom moments.* Routledge.

García Berenguel, J. y Hunko, T. (2017). Enseñar español en Ucrania: Una aproximación a la lengua cervantina en el espacio educativo ucraniano. En M. C. Méndez Santos y M. M. Galindo Merino (eds.), *Atlas de ELE. Geolingüística de la enseñanza del español en el mundo* (vol. I, Europa oriental, pp. 1-15). EnClave-ELE.

García Delgado, J. L. (2019). El español da dinero. Sobre la economía del español. En J. M. Merino y Á. Grijelmo (eds.), *Más de 555 millones podemos leer este libro sin traducción* (pp. 135-148). Taurus.

García Delgado, J. L.; Alonso, J. A., y Jiménez, J. C. (2013). *El español, lengua de comunicación científica.* Ariel.

García Pentón, L. y Fernández García, Y. (2021). Consecuencias neurocognitivas del aprendizaje de una lengua extranjera o segunda lengua (LE/L2). En M. C. Méndez Santos y J. A. Duñabeitia (eds.), *Factores cognitivos y afectivos en la enseñanza del español como L2/LE.* Thomson Aranzadi.

Gardner, H. (1983). *Frames of mind: The theory of multiple intelligences.* Basic Books.

Gass, S. M. y Mackey, A. (2015). Input, interaction, and output in second language learning. En B. VanPatten y J. Williams (eds.), *Theories in second language learning. An introduction* (pp. 175-200). Routledge.

Ginsberg, M. B. y Wlodkowski, R. J. (2000). *Creating highly motivating classrooms for all students.* Jossey-Bass.

Gironzetti, E.; Lacorte, M.; Merediz, E., y Bartis, S. (2020). Evaluación y rediseño curricular para la integración de lengua, cultura y literatura en programas de español como L2. *Revista Nebrija de Lingüística Aplicada a la Enseñanza de las Lenguas, 14*(28), 12-35. https://doi.org/10.26378/rnlael1428401

Gkonou, C.; Daubney, M., y Dewaele, J. M. (2017). *New insights into language anxiety: Theory, research and educational implications.* Multilingual Matters.

Goleman, D. (2014). *Liderazgo. El poder de la inteligencia emocional.* B de Bolsillo.

González Argüello, M. V. (2011). La repetición en el discurso del profesor de ELE: formas y funciones. *ELUA,* (25), 205-234. https://doi.org/10.14198/ELUA2011.25.07

González Martínez, M. I.; Larraz Antón, R. A., y Torres Ríos, L. (2008). Evaluación de la situación laboral del profesorado de E/LE. En S. Pastor Cesteros y S. Roca Martín (eds.), *La evaluación en el aprendizaje y la enseñanza del español como L2/LE* (pp. 315-322). Universitat d'Alacant.

González Plasencia, Y. (2017). En torno a la competencia comunicativa intercultural en E/LE: posibilidades y limitaciones de la actitud panhispánica. En G. Nieto Caballero (coord.), *Nuevas aportaciones al estudio de la enseñanza y aprendizaje de lenguas* (pp. 25-39). Servicio de Publicaciones de la Universidad de Extremadura.

Graddol, D. (2006). *English next.* British Council.

Granero Navarro, A. (2017). Enseñar español en Bulgaria. En M. C. Méndez Santos y M. M. Galindo Merino (eds.), *Atlas de ELE. Geolingüística de la enseñanza del español en el mundo* (vol. I, Europa oriental, pp. 101-122). EnClave-ELE.

Grice, P. (1989). Logic and conversation. En P. Grice (ed.), *Studies in the way of words* (pp. 22-40). Harvard University Press.

Griffin, K. (2011). *Lingüística aplicada a la enseñanza del español como 2/L.* Arco Libros.

Grupo de Investigación de la Didáctica del Español (GIDE). (2016). *Un modelo de contenidos para un modelo de actuación. Enseñar español como segunda lengua extranjera en Japón.* http://gide.curhost.com/archivos/201601Modelo.pdf

Guijarro Sanz, M. (2017). *Procesamiento cognitivo y gramática de las construcciones aplicados a la enseñanza de oraciones de relativo: un estudio de español como lengua extranjera para sinohablantes* [tesis doctoral, Universidad Complutense de Madrid]. E-Prints Complutense. https://eprints.ucm.es/id/eprint/45366/1/T39364.pdf

Hidalgo Gallardo, M. (2019). *Factores y fuentes que inciden en el léxico disponible de estudiantes sinohablantes de ELE.* Monografías ASELE.

Hidalgo Gallardo, M. (2020). Efectos del método de presentación léxica en la recuperación y el reconocimiento del vocabulario en español LE/L2 para italófonos. *RILEX Revista sobre investigaciones léxicas, 3*(1), 47-73. https://doi.org/10.17561/rilex.3.1.5377

Hidalgo Gallardo, M. y Yang, X. (En prensa). Enseñar español en la China continental. De un precario inicio a un prometedor futuro. En M. C. Méndez Santos y M. M. Galindo Merino (eds.), *Atlas de ELE. Geolingüística de la enseñanza del español en el mundo* (vol. II, Asia oriental).

Higueras, M. (1997). Las unidades léxicas y la enseñanza del léxico a extranjeros. *REALE,* (8), 35-49.

Hockly, N. (2016). *Focus on learning technologies.* Oxford University Press.

Horwitz, E. K. (2017). On the misreading of Horwitz, Horwitz and Cope (1986) and the need to balance anxiety research and the experiences of anxious language learners. En C. Gkonou, M. Daubney y J. M. Dewaele (eds.), *New insights into language anxiety. Theory, research and educational implications* (pp. 31-48). Multilingual Matters.

Houwer, A. de (2012). Early bilingualism. En C. A. Chapelle (ed.), *The Encyclopedia of Applied Linguistics.* https://doi.org/10.1002/9781405198431.wbeal0351

Hu, M. y Nation, P. (2000). Unknown vocabulary density and reading comprehension. *Reading in a Foreign Language, 13*(1), 403-430.

Hymes, D. (1971). On communicative competence. En J. B. Pride y J. Holmes (eds.), *Sociolinguistics* (pp. 269-293). Penguin.

Ibarretxe Antuñano, I. (2020). Empatía lingüística. *Archiletras,* (9), 70-73.

Ife, A.; Vives Boix, G., y Meara, P. (2000). The impact of study abroad on the vocabulary development of different proficiency groups. *Lognostics.* https://www.lognostics.co.uk/vlibrary/Ife2000.pdf

Instituto Caro y Cuervo. (s. f.). *Historia.* Instituto Caro y Cuervo. Consultado el 4 de agosto de 2021. https://www.caroycuervo.gov.co/Institucional/historia/

Instituto Cervantes. (s. f.). *La institución.* Instituto Cervantes. Consultado el 4 de agosto de 2021. https://www.cervantes.es/sobre_instituto_cervantes/informacion.htm

Instituto Cervantes. (2006). *Plan curricular del Instituto Cervantes. Niveles de referencia para el español.* Instituto Cervantes, Biblioteca Nueva. https://cvc.cervantes.es/ensenanza/biblioteca_ele/plan_curricular/default.htm

Instituto Cervantes. (2011). *¿Qué es ser un buen profesor o una buena profesora de ELE? Análisis de las creencias del alumnado, profesorado y personal técnico y directivo de la institución.* Instituto Cervantes.

Instituto Cervantes. (2012). *Las competencias clave del profesorado de lenguas segundas y extranjeras.* Madrid: Instituto Cervantes.

Instituto Cervantes. (2019). *El español: una lengua viva. Informe 2019.* Instituto Cervantes.

Instituto Cervantes (2020). *El español: una lengua viva. Informe 2020.* Instituto Cervantes.

Isphording, I. (2015). What drives the language proficiency of immigrants? Immigrants differ in their language proficiency along a range of characteristics. *IZA World of Labor 2015,* (177), 1-10. https://doi.org/0.15185/izawol.177

Jin, L. y Cortazzi, M. (2009). La cultura que aporta el alumno: ¿puente u obstáculo? En M. Byram y M. Fleming (eds.), *Perspectivas interculturales en el aprendizaje de idiomas* (pp. 104-125). Edinumen.

Kelly, M.; Grenfell, M.; Allan, R.; Kriza, C., y McEvoy, W. (2004). *European profile for language teacher education. A frame of reference.* http://www.lang.soton.ac.uk/profile/report/MainReport.pdf

Kikuchi, K. (2015). *Demotivation in second language learning. Insights from Japan.* Multilingual Matters.

Krashen, S. (1982). *Principles and practice in second language acquisition.* Pergamon Press.

Kumaravadivelu, K. (1994). The postmethod condition: (E)merging strategies for second/foreign language teaching. *TESOL Quarterly, 28*(1), 27-48. https://doi.org/10.2307/3587197

Lafford, B. y Collentine, J. (2006). The effects of study abroad and classroom contexts on the acquisition of Spanish as a second language: From research to application. En R. Salaberry y B. A. Lafford (eds.), *The art of teaching Spanish: Second language acquisition from research to praxis* (pp. 103-126). Georgetown University Press.

Lahoz, J. M.; Luque, S.; Mellado, A.; Rico, J., y Gil, J. (2012). *Aproximación a la enseñanza de la pronunciación en el aula de español.* Edinumen.

Lakoff, R. (1973). The logic of politeness, or minding your P's and Q's. *Proceedings from the Annual Meeting of the Chicago Linguistic Society, 9*(1), 292-305.

Leal Valladares, I. y Prodani, A. (2017). Enseñar español en Albania. En M. C. Méndez Santos y M. M. Galindo Merino (eds.), *Atlas de ELE. Geolingüística de la enseñanza del español en el mundo* (vol. I, Europa oriental, pp. 15-30). EnClave-ELE.

Leeman, J. (2007). The value of Spanish: Shifting ideologies in United States language teaching. *ADFL Bulletin, 38*(1-2), 32-39. https://doi.org/10.1632/adfl.38.1.32

León Manzanero, A. (2018). Con ELE de Letonia: historia, logros y nuevos retos para la enseñanza de español en el país báltico. *Boletín de ASELE,* (59), 13-16.

Leow, R. P. (2015). *Explicit learning in the L2 classroom: A student-centered approach.* Routledge.

Lewis, M. (1993). *The lexical approach: The state of ELT and the way forward.* Language Teaching Publications.

Lewis, M. (1997). *Implementing the lexical approach: Putting theory into practice.* Language Teaching Publications.

Lima Moreira, G. (2018). ELE en Brasil: de la Ley 11.161 a la no obligatoriedad de la oferta de su enseñanza. Nuevos retos. *Boletín de ASELE,* (58), 15-17.

Linares Bernabéu, E. (2017). ¿Y dónde está la gracia? El humor en el aula de ELE. *Foro de Profesores de E/LE,* (13), 206-221. https://doi.org/10.7203/foroele.13.10840

Littlewood, W. (1981). *Communicative language teaching: An introduction.* Cambridge University Press.

Llopis-García, R.; Real Espinosa, J. M., y Ruiz Campillo, J. P. (2012). *Qué gramática enseñar, qué gramática aprender.* Edinumen.

Llorente Puerta, M. J. (2016). La enseñanza del español a inmigrantes. Lejos de la improvisación: la docencia reflexiva. En M. Á. Lamolda González y O. Cruz Moya (eds.), *La formación y competencias del profesorado de ELE: XXVI Congreso Internacional ASELE* (pp. 559-568). ASELE.

Llorente Puerta, M. J. (2018). 25 años del español (L2) para inmigrantes. *Boletín de ASELE,* (58), 43-71.

Locke, E. A. y Latham, G. P. (1990). *A theory of goal setting and task performance.* Prentice Hall.

Long, M. H. (1983). Does second language instruction make a difference? A review of research. *TESOL Quarterly, 17*(3), 359-382. https://doi.org/10.2307/3586253

Long, M. K. y Uscinski, I. (2012). Evolution of languages for specific purposes programs in the United States: 1990-2011. *The Modern Language Journal, 96*(s1), 173-189. https://doi.org/10.1111/j.1540-4781.2012.01303.x

López Fernández, L. (2020). La enseñanza del español en Nueva Zelanda: retos y desafíos. *Boletín de ASELE,* (63), 17-24.

López García, M. P. y Contreras Izquierdo, N. M. (2020). Las competencias docentes en la formación de posgrado del profesorado de ELE: Análisis del trabajo fin de máster. *MarcoELE,* (30), 1-20.

Lucha Cuadros, R. M. y Díaz Rodríguez, L. (2017). Tipos textuales expositivos, correos electrónicos y enseñanza de géneros textuales en ELE. *MarcoELE,* (25), 1-29.

MacIntyre, P. D. y Charos, C. (1996). Personality, attitudes, and affect as predictors of second language communication. *Journal of Language and Social Psychology, 15*(1), 3-26. https://doi.org/10.1177/0261927X960151001

Marsh, D. (1994). Bilingual education & content and language integrated learning. En International Association for Cross-cultural Communication (ed.). *Language teaching in the member states of the European Union (Lingua).* Universidad de La Sorbona.

Marsh, D. (2006). English as medium of instruction in new global linguistic order: Global characteristics, local consequences. En P*roceedings of the second annual conference for Middle East teachers of science, mathematics and computing. Abu Dhabi* (pp. 29-38). METSMaC. https://archive.org/details/ProceedingsOfTheSecondAnnualConferenceForMiddleEastTeachersOfEnglish

Martín Peris, E. (1996). *Las actividades de aprendizaje en los manuales para la enseñanza de español como lengua extranjera (E/LE)* [tesis doctoral, Universitat de Barcelona]. Dipòsit Digital de la Universitat de Barcelona. http://diposit.ub.edu/dspace/handle/2445/64024

Martín Peris, E.; Sabater Torres, M. L., y García Santa-Cecilia, Á. (2012). *Guía para el diseño de currículos especializados.* Instituto Cervantes.

Mavrou, I. y Martín Leralta, S. (2018). Factores determinantes de la competencia comunicativa en español de trabajadores inmigrantes residentes en Madrid. *Círculo de lingüística aplicada a la comunicación, 74,* 221-246. http://dx.doi.org/10.5209/CLAC.60521

Medgyes, P. (1992). Native or non-native: Who's worth more? *ELT Journal, 46*(4), 340-349. https://doi.org/10.1093/elt/46.4.340

Méndez Santos, M. C. (2018). Gestión de dinámicas de grupos en la enseñanza de ELE a adultos en contextos de instrucción formal: una pieza más del complejo fenómeno del aprendizaje. *Revista Internacional de Lenguas Extranjeras,* (9), 31-54. https://doi.org/10.17345/rile09.31-54

Méndez Santos, M. C. (2020*a*). Aproximación a la amotivación y la desmotivación en el aprendizaje de contenidos a través del inglés como medio de instrucción (EMI) en la enseñanza superior en una universidad española. *Hesperia: Anuario de Filología Hispánica, 23*(1), 95-123. https://doi.org/10.35869/hafh.v23i0

Méndez Santos, M. C. (2020*b*). La desmotivación de los estudiantes adultos de ELE: un acercamiento desde los sistemas dinámicos complejos. *Culture Crossroads, 15,* 74-91.

Méndez Santos, M. C. (2020*c*). Los mecanismos de formación de palabras como estrategia en la enseñanza de léxico en el aprendizaje de español como lengua extranjera. En R. M. Lavale-Ortiz (ed.), *Cognitivismo y neología: estudios teóricos y aplicados* (pp. 133-148). Iberoamericana.

Méndez Santos, M. C. y Concheiro Coello, P. (2018). Uso de herramientas digitales para la escritura colaborativa en línea: el caso de Padlet. *MarcoELE,* (27), 1-17.

Méndez Santos, M. C. y Gil del Moral, A. (2019). Introducción a la enseñanza de español con fines específicos. En G. Lima Moreira y G. Eres Fernández (eds.), *Enseñanza del español con fines específicos: El caso de la carrera de Turismo. Teoría y práctica* (pp. 14-33). Consejería de Educación de España en Brasil y Ministerio de Educación y Formación Profesional.

Méndez Santos, M. C. e Hidalgo Gallardo, M. (2020). Análisis de los fenómenos discriminatorios laborales en la enseñanza del español como lengua extranjera (ELE). *Doblele, 6,* 29-52. https://doi.org/10.5565/rev/doblele.70

Méndez Santos, M. C.; Hidalgo Gallardo, M., y Pano Alamán, A. (2020). Acercamiento al fenómeno de la discriminación laboral en la enseñanza del español como lengua extranjera. *MarcoELE,* (31), 1-23.

Méndez Santos, M. C. y Pano Alamán, A. (2019). Una aproximación al perfil del profesorado de español como lengua extranjera en línea. *Revista Internacional de Lenguas Extranjeras,* (11), 1-31. https://doi.org/10.17345/rile2639

Mercer, S. (2015). Dynamics of the self: A multilevel nested systems approach. En Z. Dörnyei, P. D. MacIntyre y A. Henry (eds.), *Motivational dynamics in language learning* (pp. 139-163). Multilingual Matters.

Ministerio de Educación y Formación Profesional. (2018). *La enseñanza del español en el Reino Unido. Una tendencia al alza.* Consejería de Educación en el Reino Unido e Irlanda.

Miras Páez, E. y Sancho Pascual, M. (2017). La enseñanza de ELE a niños, adolescentes e inmigrantes. En A. M. Cestero e I. Penadés (eds.), *Manual del profesor de ELE* (pp. 865-912). Servicio de Publicaciones de la Universidad de Alcalá.

Montañés Sánchez, M. V. (2018). El humor, la risa y el aprendizaje de ELE: una revisión desde la psicología y la didáctica. *Ensayos. Revista de la Facultad de Educación de Albacete, 33*(1), 129-143.

Moreno Fernández, F. (2007). Adquisición de segundas lenguas y sociolingüística. *Revista de educación*, (343), 55-70.

Moreno García, C. (2015). Necesidades en la enseñanza del español en universidades japonesas. Reflexiones y sugerencias. En *Actas del II Congreso Internacional sobre el Español y la Cultura Hispánica del Instituto Cervantes de Tokio* (pp. 68-78). https://cvc.cervantes.es/ensenanza/biblioteca_ele/publicaciones_centros/tokio_2015.htm

Muñoz-Basols, J.; Rodríguez Lifante, A., y Cruz Moya, O. (2017). Perfil laboral, formativo e investigador del profesional de español como lengua extranjera o segunda (ELE/EL2): datos cuantitativos y cualitativos. *Journal of Spanish Language Teaching, 4*(1), 1-34. https://doi.org/10.1080/23247797.2017.1325115

Negrín Santana, L. (2019). Storytelling: el poder de la narrativa en el aula de ELE con niños. *Mosaico. Revista para la promoción y apoyo a la enseñanza del español*, (37), 43-54.

Negueruela-Azarola, E. (2013). Comunicación y pensamiento verbal en la enseñanza de la gramática: un enfoque conceptual. *Miríada Hispánica*, (6), 53-70.

Negueruela-Azarola, E. y García, P. N. (2016). Sociocultural theory and the language classroom. En G. Hall (ed.), *The Routledge handbook of English language teaching* (pp. 295-309). Routledge.

Nerrière, J. P. y Hon, D. (2009). *Globish para el mundo: Globish the world over.* International Globish Institute.

Nomdedeu Rull, A. (2011). El uso del diccionario en el aula de E/LE: problemas y posibles soluciones. *Foro de Profesores de E/LE, 7*, 1-10. https://doi.org/10.7203/foroele.0.6703

Oblitas, L.; Martínez-Sánchez, F., y Palmero, F. (2008). Emociones y salud. En F. Palmero y F. Martínez-Sánchez (coords.), *Motivación y emoción* (pp. 343-372). McGraw Hill.

Ortega, L. (2001). Atención implícita a la forma. Teoría e investigación. En S. Pastor Cesteros y V. Salazar García (eds.), *Estudios de lingüística* (Anexo 1: Tendencias y líneas de investigación en adquisición de segundas lenguas, pp. 179-211). Universidad de Alicante.

Ortega, L. (2009). Agente y prestidigitador: el profesor de lenguas y las diferencias individuales en el aula. En A. Barrientos Clavero, J. C. Martín Camacho, V. Delgado Polo y M. I. Fernández Barjola (eds.), *El profesor de español LE-L2: Actas del XIX Congreso Internacional de ASELE* (pp. 25-50). Universidad de Extremadura.

Ortiz-Jiménez, M. (2019). Actitudes lingüísticas de los profesores de español en España y Australia hacia las variedades dialectales. *Journal of Spanish Language Teaching, 6*(2), 182-198. https://doi.org/10.1080/23247797.2019.1668634

Oxford, R. L. (2000). La ansiedad y el alumno de idiomas: nuevas ideas. En J. Arnold (ed.), *La dimensión afectiva en el aprendizaje de idiomas* (pp. 77-86). Cambridge University Press.

Pastor Cesteros, S. (1998). Situación actual de la formación del profesorado de segundas lenguas: el español como lengua extranjera. En T. Jiménez Juliá, M. C. Losada Aldrey y J. F. Márquez Caneda (eds.), *Español como lengua extranjera, enfoque comunicativo y gramática: Actas del IX Congreso Internacional de ASELE, Santiago de Compostela, 23-26 de septiembre de 1998* (pp. 255-260). Universidade de Santiago de Compostela.

Pastor Cesteros, S. (1999). Nuevas perspectivas para el desarrollo de la expresión escrita: El intercambio de correo electrónico. *Carabela*, (46), 119-136.

Pérez Serrano, M. (2017). *La enseñanza-aprendizaje de vocabulario en ELE desde los enfoques léxicos.* Arco Libros.

Pisonero, I. (2004). La enseñanza del español a niños y niñas. En J. Sánchez Lobato e I. Santos Gargallo (eds.), *Vademécum para la formación de profesores* (pp. 1279-1302). SGEL.

Plaza Velasco, M.; Calzón García, J. A.; Kucinskiene, A.; Kuzminskaite, D.; Pulgar Alves, P., y Villanueva Svensson, M. (2017). Enseñar español en Lituania. La creación de los estudios hispánicos. En M. C. Méndez Santos y M. M. Galindo Merino (eds.), *Atlas de ELE. Geolingüística de la enseñanza del español en el mundo* (vol. I, Europa oriental, pp. 289-308). EnClave-ELE.

Pomerantz, A. y Bell, N. D. (2011). Humor as safe house in the foreign language classroom. *The Modern Language Journal, 95*(s1), 148-161. https://doi.org/10.1111/j.1540-4781.2011.01274.x

Potowski, K. (2005). *Fundamentos de la enseñanza del español a hispanohablantes en EE. UU.* Arco Libros.

Redecker, C. y Punie Y. (2017). *European Framework for the Digital Competence of Educators. DigCompEdu.* Publications Office of the European Union. https://doi.org/10.2760/159770

Richards, J. C. y Lockhart, C. (1998). *Estrategias de reflexión sobre la enseñanza de idiomas.* Edinumen.

Richards, J. C. y Rodgers, T. (2009). *Enfoques y métodos en la enseñanza de idiomas.* Edinumen.

Robinson, P. (2002). *Individual differences and instructed language learning.* John Benjamins.

Robinson, P. (2010). Complejidad de la tarea, recursos cognitivos y diseño del programa de enseñanza: un marco triple para examinar las influencias de las tareas en ASL. En P. Robinson (ed.), *La dimensión cognitiva en la enseñanza de lenguas* (pp. 286-316). Edinumen.

Robles Ávila, S. (2006). *La enseñanza del español como lengua extranjera a la luz del «Marco común europeo de referencia». Diseño curricular de los cursos para extranjeros de la Universidad de Málaga.* Centro Internacional de Español de la Universidad de Málaga. Servicio de Publicaciones de la Universidad de Málaga.

Rodrigo, V. (2019). *La comprensión lectora en la enseñanza del español LE/L2: de la teoría a la práctica.* Oxford University Press.

Rogers, C. (1969). *Freedom to learn: A view of what education might become.* Charles F. Merrill.

Román Mendoza, E. (2001). *La incorporación de plataformas virtuales en la enseñanza: evaluación de la actitud del alumnado*. Virtual Educa Madrid 2001. https://repositaI.cuaieed.unam.mx:8443/xmlui/bitstream/handle/20.500.12579/2386/01_37.pdf?sequence=1&isAllowed=y

Román Mendoza, E. (2018). *Aprender a aprender en la era digital: Tecnopedagogía crítica para la enseñanza del español LE/L2*. Routledge.

Ruiz Gurillo, L. (2008). El lugar de la ironía en la clase de español como lengua extranjera. Más allá del *Marco* y del *Plan Curricular*. *RedELE*, (14), 1-8.

Ruiz Herrero, J. M. (2015). La corrección y revisión de textos mediante códigos de marcas: análisis crítico de una herramienta docente. *MarcoELE*, (20), 1-25.

Sala Caja, L. (2015). Actitudes de estudiantes y profesores hacia los diccionarios electrónicos portátiles. En Y. Morimoto, M. V. Pavón Lucero y R. Santamaría Martínez (eds.), *La enseñanza de ELE centrada en el alumno* (pp. 855-862). ASELE.

Samuda, V. (2001). Guiding relationships between form and meaning during task performance: The role of the teacher. En M. Bygate, P. Skehan y M. Swain (eds.), *Researching pedagogical tasks: Second language learning, teaching, and testing* (pp. 119-140). Pearson Education.

Sánchez Cuadrado, A. (2015). *Aprendizaje formal de ELE mediante actividades cooperativas de traducción pedagógica con atención a la forma* [tesis doctoral, Universidad de Granada], Digibug. http://hdl.handle.net/10481/41765

Sánchez Rufat, A. y Jiménez Calderón, F. (2013). Apreciaciones sobre la cuestión de la norma en el análisis de la interlengua. *Normas. Revista de estudios lingüísticos hispánicos*, (3), 183-204.

Santiago Guervós, J. de y Fernández González, J. (2017). *Fundamentos para la enseñanza del español como 2/L*. Arco Libros.

Santos Gargallo, I. (2004). El análisis de errores en la interlengua del hablante no nativo. En J. Sánchez Lobato e I. Santos Gargallo (dirs.), *Vademécum para la formación de profesores* (pp. 391-409). SGEL.

Santos Redondo, M. (2011). *Economía de las industrias culturales en español*. Ariel.

Santos Redondo, M. y Montás Betances, M. M. (2010). Economía de las industrias culturales en español. En J. L. García Delgado, J. A. Alonso y J. C. Jiménez (dirs.), *El español, lengua global. La economía*. Instituto Cervantes. https://cvc.cervantes.es/lengua/espanol_economia/01.htm

Schmidt, R. W. (1990). The role of consciousness in second language learning. *Applied Linguistics, 11*(2), 129-158. https://doi.org/10.1093/applin/11.2.129

Schmidt, R. W. (1993). Awareness and second language acquisition. *Annual Review of Applied Linguistics, 13*, 206-226. https://doi.org/10.1017/S0267190500002476

Selinker, L. (1972). Interlengua. En J. Liceras (ed.), *La adquisición de las lenguas extranjeras: Hacia un modelo de análisis de la interlengua* (pp. 79-104). Visor.

Selvi, A. F. (2011). The non-native speaker teacher. *ELT Journal, 65*(2), 187-189. https://doi.org/10.1093/elt/ccq092

Serrano Avilés, J. (2014). *La enseñanza del español en África Subsahariana*. Los Libros de la Catarata.

Serrano-Dolader, D. (2019). *Formación de palabras y enseñanza del español LE/L2*. Routledge.

Sharwood Smith, M. (1993). Input enhancement in instructed SLA: Theoretical bases. *Studies in Second Language Acquisition, 15*(2), 165-179. https://doi.org/10.1017/S0272263100011943

Skehan, P. (1989). *Individual differences in second language learning*. Edward Arnold.

Stevick, E. (1980). *Teaching languages. A way and ways*. Newbury.

Swain, M. (1993). The output hypothesis: Just speaking and writing aren't enough. *The Canadian Modern Language Review, 50*(1), 158-164. https://doi.org/10.3138/cmlr.50.1.158

Swain, M. y Lapkin, S. (1998). Interaction and second language learning: Two adolescent French immersion students working together. *The Modern Language Journal, 82*(3), 320-337. https://doi.org/10.1111/j.1540-4781.1998.tb01209.x

Takase, A. (2003). Effects of eliminating some demotivating factors in reading English extensively. En M. Swanson y K. Hill (eds.), *JALT 2003 Conference Proceedings* (pp. 95-103). The Japan Association for Language Teaching.

Tarone, E. (1983). On the variability of interlanguage systems. *Applied Linguistics, 4*(2), 142-163. https://doi.org/10.1093/applin/4.2.142

Téllez Muñoz, J. A. (2005). *La comprensión de los textos escritos y la psicología cognitiva*. Dykinson.

Torijano Pérez, J. A. (2004). *Errores de aprendizaje, aprendizaje de los errores*. Arco Libros.

Trovato, G. (2013). La mediación lingüística como competencia integradora en la didáctica de E/LE: una aproximación a las tareas de mediación oral y escrita. *Mediterráneo. Revista de la Consejería de Educación en Italia, Grecia y Albania, 5*(2), 104-119.

Tudela Capdevila, N.; González de Lucas, E., y Balches Arenas, R. S. (2017). Enseñar español en Polonia. En M. C. Méndez Santos y M. M. Galindo Merino (eds.), *Atlas de ELE. Geolingüística de la enseñanza del español en el mundo* (vol. I, Europa oriental, pp. 341-362). EnClave-ELE.

Ullah, M. y Fatema, S. (2013). Why some students are less motivated in reading classes at tertiary level in Bangladesh. *English Language Teaching, 6*(5), 129-140. http://dx.doi.org/10.5539/elt.v6n5p129

Ullman, M. T. (2015). The declarative/procedural model: A neurobiologically-motivated theory of first and second language. En B. VanPatten y J. Williams (eds.), *Theories in second language acquisition. An introduction* (pp. 135-158). Routledge.

Valle, J. del (2007). La lengua, patria común: La «hispanofonía» y el nacionalismo panhispánico. En J. del Valle (ed.), *La lengua, ¿patria común?* (pp. 31-56). Iberoamericana; Vervuert.

VanPatten, B. (1996). *Input processing and grammar instruction in second language acquisition.* Greenwood Publishing Group.

VanPatten, B. (2015). Input processing in adult SLA. En B. VanPatten y J. Williams (eds.), *Theories in second language acquisition. An introduction* (pp. 113-134). Routledge.

Varo Domínguez, D. y Cuadros Muñoz, R. (2013). Twitter y la enseñanza del español como segunda lengua. *RedELE*, (25). https://doi.org/10.4438/1571-4667-redele

Vázquez, G. E. (1992). *Análisis de errores y aprendizaje de español/lengua extranjera.* Peter Lang.

Vázquez, G. E. (2009). Análisis de errores, el concepto de corrección y el desarrollo de la autonomía. *Revista Nebrija de Lingüística Aplicada a la Enseñanza de las Lenguas*, (5), 115-122.

Vega, M. de; Cuetos, F.; Domínguez, A., y Estévez, A. (1999). Diferencias individuales en lectura y comprensión. En M. de Vega y F. Cuetos (eds.), *Psicolingüística del español* (pp. 651-682). Trotta.

Vigotski, L. (1962). *Thought and language.* MIT Press.

Vigotski, L. (1978). *Mind in society.* Harvard University Press.

Wakamoto, N. (2000). Language learning strategy and personality variables: Focusing on extroversion and introversion. *International Review of Applied Linguistics in Language Teaching*, 38(1), 71-81. https://doi.org/10.1515/iral.2000.38.1.71

Wen, Z. (2016). *Working memory and second language learning. Towards an integrated approach.* Multilingual Matters.

Wilkins, D. A. (1972). *Linguistics in language teaching.* MFT Press.

Wlodkowski, R. J. (1985). *Enhancing adult motivation to learn.* Jossey-Bass.

Woodward, T. (2014). *La planificación de clases y cursos.* Edinumen.

Yukako, G. (2014). Task-based language teaching and grammatical accuracy. An experiment on Japanese university students. 岐阜大学教育学部 教師教育研究 [Investigación en formación de profesores de la Facultad de Educación de la Universidad de Gifu], (10), 353-362.

Zhang, Y. (2016). Reviewing non-native English speaking teachers' professional identity. *International Journal of Languages' Education and Teaching*, 4(3), 320-335. http://dx.doi.org/10.18298/ijlet.644

ÍNDICE TEMÁTICO

D

E